今年1月より一部の届書の様式が変更されています

健康保険・厚生年金保険の適用に関する届書が、一部変更されました（下表参照）。備考欄など様式のレイアウトが変わっていますが、記入項目に変更はありません。届書の変更時期は令和6年1月からで、届書の見本（PDF、Excel）および記入例については、日本年金機構のホームページからダウンロードできます。

このほか、船員保険・厚生年金保険の適用事務に関する届書についても、同様に1月から変更されています。

■令和6年1月から変更となった届書

届書名	提出が必要なケース
健康保険・厚生年金保険　被保険者報酬月額算定基礎届 厚生年金保険　70歳以上被用者算定基礎届	定時決定のため、4月・5月・6月の報酬月額の届出を行うとき
健康保険・厚生年金保険　被保険者賞与支払届 厚生年金保険　70歳以上被用者賞与支払届	賞与を支給したとき
厚生年金保険　養育期間標準報酬月額特例申出書・終了届	養育期間の従前標準報酬月額のみなし措置を受けようとするとき 養育期間が終了したとき
厚生年金保険被保険者　ローマ字氏名届 国民年金第3号被保険者　ローマ字氏名届 厚生年金保険被保険者（船員）　ローマ字氏名届	ローマ字で氏名を登録（変更）するとき
個人番号等登録届	個人番号（マイナンバー）の届出（登録）が済んでいない場合

資格取得届にマイナンバーや住所の記入が義務化されています

令和5年9月29日に公布・施行された「厚生年金保険法施行規則等の一部を改正する省令」により、「健康保険・厚生年金保険被保険者資格取得届」など個人番号（以下、マイナンバー）あるいは基礎年金番号の記入を求められている届書において、基礎年金番号を持っていない場合は、マイナンバーを記入することが義務化されています。これにより、マイナンバーあるいは基礎年金番号のいずれも記入がない届書については、返戻の対象となりますので、注意が必要です。

なお、短期在留外国人等、マイナンバーも基礎年金番号も有していない場合は、引き続き従来のパスポートなど本人確認ができる書類等を用いた手続きとなります。

健康保険の加入手続きにおいても注意が必要です。従業員や被扶養者のマイナンバーを記入せずに届け出た場合は、医療機関の窓口に設置されている「オンライン資格確認等システム」にデータが登録されていないため、資格確認等に支障が生じる可能性があります。マイナンバーカードだけではなく、健康保険証で受診した場合であっても同様で、健康保険の資格や一部負担金限度額の確認に支障が生じる可能性があり、マイナンバーの記入は必須となります。なお、オンライン資格確認等システムに未登録となる事例としては下記などが挙げられます。

・従業員ご自身や被扶養者のマイナンバーを事業所に届け出ないことによるもの。
・事業所の社会保険担当者が、従業員の加入手続きの際、健康保険証の速やかな交付を優先し、すでに提出のあったマイナンバーを資格取得届等に記入せず、提出を失念したことによるもの。
・保険者における事務処理上の遅延が生じたことによるもの。

また、令和5年12月8日に施行された「健康保険法施行規則の一部を改正する省令」では、従業員を採用した際に健康保険組合へ提出する「被保険者資格取得届」について、被保険者の住所記入を必須の取り扱いとしています。

漢字・カナ氏名、生年月日、性別、住所等の情報を用いることで、「被保険者資格取得届」に記載されたマイナンバーの正確性を確認することを目的としています。そのため、住所欄には住民票記載の住所を記入します。

JN064376

2年間限定で「年収の壁・支援強化パッケージ」が講じられています

厚生労働省の「年収の壁・支援強化パッケージ」とは、パートタイム労働者やアルバイト等で働く人が、「年収の壁」を意識せずに働ける環境づくりを後押ししようとするものです。

パート・アルバイトで働く人の「年収の壁」に対する意識には2通りあります。年収106万円以上となることで、厚生年金保険・健康保険に加入することになるため、保険料負担を避けて就業調整してしまうもの（106万円の壁）と、年収130万円以上となることで、厚生年金保険・健康保険の被扶養者とならなくなるため、保険料負担を避けて就業調整してしまうもの（130万円の壁）です。

「106万円の壁」に対しては、パート・アルバイトで働く人の厚生年金保険や健康保険の加入にあわせて、手取り収入を減らさない取り組みを実施する企業に対して労働者1人当たり最大で50万円の支援が行われます。この手取り収入を減らさない取り組みには、社会保険適用促進手当＊を支給したり、賃上げによる基本給の増額、所定労働時間の延長があります（下図参照）。

また、「130万円の壁」に対しては、パート・アルバイトで働く人が、繁忙期に労働時間を延ばすなどにより収入が一時的に上がったとしても、事業主がその旨を証明することで、引き続き被扶養者認定が可能となるしくみが設けられています。このしくみは、連続2回、すなわち連続する2年間の各年における被扶養者認定において事業主の証明を用いることができることになっています。

＊ 社会保険適用促進手当は、社会保険料の算定対象からは除外されます。

「106万円の壁」への対応

◆ 企業への支援【キャリアアップ助成金「社会保険適用時処遇改善コース」】

労働者本人負担分の保険料相当額の手当支給や賃上げなどにより、壁を意識せず働ける環境づくりを行う企業を後押しするコースの新設。

❶ 手当等支給メニュー

要件	1人当たり助成額
①賃金の**15%以上を追加支給** （社会保険適用促進手当）	1年目 **20万円**
②賃金の**15%以上を追加支給** （社会保険適用促進手当） 3年目以降、③の取り組み	2年目 **20万円**
③賃金の**18%以上を増額**	3年目 **10万円**

❷ 労働時間延長メニュー

週所定労働時間の延長	賃金の増額	1人当たり助成額
4時間以上	—	30万円
3時間以上4時間未満	5%以上	
2時間以上3時間未満	10%以上	
1時間以上2時間未満	15%以上	

※ 助成額は中小企業の場合。大企業の場合は4分の3の額。
※ 1年目に❶の取り組みによる助成（20万円）を受けた後、2年目に❷の取り組みによる助成（30万円）を受けることが可能。

◆ 社会保険適用促進手当

事業主が被用者保険適用に伴い手取り収入を減らさないよう手当を支給した場合は、本人負担分の保険料相当額を上限として社会保険料の算定対象としません。

活用イメージ 時給が上がり（年収104万→106万円）厚生年金・健康保険に加入した場合

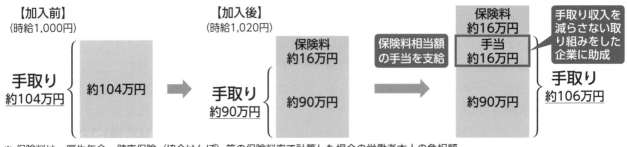

※ 保険料は、厚生年金、健康保険（協会けんぽ）等の保険料率で計算した場合の労働者本人の負担額。
　なお、手取り収入は税金については考慮していない。

月額変更届の記載例

月額変更届は、固定的賃金（基本給・家族手当・住宅手当等）の変動で報酬が大幅に変わった場合に提出します。月額変更届に該当するのは、次の要件をすべて満たした場合です。

①昇給あるいは降給等で固定的賃金に変更があったとき（日給から月給への変更など賃金体系が変更した場合も含む）

②改定後の標準報酬月額と従前の標準報酬月額を比べて2等級以上の差が生じるとき

③固定的賃金が変動した月以降3カ月間の各月の支払基礎日数が17日（特定適用事業所に勤務する短時間労働者の場合は11日）以上あること

この届出書を年金事務所または事務センターに提出した日を記入します。

「①被保険者整理番号」欄
資格取得時に払い出しされた被保険者整理番号を必ず記入します。

「⑤従前の標準報酬月額」欄
現時点の標準報酬月額を千円単位で記入します。650,000円の場合は「650」。

「⑥従前改定月」欄
⑤欄で記入した額が適用された年月を記入します。

「⑦昇（降）給」欄
昇給または降給のあった月の支給月を記入したうえで、昇給・降給のいずれかを○で囲みます。

「⑨給与支給月」欄
給与の対象となった月ではなく、実際に支払いをした月を記入します。変動後の賃金を支払った月から3カ月を記入します。

「⑩給与計算の基礎日数」欄
報酬（給与）の支払い対象となった日数のことをいいます（以下、支払基礎日数）。
月給者は暦日数、日給者は出勤日数を記入します。月給者で欠勤日数分だけ給与が差し引かれる場合は、就業規則等により定められた日数から欠勤日数を控除した日数を記入します。
※毎月15日締切、当月25日払いの場合、10月分は9月16日から翌10月15日までの30日と記入します。

「④改定年月」欄
標準報酬月額が改定される年月（変動後の賃金を支払った月から4カ月目）を記入します。

「⑪通貨」欄
金銭（通貨）で支払われた報酬を記入します。給料だけでなく通勤手当なども報酬に含まれます。
昇給がさかのぼったため、その額もあわせて記入し、⑦欄に昇給あるいは降給、⑧欄に遡及分の支払いがあった月と遡及差額分を記入します。

「⑫現物」欄
報酬のうち食事・住宅・被服・定期券等、金銭以外で支払われるものを記入します。

「⑭総計」欄
支払基礎日数が17日（特定適用事業所に勤務する短時間労働者の場合は11日）以上の月分の総計を記入します。

「⑮平均額」欄
⑭で記入した額を3で割った額を記入します（1円未満は切り捨て）。

「⑱備考」欄
該当する項目を○で囲みます。70歳以上被用者に該当する場合は「1. 70歳以上被用者月額変更」を○で囲み、個人番号または基礎年金番号を必ず記入します。「4. 昇給・降給の理由」には、基本給の変更、家族手当の支給など具体的な内容を記入します。

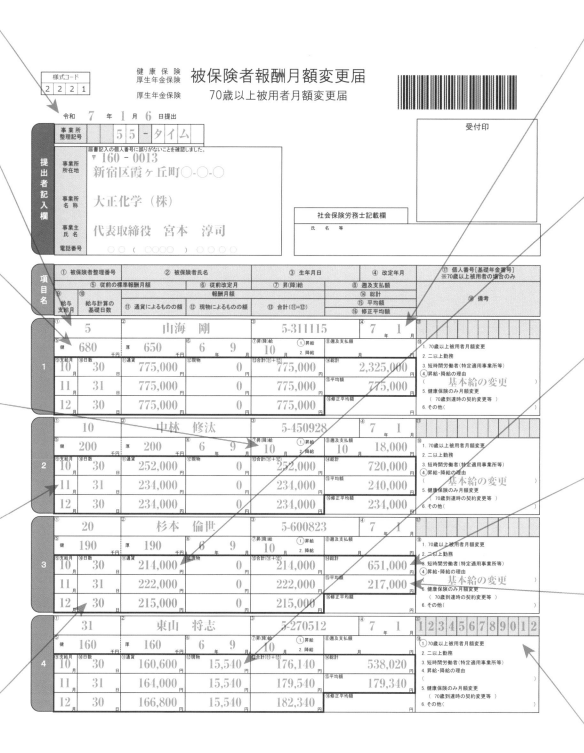

算定基礎届の記載例

（注）特定適用事業所等の短時間労働者は、支払基礎日数について「17日」とあるのは「11日」となります。

　7月1日現在の被保険者および70歳以上被用者が届出の対象となります（6月1日以降に資格取得した人を除く）。4月・5月・6月に支払われた報酬の額、平均額等を記入し、7月1日〜10日まで（指定日がある場合を除く）に事務センターまたは管轄の年金事務所に提出します。

　なお、5月中旬時点の日本年金機構の情報に基づいた被保険者の氏名・生年月日・従前の標準報酬月額等が印字されていますが、印字されていない場合は追記してください（事業主および社会保険労務士の押印は不要となりました）。

「①被保険者整理番号」欄
　資格取得時に払い出しされた被保険者整理番号を記入します。

「③生年月日」欄
　昭和生まれの人は「5」、平成生まれの人は「7」を付して印字されます。生年月日の数字が1桁の場合は、「01」というように0を一つつけて印字されます。

　生年月日が間違っている場合は、生年月日訂正届（年金事務所に用意してあります）を提出してください。

「⑤従前の標準報酬月額」欄
　算定基礎届を提出する時点で定められている当該欄の被保険者の標準報酬月額が千円単位で印字されています。たとえば、680,000円の人は「680」と印字されています。

　標準報酬月額は、健康保険と厚生年金保険では上限・下限が異なります。

「⑩給与計算の基礎日数」欄
　給与計算の基礎日数とは、その報酬（給与）の支払い対象となった日数のことをいいます（以下、支払基礎日数といいます）。

　月給者は暦日数、日給者は出勤日数を記入します。月給者で欠勤日数分だけ給与が差し引かれる場合は、就業規則等により定められた日数から欠勤日数を控除した日数を記入してください。

　※たとえば、毎月15日締切・当月25日払の場合、4月は3月16日から4月15日までの「31」と記入します。

「⑪通貨によるものの額」欄
　4月・5月・6月に金銭（通貨）で支払われた報酬を記入します。給料だけでなく通勤手当なども報酬に含まれるため算入します。

　昇給がさかのぼったため、昇給差額が支給されたときは、その額も合わせて記入し、「⑧遡及支払額」に支給月と差額を記入します。

「⑫現物によるものの額」欄
　報酬のうち食事・住宅・被服・定期券等、金銭以外で支払われるものを記入します。

「⑬合計」欄
　各月の報酬の合計額を記入します。

　短時間就労者（パートタイマー）は、15日以上の月の報酬合計額を記入してください。

「⑭総計」欄
　支払基礎日数17日（注）以上の月分の総計を記入します。短時間就労者ですべての支払基礎日数が17日未満の場合は、15日以上の月の報酬の総額を記入してください。

「⑮平均額」欄
　「⑭総計」を、支払基礎日数17日（注）以上の月数で割った額を記入します（1円未満切り捨て）。

　短時間就労者ですべての支払基礎日数が17日未満の場合は、15日以上の月の報酬の合計額を、その月数で割った額を記入します。

「⑯修正平均額」欄
　3月以前に昇給がさかのぼったため、4月・5月・6月中に差額分が含まれている場合は、差額分を除いた3カ月分の平均額を記入してください。

　その報酬の支払対象となった期間の途中（途中入社月）から資格取得し1カ月分の給与が支給されない場合は、その給与支給月を除いた月の平均額を記入してください。

　※年間報酬の平均で算定することを申し立てる場合は、前年の7月から当年の6月までの間に受けた報酬の平均額を記入します。

「⑰個人番号（基礎年金番号）」欄
　70歳以上被用者の場合、個人番号または基礎年金番号を記入します。

「⑱備考」欄
　該当する項目を○で囲みます。途中入社により1カ月分の給与が支給されない場合は「4. 途中入社」を○で囲み、「9. その他」に入社（資格取得）年月日を記入します。年間報酬の平均での算定を希望する場合は「8. 年間平均」を○で囲み申立書・同意書等の添付書類を提出してください。また、次に該当する場合は「9. その他」を○で囲み（　）内に内容を記入します。現物支給をした場合⇒（例：食事（昼）。算定の対象となる給与支払月に被保険者区分の変更があった場合⇒（例：5月に短時間労働者へ区分変更の場合、「5/1→短時間労働者」と記入）

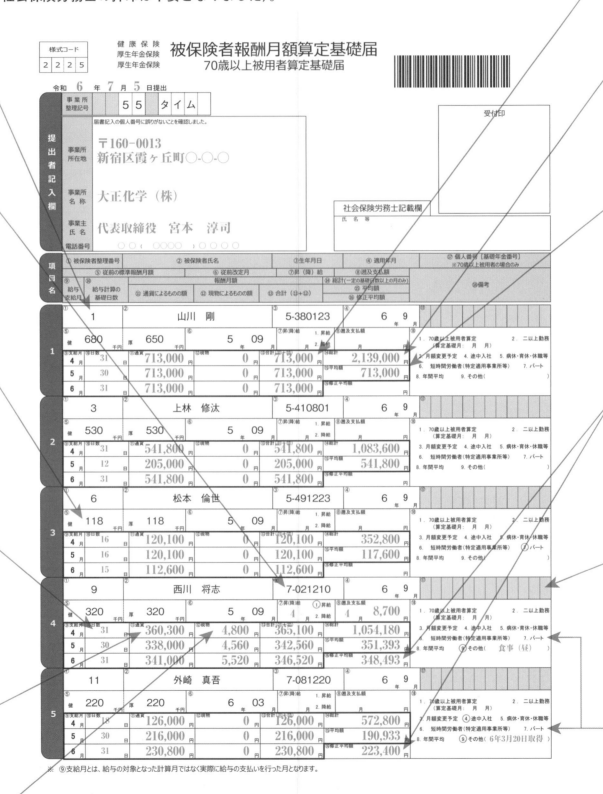

現行の健康保険証が廃止、マイナ保険証へ一本化

令和6年12月2日に現行の健康保険証は廃止し、新規の健康保険証は発行をやめ、マイナンバーカードと健康保険証が一体の「マイナ保険証」へ移行されます。

健康保険の登録情報とマイナンバーの登録情報双方において、漢字氏名・カナ氏名・生年月日・性別・住所等の情報が完全一致していない場合は、不一致として保険証との紐付けが認められず、マイナンバーカードの健康保険証利用ができなくなります。引っ越しして住民票を移した場合や結婚により氏名を変更した場合は、速やかに届と添付書類を事業主（会社）の人事・総務部へ提出が必要です。また、届には必ず住民票に記載されている住所表示・住民票に記載されている漢字氏名で申請します。

なお、発行済みの保険証については保険証廃止後も最長1年間有効となる予定で、マイナ保険証を保有していない人等には健康保険の「資格確認書」が交付されます。

マイナンバーカードを健康保険証として利用登録することで、マイナンバーカードを使って医療機関を受診できるほか、下記のようなメリットがあります。

◉ マイナンバーカードで受診するメリット

・特定健診や診療の情報を医師と共有でき、重複検査のリスクが減少*。
・薬の情報も医師・薬剤師と共有でき、重複投薬や禁忌薬剤投与のリスクが減少*。
・旅行先や災害時でも、薬の情報等が連携される*。
・マイナポータルで医療費通知情報を入手でき医療費控除の確定申告が簡単。
・医療費が高額な場合に申請する「限度額適用認定証」が省略できる。
・就職や転職後の保険証の切り替え・更新が不要。
・高齢受給者証の持参の必要もなくなる。

＊ 本人が同意した場合のみ

令和6年能登半島地震の被災者に対する社会保険における取り扱い

能登半島地震により被災された方々には、社会保険料の納付猶予や免除、医療機関等における窓口負担の免除などがあります。

◉ 事業主・船舶所有者向けの措置

保険料の口座振替を利用している事業所や船舶所有者が、被災により保険料を納付することが困難な場合、口座振替の停止ができます。また、保険料納付が困難な場合には、申請により「納付の猶予」を受けられる場合があります。また、対象地域として指定されている富山県・石川県に所在地を有する事業所、船舶所有者については、令和6年1月12日付け厚生労働省告示により、令和6年1月1日以降に納期限の到来する健康保険料、厚生年金保険料等の納期限が延長されました。納期限が延長されている間は、対象地域に所在地を有する事業所、船舶所有者の口座振替は停止されます。

◉ 国民年金の被保険者向けの措置

住宅、家財、その他の財産のうち、被害金額がおおむね2分の1以上の損害を受けた人などは、本人の申請により国民年金保険料が免除になります。また、保険料の口座振替を利用している人で、被災により今後の保険料納付が困難な場合は、最寄りの年金事務所または振替先の金融機関本支店に停止の連絡をすることで、口座振替を停止できます。

◉ 医療機関等での窓口の支払いの免除等

被災者が医療機関などで診療を受ける際、医療機関等の窓口で次のいずれかに該当する旨を申告すれば、窓口での支払いは不要となります。また、すでに窓口で支払った一部負担金については、申請により還付を受けることもできます。

> 住家の全半壊、全半焼、床上浸水またはこれに準ずる被災をした旨／主たる生計維持者が死亡し、または重篤な傷病を負った旨／主たる生計維持者の行方が不明である旨／主たる生計維持者が事業を廃止し、または休止した旨／主たる生計維持者が失職し、現在収入がない旨

◉ 被保険者証等の提示等

被災により保険証を紛失または自宅等に残して避難している人は、氏名、生年月日、連絡先（電話番号等）、被用者保険の被保険者にあっては事業所名、国民健康保険または後期高齢者医療制度の被保険者にあっては住所（国民健康保険組合の被保険者については、これらに加えて、組合名）を医療機関等の窓口で申し立てれば、保険証がなくても受診することができます。

3

令和6年度の年金額はプラス改定となりました

年金額は、「物価変動率」と「名目手取り賃金変動率」に応じて毎年度改定されています。両者がともにプラスで、物価変動率が名目手取り賃金変動率を上回る場合、社会保険制度の支え手である現役世代の負担能力に応じた給付とする考え方から、年金額は名目手取り賃金変動率で改定することが法律で定められています。

令和6年度は、名目手取り賃金変動率が3.1%、物価変動率が3.2%となり、物価変動率が名目手取り賃金変動率を上回りました。そのため、年金額の改定には名目手取り賃金変動率（3.1%）を用いることになります。

ただ、名目手取り賃金変動率と物価変動率がプラスの場合、少子高齢化の影響を反映したマクロ経済スライドによる年金額の調整を行います。令和6年度のマクロ経済スライドによる調整分（▲0.4%）を加えた結果、令和6年度の年金額の改定率は、2.7%となりました。

■参考：令和6年度の参考指標

物価変動率	3.2%
名目手取り賃金変動率	3.1%
マクロ経済スライドによるスライド調整率	▲0.4%

■令和6年度の年金額の例（月額）

国民年金*1（老齢基礎年金（満額）1人分）	6万8,000円（+1,750円）
厚生年金*2（夫婦2人分の老齢基礎年金を含む標準的な年金額）	230,483円（+6,001円）

*1 昭和31年4月1日以前生まれの方の老齢基礎年金（満額1人分）は、月額6万7,808円（前年度比1,758円）です。

*2 平均的な収入（平均標準報酬（賞与含む月額換算）43.9万円）で40年間就業した場合に受け取り始める年金（老齢厚生年金と2人分の老齢基礎年金（満額））の給付水準です。

◉ 在職老齢年金の支給停止調整額は50万円に

在職老齢年金は、賃金（賞与込みの月収）と年金月額の合計額が支給停止調整額を上回る場合に、支給停止調整額（令和6年度は50万円）を超えた額の2分の1の額が年金月額から支給停止となる仕組みです。

支給停止調整額は、名目賃金の変動に応じて改定することが法律によって定められています。令和6年度は、名目手取り賃金変動率がプラスに転じたことから、支給停止調整額は48万円から50万円に変更されます。

	令和5年度	令和6年度
支給停止調整額	48万円	50万円

協会けんぽ・厚生年金・雇用保険の令和6年度保険料

◉ 協会けんぽの保険料率は10.0%を維持

健康保険の一般保険料率（都道府県単位）は令和6年3月分（4月納付分）から変更されます。全国平均は令和4年度から変更はなく、10.0%に据え置くこととなりました。平均保険料率が10.0%となった平成24年度以降、13年連続10.0%となっています。

また、40歳以上65歳未満の介護保険第2号被保険者の介護保険料率（全国一律）は1.60%となり、前年度の1.82%よりも0.22ポイント引き下げられました。

◉ 厚生年金の保険料率は18.3%で固定

厚生年金保険料率（一般）は、平成29年9月より18.3%に固定されています。なお、国民年金保険料は4月から1万6,980円となり、前年度より460円引き上げとなります。また、令和7年度の国民年金保険料は1万7,510円となります。

◉ 雇用保険料率は据え置き

令和6年4月からの雇用保険料率は、令和5年度の保険料率が据え置かれます。

■令和6年4月からの雇用保険料率

雇用保険料率	合計	被保険者負担	事業主負担
一般の事業	15.5/1000	6/1000	9.5/1000
農林水産清酒製造の事業	17.5/1000	7/1000	10.5/1000
建設の事業	18.5/1000	7/1000	11.5/1000

標準報酬月額の決定と改定

Point 1 保険料は標準報酬月額を基に計算します

健康保険・厚生年金保険では、被保険者の実際の報酬を一定区分にあてはめた標準報酬月額で保険料を計算します。

健康保険の出産手当金や傷病手当金、厚生年金の支給額なども、標準報酬月額を基にして計算されます。

保険料の算定例

月	実際の報酬	3カ月平均額	報酬月額（円）以上	未満	標準報酬月額(円)
4月	303,000円		290,000	310,000	300,000
5月	316,000円 →	315,000円 →	310,000	330,000	320,000
6月	326,000円		330,000	350,000	340,000

健康保険
標準報酬月額　　保険料率　　　保険料
320,000円 × 11.58%（仮） = 37,056円
被保険者負担：37,056円÷2＝18,528円

厚生年金保険
標準報酬月額　　保険料率　　　保険料
320,000円 × 18.3%（H29.9～） = 58,560円
被保険者負担：58,560円÷2＝29,280円

Point 2 標準報酬月額は入社時に決定し、毎年見直しします

各被保険者の標準報酬月額は、まず入社時に決められます（資格取得時決定）。

その後は、毎年4月～6月の報酬月額（平均）で決めなおされます（定時決定）。

報酬が3カ月連続で大幅に変動した場合は、3カ月平均で改定されます（随時改定）。

	資格取得時決定	定時決定	随時改定
決める時期（届け出るとき）	被保険者になったとき（入社時）	毎年4～6月の報酬を7月に届出	被保険者の報酬が大幅に変動したとき
事業主が提出する届	資格取得届	算定基礎届	月額変更届
有効期間（改定が行われる場合はその前月まで）	1～5月に決定のとき➡その年の8月まで　6～12月に決定のとき➡翌年の8月まで	その年の9月から翌年8月まで	1～6月に改定のとき➡その年の8月まで　7～12月に改定のとき➡翌年の8月まで

1 標準報酬月額の決め方
毎月の保険料の対象となる報酬

入社時に資格取得届、毎年7月に算定基礎届、給与の大幅変動時に月額変更届で、被保険者の報酬を届け出ます。

標準報酬月額

標準報酬月額の区分と決める時期

健康保険50等級・厚生年金保険32等級に区分

　健康保険・厚生年金保険では、被保険者の報酬（月給）を区切りのよい幅で区分した標準報酬にあてはめた標準報酬月額を基に毎月の保険料や手当金、年金額などを計算します。標準報酬月額の区分は、健康保険が1等級58,000円〜50等級1,390,000円、厚生年金保険が1等級88,000円〜32等級650,000円です。

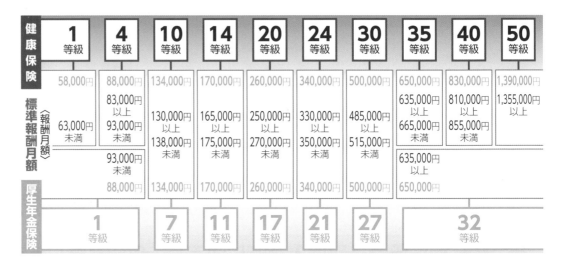

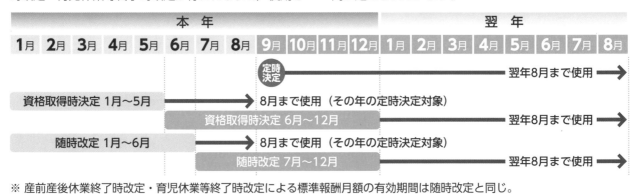

標準報酬月額の有効期間

　定時決定による新たな標準報酬月額は、その年の9月から翌年8月まで（または随時改定・産前産後休業終了時改定・育児休業等終了時改定が行われるまで）使用されます。

　資格取得時決定や随時改定・産前産後休業終了時改定・育児休業等終了時改定による標準報酬月額についても、下図のとおり、決定・改定された時期により有効期間が定められています。

※ 産前産後休業終了時改定・育児休業等終了時改定による標準報酬月額の有効期間は随時改定と同じ。

標準報酬月額の対象となる報酬

報酬とは労働の対償として支払うものすべて

報酬とは、賃金、給料、手当、賞与などの名称を問わず、労働者が労働の対償として受けるすべてのものをいいます。金銭（通貨）に限らず現物で支給されるものも含みますが、臨時に受けるものや年3回以下支給の賞与などは該当しません。

報酬に該当するもの	報酬に該当しないもの
基本給（月給・週給・日給など）、能率給、奨励給、役付手当、職階手当、特別勤務手当、勤務地手当、物価手当、日直手当、宿直手当、家族手当、扶養手当、休職手当、通勤手当、住宅手当、別居手当、早出残業手当、経常的（定期的）に支給される見舞金、年4回以上支給の賞与　など	大入袋、見舞金、慶弔費、退職手当、出張旅費、交際費、解雇予告手当、傷病手当金、労災保険の休業補償給付、年3回以下支給の賞与（→標準賞与額の対象）　など

現物支給は都道府県ごとの価額または時価で換算

食事（給食・食券など）、住宅（社宅・寮など）、衣服、自社製品、通勤定期券などを現物（金銭以外）で支給する場合も、労働の対償である限り、報酬となります。

このとき、食事・住宅については、都道府県ごとの「厚生労働大臣が定める現物給与の価額」（巻末参照）により報酬額に算入します（通貨に換算のうえ報酬に算入します）。食事・住宅以外は時価で報酬額に算入します（労働協約に定めがある場合はその価額を、労働協約に定めがない場合には実際費用を、「時価」として取り扱います）。

※ 支店等も含めて1つの適用事業所である場合、支店等に勤務する被保険者の現物給与は実際の勤務地の都道府県の価額が適用されます（派遣労働者の現物給与は派遣元事業所が所在する都道府県の価額）。

報酬となる現物	報酬とならない現物
通勤定期券、回数券、食事、食券、社宅、寮、被服（勤務服でないもの）、自社製品　など	制服、作業着（業務に要するもの）、見舞品、本人負担3分の2以上の食事　など

食事や住宅の一部が本人負担の場合

食事や住宅を支給している場合などで、一部を被保険者本人が負担しているときは、厚生労働大臣が定める価額（巻末参照）から本人負担分を差し引いた額が現物給与の額です。ただし、食事の価額の3分の2以上が本人負担の場合は、報酬に算入しません。

※ 住宅の価額の算出にあたっては、居間・寝室等の居住用の室を対象とし、玄関・台所等の居住用以外の室や営業用の室は含みません（月途中からの入居の場合は日割計算）。なお、勤務地（事業所所在地）と住宅の住所地の都道府県が異なる場合でも、勤務地（事業所所在地）の都道府県の価額によります。

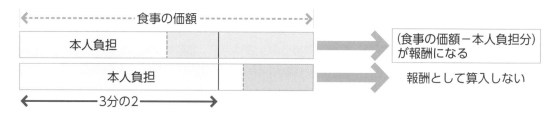

年3回以下支給の賞与は対象外

年3回以下支給の賞与などは標準報酬月額の対象とはならず、標準賞与額として、賞与の保険料の対象となります。しかし、年4回以上賞与が支給される場合は報酬に該当するため、標準報酬月額の対象となります。この場合、報酬月額の計算にその月割り額を算入します。

7月1日現在で給与規程により年4回以上の賞与支給が定められていたり、規程にはない場合でも6月30日までの1年間に4回以上の支給実績があれば報酬に該当します。決算手当などは賞与と同一性質とみなされ賞与として取り扱いますが、業績に応じて支給される諸手当等について最終的に通常の報酬と賞与のいずれに該当するかについては、客観的に区分（毎月支給か、半期ごとの支給かなど）が可能かどうかによって判断されます。

報酬月額と該当する標準報酬月額（例）

標準報酬月額等級		標準報酬月額（単位：円）	報酬月額（単位：円）	
健保	厚年		以上	未満
1		58,000		63,000
2		68,000	63,000	73,000
3		78,000	73,000	83,000
4	1	88,000	83,000	93,000
5	2	98,000	93,000	101,000
〜				
19	16	240,000	230,000	250,000
20	17	260,000	250,000	270,000
21	18	280,000	270,000	290,000
〜				
33	30	590,000	575,000	605,000
34	31	620,000	605,000	635,000
35	32	650,000	635,000	665,000
〜				
45		1,090,000	1,055,000	1,115,000
46		1,150,000	1,115,000	1,175,000
47		1,210,000	1,175,000	1,235,000
48		1,270,000	1,235,000	1,295,000
49		1,330,000	1,295,000	1,355,000
50		1,390,000	1,355,000	

例1 平均月収が72,000円の場合

報酬月額：63,000円以上73,000円未満
⇒標準報酬月額：健康保険＝2等級・68,000円
　厚生年金保険＝〈下限〉1等級・88,000円

※厚生年金保険では、報酬月額が93,000円未満の場合、標準報酬月額はすべて〈下限〉の1等級・88,000円になります。

例2 平均月収が261,000円の場合

報酬月額：250,000円以上270,000円未満
⇒標準報酬月額：健保・厚年とも260,000円
（健康保険では20等級・厚生年金保険では17等級）

例3 平均月収が1,250,000円の場合

報酬月額：1,235,000円以上1,295,000円未満
⇒標準報酬月額：健康保険＝48等級・1,270,000円
　厚生年金保険＝〈上限〉32等級・650,000円

※厚生年金保険では、報酬月額が635,000円以上の場合、標準報酬月額はすべて〈上限〉の32等級・650,000円になります。

※標準報酬月額は、3月31日段階で次のような状態にあり、その状態が継続すると認められる場合は、9月1日から政令で上限を改定できるしくみです（上限改定が行われた場合は、標準賞与額の上限も政令で改定されることがあります）。
健康保険：標準報酬月額の上限に達した人が全被保険者の1.5％を上回る
厚生年金保険：全被保険者の標準報酬月額の平均額の2倍相当額が、最高等級の標準報酬月額を上回る（健康保険の等級区分を参考に上限改定）
※これにより、厚生年金保険の上限が令和2年9月から32等級・650,000円に改定されています。なお、健康保険の上限は平成28年4月から、厚生年金保険の下限は28年10月から法律改正により改定されています。

健康保険任意継続被保険者の標準報酬月額

　健康保険の任意継続被保険者の標準報酬月額は、原則として退職時と同じです。ただし、加入している健康保険での標準報酬月額の平均額に該当する標準報酬月額を上限とします（協会けんぽの上限は、令和6年度は300,000円となります）。なお、健康保険組合の上限は、健康保険組合規約に定められた標準報酬月額となります。

複数会社に勤務の場合の報酬月額

　被保険者が同時に2カ所以上の適用事業所に使用されるに至ったとき、または同時に2カ所以上の適用事業所に使用され、管轄年金事務所または保険者が複数となる場合は、被保険者が「健康保険・厚生年金保険　被保険者所属選択・二以上事業所勤務届」を提出し、主たる事業所を選択します。届出の結果、選択事業所を管轄する事務センター（または健康保険組合）が事務を行います（健康保険組合を選択した場合でも、厚生年金保険の事務は事務センターが行います）。

　標準報酬月額は、各事業所から受ける報酬を合算して決定されます。各事業所の保険料は、各事業所から受ける報酬の割合により按分して計算されます。

海外勤務者の報酬の取り扱い

　国内の適用事業所での雇用関係が継続したまま海外で勤務し、出向元から給与の一部（全部）が支払われる場合は、原則、健康保険・厚生年金保険の加入は継続します。海外の事業所から支給される給与等が標準報酬月額の算定の基礎となる「報酬」に含まれるかは、基本的には次のように取り扱われます。

(1)海外の事業所から支給される給与等でも、適用事業所(国内企業)の給与規程や出向規程等により、実質的に適用事業所(国内企業)から支払われている場合は、その給与等も「報酬等」に算入することになります。

(2)適用事業所(国内企業)の給与規程や出向規程等に海外勤務者の定めがなく、海外の事業所での労働の対償として直接給与等が支給される場合は、適用事業所からの支給ではないため、「報酬等」には含めません。

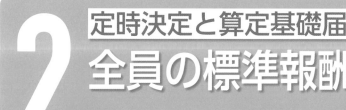

2 定時決定と算定基礎届
全員の標準報酬を決めなおすとき

毎年7月に、「算定基礎届」に各被保険者の4月・5月・6月の報酬を記入し、保険者等に提出します。

4月・5月・6月の報酬（平均月額）で決定

7月1日から10日（または指定日）に算定基礎届を提出

被保険者の実際の報酬と標準報酬月額との間に大きな差が出ないように、毎年1回、標準報酬月額が決めなおされます。これを定時決定といいます。

定時決定にあたり、事業主は、全被保険者について、4月・5月・6月に支払った報酬を「算定基礎届」に記入し、7月1日〜10日（または指定された提出日）に提出します。

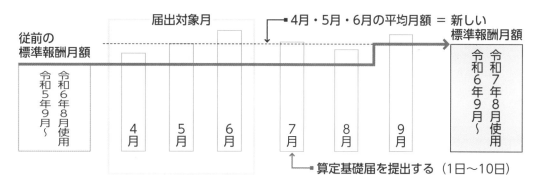

7月1日現在の全被保険者が届出の対象

届出の対象となるのは、7月1日現在の全被保険者および70歳以上被用者です。対象となる人については、配付されてくる用紙に、被保険者氏名・生年月日・従前の標準報酬月額などが印字されています。印字もれの対象者については、予備用紙に記入するなどして届け出ます。

ただし、次の**1**〜**4**のいずれかに該当する人は算定基礎届の提出は不要です。

1 6月1日以降に被保険者となった人（「資格取得時決定」で翌年の8月までの標準報酬月額が決まっています）

2 6月30日以前に退職した人

3 4月からの報酬の大幅な変動により7月に随時改定（21頁）の対象となる人

4 8月または9月に随時改定が予定されている旨の申出を行った人

※ 上記**3**、**4**の人については、算定基礎届の報酬月額欄を記入せず、空欄としたうえで、備考欄の「3.月額変更予定」に〇を付して提出してください。

※ 電子媒体申請および電子申請の場合は、上記**3**、**4**の人を除いて作成してください。

※ 上記**4**の人について、随時改定の要件に該当しないことが判明した場合は、速やかに算定基礎届を提出してください。

報酬月額の計算方法

4月〜6月のうち対象月の報酬の平均月額を算出

報酬月額は、4月・5月・6月の3カ月間に支払われた報酬について、基本的には次のように計算します。

| ❶給与計算の基礎日数が17日未満の月は計算の対象から除く。 | → | ❷月々支給されるもので、現物は都道府県ごとの価額などにより通貨に換算し、各月の報酬月額を計算する。なお、4月〜6月に年3回以下の賞与があれば計算から除く。 | → | ❸対象月（給与計算の基礎日数が17日以上）の報酬総額を対象月数で割る。 |

※ 各月の報酬月額は「その月に実際に支払われた報酬」、給与計算の基礎日数は「その報酬の支払いの対象となった日数」をいいます。たとえば、月給制で3月16日〜4月15日分を4月25日に支払う場合、4月の報酬月額は「4月25日支払額」、給与計算の基礎日数は3月16日〜4月15日の「31日」となります。
※ 現物給与（食事・住宅等）については、給与の締め日は考慮せず1カ月分の報酬として計算します。上記の例では、4月1日〜30日の1カ月分として「4月25日支払額」と合算します。

給与計算の対象となる日数が支払基礎日数

給与計算の基礎日数とは、その報酬（給与）の支払いの対象となった日数をいいます（以下、支払基礎日数といいます）。

時給制・日給制の場合は、実際の出勤日数（有給休暇を含みます）が支払基礎日数となります。月給制や週給制の場合は、給与計算の基礎が暦日で、日曜日なども含むのが普通ですので、出勤日数に関係なく暦日数によります（ただし、欠勤日数分だけ給料が差し引かれる場合は、就業規則、給与規程等に基づき事業所が定めた日数から欠勤日数を控除した日数となります）。

17日未満の月は対象から除外

支払基礎日数が17日未満の月は、報酬が通常の月とかけはなれる場合があることから、計算の対象から除きます。たとえば、5月の支払基礎日数が17日未満だった場合は、右図のように4月と6月の2カ月分で計算することになります。なお、特定適用事業所等に勤務する短時間労働者（38頁）は、支払基礎日数が11日未満の月は計算の対象から除外します。

※ 随時改定（21頁）、産前産後休業終了時改定・育児休業等終了時改定（32頁）の支払基礎日数についても同様です。

短時間労働者の雇用条件が変更となった場合の届出

特定適用事業所等に勤務する短時間労働者の雇用条件が変更となり、勤務時間および勤務日数が常時雇用者の4分の3以上となった場合は、雇用条件が変更となった日から5日以内に「被保険者区分変更届」を提出します。正社員が短時間労働者へ契約変更し、勤務時間および勤務日数が常時雇用者の4分の3未満となった場合も同様です。

※ 短時間労働者の条件については38頁参照。

決定通知書がきたとき

算定基礎届により各被保険者の新しい標準報酬月額が決められると、「標準報酬月額決定通知書」が送られてきますので、給料明細書などで各人の新標準報酬月額を通知するようにします。

この新しい標準報酬月額に基づき、9月分（9月1日）から保険料や手当金が計算されます。

算定基礎届の記載例

例① 一般的な例 ➡ 4月・5月・6月の報酬で平均月額を計算（3カ月とも支払基礎日数が17日以上）

　基本給や諸手当の名目・額はさまざまですが、一般的な例です。このほかに報酬とされる手当があれば計上します。※給料は月給制、毎月20日締め、当月25日支払いとして作成。

	支払基礎日数	基本給	家族手当	住宅手当	通勤手当	残業手当	合　計
4月	31日	360,000円	12,600円	8,000円	11,600円	28,500円	420,700円
5月	30日	360,000円	12,600円	8,000円	11,600円	30,500円	422,700円
6月	31日	360,000円	12,600円	8,000円	11,600円	17,300円	409,500円
						総　計	1,252,900円

給与や賃金の計算の対象となった日数を記入します。

通勤手当は所得税の非課税限度額とは関係なく全額算入します。また、数カ月分の定期券が支給されたときは平均月額を記入します。

① 被保険者整理番号		② 被保険者氏名		③生年月日		④ 適用年月		⑰ 個人番号［基礎年金番号］※70歳以上被用者の場合のみ	
⑤ 従前の標準報酬月額		⑥ 従前改定月		⑦昇（降）給		⑧遡及支払額			
⑨給与支給月	⑩給与計算の基礎日数	報酬月額			⑭総計（一定の基礎日数以上の月のみ）		⑱備考		
		⑪ 通貨によるものの額	⑫ 現物によるものの額	⑬ 合計（⑪+⑫）	⑮ 平均額				
					⑯ 修正平均額				

①　20　　②　渡辺　浩輝　　③ 5-550918　　④ 6年 9月　　⑰

⑤健 410千円　厚 410千円　⑥ 05年 09月　⑦昇（降）給 1.昇給 2.降給　⑧遡及支払額 月　円　⑱ 1.70歳以上被用者算定（算定基礎：月　月）　2.二以上勤務　3.月額変更予定　4.途中入社　5.病休・育休・休職等　6.短時間労働者（特定適用事業所等）　7.パート　8.年間平均　9.その他（　）

⑨支給月	⑩日数	⑪通貨	⑫現物	⑬合計（⑪＋⑫）	⑭総計
4月	31日	420,700円	0円	420,700円	1,252,900円
5月	30日	422,700円	0円	422,700円	⑮平均額 417,633円
6月	31日	409,500円	0円	409,500円	⑯修正平均額

⬦報酬月額 … 1,252,900円÷3≒417,633円（1円未満の端数は切り捨て）➡ ⬦標準報酬月額 … 410千円

例② 支払基礎日数17日未満の月があるとき ➡ その月を除いて計算

　支払基礎日数が17日未満の月については、通常月の報酬とかけはなれる場合があるため、報酬月額の計算の対象から除くことになっています。※給料は月給制、毎月20日締め、当月25日支払いとして作成。

	支払基礎日数	基本給	諸手当	合　計
4月	31日	213,800円	16,300円	230,100円
5月	15日	106,900円	10,200円	（対象外）
6月	31日	213,800円	16,300円	230,100円
			総　計	460,200円

欠勤日数分だけ給料が差し引かれるという場合は、就業規則、給与規程等に基づき事業所が定めた日数から欠勤日数を引いたものが支払基礎日数となり、17日未満であれば、その月を平均額計算から除外します。

① 被保険者整理番号		② 被保険者氏名		③生年月日		④ 適用年月		⑰ 個人番号［基礎年金番号］※70歳以上被用者の場合のみ	
⑤ 従前の標準報酬月額		⑥ 従前改定月		⑦ 昇（降）給		⑧遡及支払額			
⑨給与支給月	⑩給与計算の基礎日数	報酬月額			⑭総計（一定の基礎日数以上の月のみ）		⑱備考		
		⑪ 通貨によるものの額	⑫ 現物によるものの額	⑬ 合計（⑪+⑫）	⑮ 平均額				
					⑯ 修正平均額				

①　32　　②　石渡　三代子　　③ 7-100512　　④ 6年 9月　　⑰

⑤健 220千円　厚 220千円　⑥ 05年 09月　⑦昇（降）給 1.昇給 2.降給　⑧遡及支払額 月　円　⑱ 1.70歳以上被用者算定（算定基礎：月　月）　2.二以上勤務　3.月額変更予定　4.途中入社　5.病休・育休・休職等　6.短時間労働者（特定適用事業所等）　7.パート　8.年間平均　9.その他（　）

⑨支給月	⑩日数	⑪通貨	⑫現物	⑬合計（⑪＋⑫）	⑭総計
4月	31日	230,100円	0円	230,100円	460,200円
5月	15日	117,100円	0円	117,100円	⑮平均額 230,100円
6月	31日	230,100円	0円	230,100円	⑯修正平均額

⬦報酬月額 … 460,200円（4月分＋6月分）÷2＝230,100円 ➡ ⬦標準報酬月額 … 240千円

労働の対償として現物で支給するものがある場合は、通貨に換算します。食事・住宅は都道府県ごとに価額が定められています。※給料は月給制、毎月20日締め、当月25日支払いとして作成。

	支払基礎日数	基本給	諸手当	給食（昼）	合　　計
4月	31日	238,000円	13,200円	7,200円	258,400円
5月	30日	238,000円	17,400円	7,200円	262,600円
6月	31日	238,000円	18,300円	7,200円	263,500円
				総　　計	784,500円

全額が会社負担の昼の給食が支給された場合で、価額が1カ月あたり7,200円のときの例です。

① 被保険者整理番号		② 被保険者氏名			③ 生年月日		④ 適用年月		⑰ 個人番号［基礎年金番号］ ※70歳以上被用者の場合のみ		
⑤ 従前の標準報酬月額			⑥ 従前改定月		⑦昇（降）給		⑧遡及支払額				
⑨給与支給月	⑩給与計算の基礎日数	報酬月額				⑭ 総計（一定の基礎日数以上の月のみ）		⑱備考			
		⑪ 通貨によるものの額	⑫ 現物によるものの額	⑬ 合計（⑪＋⑫）		⑮ 平均額					
						⑯ 修正平均額					
151		柳本　一美			7-071018		6年 9月				
健 240千円	厚 240千円	05年 09月		⑦昇（降）給 昇給／降給 月		遡及支払額 月 円		1．70歳以上被用者算定（算定基礎月：月　月）　2．二以上勤務 3．月額変更予定　4．途中入社　5．病休・育休・休職等 6．短時間労働者（特定適用事業所等）　7．パート 8．年間平均　9．その他（給食（昼））			
4月	31日	通貨 251,200円	現物 7,200円	合計 258,400円		総計 784,500円					
5月	30日	255,400円	7,200円	262,600円		平均額 261,500円					
6月	31日	256,300円	7,200円	263,500円		修正平均額 円					

❖報酬月額 … 784,500円÷3＝261,500円 ➡ ❖標準報酬月額 … 260千円

（1）本人負担（費用徴収）がある場合の取り扱い

現物支給に本人負担がある場合は、「厚生労働大臣が定める現物給与の価額」から本人負担分を差し引いた額を「現物によるものの額」に算入します。

> 例：月20日間の昼食（現物給与の価額は1食250円）／本人負担が1食60円
> 現物によるものの額＝現物給与の価額250円×20日
> －本人負担60円×20日＝3,800円

このときは、備考欄に「昼食（本人負担1,200円）」

などと記載します。なお、食事については、本人負担が現物給与の価額の3分の2以上の場合には、現物による食事の供与はないものとして取り扱われます。

（2）通勤定期券等の取り扱い

事業所が通勤定期券や回数券を支給する場合は、1月あたりの額を「現物によるものの額」に算入します。

> 例：21,000円の6カ月定期券を支給
> 現物によるものの額＝21,000円÷6＝3,500円

一時帰休による休業手当などの扱い

4月〜6月に一時帰休（レイオフ）による休業手当等が支給された場合には、次のように取り扱います。

(1)7月1日時点で一時帰休の状況が解消している場合は、4月〜6月のうち、休業手当等を含まない月を対象に報酬月額を算定します（右図の1）。なお、4月〜6月のいずれにも休業手当等が支払われている場合は、一時帰休による低額な休業手当等に基づいて決定・改定される前の標準報酬月額で決定します（右図の2）。

(2)7月1日時点で一時帰休の状況が解消していない場合（7月〜9月の随時改定に該当しない場合）は、一時帰休による休業手当等が支払われた月のみで算定するのではなく、通常の給与を受けた月も対象として、報酬月額を算定します（右図の4・6）。

【4月〜6月に一時帰休による休業手当等が支給された場合の定時決定等の例】

	4月	5月	6月	7月	8月	9月	定時決定の算定対象月	随時改定月
1	●	○	○	☆	○	○	5・6月	
2	●	●	●	☆	○	○	従前等級で決定	
3	●	●	●	★	○	○		7月改定
4	○	●	●	★	○	○	4・5・6月	
5	○	●	●	★	●	○		8月改定
6	○	○	●	★	●	●	4・5・6月	
7	○	○	●	★	●	●		9月改定

○：通常の報酬が支給された月　☆：一時帰休解消
●：一時帰休による休業手当等が支給された月
★：一時帰休未解消

例❹ 賞与などが年4回以上支給されたとき → 賞与を通常の報酬に含めて算定

前年の7月から当年6月までに4回以上の賞与が支払われた場合は、賞与の合計額を12で割った額を各月の報酬に加えて報酬月額を算出します。

	支払基礎日数	基本給	諸手当	賞　与	合　計
4月	31日	310,000円	25,000円	75,000円	410,000円
5月	30日	310,000円	33,000円	75,000円	418,000円
6月	31日	310,000円	29,000円	75,000円	414,000円
				総　計	1,242,000円

> 賞与が年4回（9月160,000円・12月390,000円・3月120,000円・6月230,000円合計900,000円）支給されたときは、1カ月あたりの賞与の額（900,000円÷12＝75,000円）を加えた合計を記入します。

① 被保険者整理番号		② 被保険者氏名		③ 生年月日		④ 適用年月		⑰ 個人番号［基礎年金番号］※70歳以上被用者の場合のみ

（算定基礎届の記入例）

被保険者整理番号 113　名取　睦夫　5-621115　6年9月
⑤従前の標準報酬月額 健 380千円　厚 380千円　⑥従前改定月 05年09月
⑨給与支給月 4月 ⑩日数 31日 ⑪通貨 410,000円 ⑫現物 0円 ⑬合計 410,000円 ⑭総計 1,242,000円
5月 30日 418,000円 0円 418,000円 ⑮平均額 414,000円
6月 31日 414,000円 0円 414,000円 ⑯修正平均額
⑱備考 9. その他（賞与・期末手当 9月・12月・3月・6月 75,000円）

❖報酬月額 … 1,242,000円÷3＝414,000円 ➡ ❖標準報酬月額 … 410千円

給与支払対象期間の途中から入社したとき

給与の支払対象となる期間の途中から資格取得したことにより1カ月分の給与が支給されない場合は、1カ月分の給与が支給されない月を除いた月を対象とします（17頁の修正平均の**5**参照）。

	支払基礎日数	基本給	合　計
4月			
5月	20日	160,000円	160,000円
6月	30日	240,000円	240,000円
		総　計	400,000円

> 毎月20日締め・翌月10日支払いの会社に4月1日に入社した例で、日割り計算で20日分の給与が5月に支給された場合でも、本来1カ月分として受ける額ではないことから算定の対象月から除き、6月のみの報酬が対象となります。

被保険者整理番号 231　宮坂　陽治　7-101021　6年9月
⑤従前の標準報酬月額 健 240千円　厚 240千円　⑥従前改定月 06年04月
⑨給与支給月 4月
5月 20日 160,000円 0円 160,000円 ⑭総計 400,000円 ⑮平均額 200,000円
6月 30日 240,000円 0円 240,000円 ⑯修正平均額 240,000円
⑱備考 ④ 途中入社　9. その他（6年4月1日取得）

❖単純平均 … 400,000円÷2＝200,000円 ➡ ❖標準報酬月額 … 200千円
❖修正平均 … 240,000円（6月分）➡ ❖標準報酬月額 … 240千円

この場合、単純平均で計算すると標準報酬月額が200千円となりますが、修正平均を採用し、240千円になります。このとき、「支払基礎日数」欄には給与支払い対象日数を、「備考」欄には、〈4. 途中入社〉を○で囲み、〈9. その他〉に資格取得年月日を記入します。

短時間就労者は支払基礎日数により異なる算定方法

短時間就労者に係る定時決定時の標準報酬月額の算定については、支払基礎日数によって下表の(1)〜(3)のいずれかにより行われます（短時間就労者とは、パートタイマー、アルバイト、契約社員、準社員、嘱託社員等の名称を問わず、正規社員より短時間の労働条件で勤務する人をいいます（38頁））。

4・5・6月の3カ月のうち支払基礎日数が	標準報酬月額の決定方法
(1)17日以上の月が1カ月以上ある場合	該当月の報酬総額の平均により算定された額により標準報酬月額を決定する。
(2)いずれも17日未満の場合 （そのうち15日、16日の月が1カ月以上ある場合）	その3カ月のうち支払基礎日数が15日、16日の月の報酬総額の平均により算定された額により標準報酬月額を決定する。
(3)いずれも15日未満の場合	従前の標準報酬月額をもって当該年度の標準報酬月額とする。

なお、短時間就労者に係る随時改定時における標準報酬月額の算定については、(1)〜(3)のいずれかによらず、継続した3カ月のいずれの月においても報酬の支払基礎日数が17日以上必要となります。

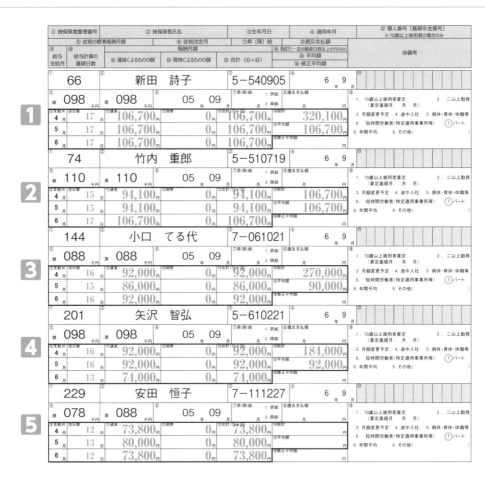

1 支払基礎日数が3カ月とも17日以上：3カ月の報酬月額の平均額を基に算定します。

2 1カ月でも17日以上：17日以上の月の報酬月額の平均額を基に算定します。6月が17日以上なので6月の報酬月額で算定します。

3 3カ月とも15日、16日：3カ月の報酬月額の平均額を基に算定します。

4 1カ月または2カ月は15日、16日の場合（**2**の場合を除く）：15日、16日の報酬月額の平均額を基に算定します。4月と5月が16日なので、この2カ月の報酬月額の平均で算定します。

5 3カ月とも15日未満：従前の標準報酬月額で算定します。

短時間労働者の定時決定

　　7月1日時点で使用される全被保険者について算定基礎届を提出することになりますので、適用拡大により被保険者となった短時間労働者（38頁）についても、算定基礎届を提出します。

　　短時間労働者については、4月・5月・6月（いずれも支払基礎日数11日以上）に受けた報酬の総額をその期間の総月数で除して得た額を報酬月額として標準報酬月額を決定します。たとえば、5月の支払基礎日数が11日未満であった場合は、4月と6月の2カ月で算定されます。11日未満の月は、報酬が通常の月とかけはなれる場合があるため、算定の対象外です。

　　なお、短時間労働者の要件の1つに、「賃金の月額が8.8万円以上」とありますが、この賃金の月額は基本給および諸手当で判断することとされています。この「賃金の月額」には①臨時に支払われる結婚手当等、②1カ月を超える期間ごとに支払われる賞与等、③時間外や休日、深夜の割増賃金等、④最低賃金法において算入しないことを定める精皆勤手当や家族手当、通勤手当は算入しないで判断します。一方で算定基礎届等の「報酬月額」には労働の対償として経常的に支払われるものすべてが含まれます。このため、「賃金の月額（8.8万円以上）」に算入しなかった上記③・④の手当等もあわせて「報酬月額」を算出することになります（通常の被保険者の算出方法と同一です）。

※ いわゆる「年収の壁」に対する時限的な対応策として、臨時的かつ特例的に労働者の保険料負担を軽減するために支給される「社会保険適用促進手当」は、社会保険適用にともない新たに発生した本人負担分の保険料相当額を上限として、算定の対象とはされません。

	① 被保険者整理番号	② 被保険者氏名	③ 生年月日	④ 適用年月	⑫ 個人番号［基礎年金番号］※70歳以上被用者の場合のみ	
	⑤ 従前の標準報酬月額	⑥ 従前改定月	⑦昇（降）給	⑧遡及支払額		
	⑨給与支給月 ⑩給与計算の基礎日数	⑪報酬月額 通貨によるものの額 ⑫現物によるものの額 ⑬合計（⑪+⑫）	⑭総計（一定の基礎日数以上の月のみ）⑮平均額 ⑯修正平均額		⑱備考	
1	① 77　② 三沢　千恵子　③ 5-590921　④ 6年9月					
	⑤健 118　厚 118　⑥ 05 09　⑦1.昇給 2.降給	⑧ 月			1.70歳以上被用者算定（算定基礎月：月月）　2.二以上勤務　3.月額変更予定　4.途中入社　5.病休・育休・休職等　⑥6.短時間労働者（特定適用事業所等）　7.パート　8.年間平均　9.その他（ ）	
	4月 11日	通貨 108,600円 現物 0円 合計 108,600円	⑭ 347,400			
	5月 12日	115,800円 0円 115,800円	⑮ 115,800			
	6月 13日	123,000円 0円 123,000円	⑯			
2	① 127　② 牛山　克也　③ 7-020701　④ 6年9月					
	⑤健 104　厚 104　⑥ 05 09　⑦1.昇給 2.降給	⑧ 月			1.70歳以上被用者算定（算定基礎月：月月）　2.二以上勤務　3.月額変更予定　4.途中入社　5.病休・育休・休職等　⑥6.短時間労働者（特定適用事業所等）　7.パート　8.年間平均　9.その他（ ）	
	4月 10日	101,400円 0円 101,400円	⑭ 224,400			
	5月 11日	108,600円 0円 108,600円	⑮ 112,200			
	6月 12日	115,800円 0円 115,800円	⑯			
3	① 135　② 安原　憲雄　③ 7-131121　④ 6年9月					
	⑤健 118　厚 118　⑥ 05 10　⑦1.昇給 2.降給	⑧ 月			1.70歳以上被用者算定（算定基礎月：月月）　2.二以上勤務　3.月額変更予定　4.途中入社　5.病休・育休・休職等　6.短時間労働者（特定適用事業所等）　7.パート　8.年間平均　⑨9.その他（ 6月　一般 ）	
	4月 日	108,600円 0円 108,600円	⑭ 376,200			
	5月 日	115,800円 0円 115,800円	⑮ 125,400			
	6月 17日	151,800円 0円 151,800円	⑯			
4	① 222　② 坂本　順司　③ 7-120722　④ 6年9月					
	⑤健 104　厚 104　⑥ 05 09　⑦1.昇給 2.降給	⑧ 月			1.70歳以上被用者算定（算定基礎月：月月）　2.二以上勤務　3.月額変更予定　4.途中入社　5.病休・育休・休職等　6.短時間労働者（特定適用事業所等）　7.パート　8.年間平均　⑨9.その他（5 一→短時間労働者）	
	4月 16日	144,600円 0円 144,600円	⑭ 224,400			
	5月 11日	108,600円 0円 108,600円	⑮ 112,200			
	6月 12日	115,800円 0円 115,800円	⑯			

1 支払基礎日数が3カ月とも11日以上の場合：3カ月が対象となります。

2 支払基礎日数に11日未満の月がある場合：支払基礎日数が11日以上の月のみを対象とします。

3 短時間労働者である月と短時間労働者でない月が混在している場合：各月の被保険者区分（短時間労働者であるかないか）に応じた支払基礎日数により算定対象月を判断します。

4 算定対象となる期間の月の途中に、被保険者区分（短時間労働者であるかないか）の変更があった場合：報酬の給与計算期間の末日における被保険者区分に応じた支払基礎日数により算定対象月を判断します。このケースの場合、4月の区分は一般であり、17日未満のため対象月から除外します。

適用拡大に関する主な事務手続

特定適用事業所*1・任意特定適用事業所*2にかかる主な手続、短時間労働者の被保険者資格にかかる主な手続、短時間労働者の報酬月額の変更にかかる主な手続は、次のようになっています。

事業所に関するもの	①特定適用事業所に該当した場合	○「特定適用事業所該当届」を提出。 ○特定適用事業所に該当したにもかかわらず届出がなかった場合は、日本年金機構において判定を行い、要件を満たしていることが認められた場合は特定適用事業所に該当したものとして、「特定適用事業所該当通知書」が送付される。
	②特定適用事業所に該当しなくなった場合で、現に被保険者である者の4分の3以上の同意を得た場合	○「特定適用事業所不該当届」を提出。 ○厚生年金被保険者（70歳以上被用者、短時間労働者含む）の4分の3以上の同意を得たことを証明する書類（同意書・事業主の証明書）を添付。
	③労使合意に基づき任意特定適用事業所に該当するものとして申し出る場合	○「任意特定適用事業所申出書」を提出。 ○従業員※の過半数で組織する労働組合の同意（該当する労働組合がないときは①従業員の過半数を代表する者の同意、②従業員の2分の1以上の同意、のいずれかの同意）を得たことを証明する書類（同意書・事業主の証明書）を添付。 ※ 厚生年金保険の被保険者、70歳以上被用者および短時間労働者
被保険者資格に関するもの	④特定適用事業所・任意特定適用事業所で短時間労働者に該当した場合や、新たに短時間労働者を雇用した場合	○「資格取得届」を提出。備考欄の3. 短時間労働者の取得（特定適用事業所等）を○で囲む。なお、任意特定適用事業所の短時間労働者の資格取得年月日は上記申出書の受理日（任意特定適用事業所該当日）となる。
	⑤過去に厚生年金保険の被保険者期間がある70歳以上の短時間労働者を新たに雇用した場合や、70歳未満の厚生年金保険の被保険者である短時間労働者が70歳に到達し引き続き雇用される場合	○「厚生年金保険70歳以上被用者該当届」（過去に厚生年金保険の被保険者期間がある場合）を提出。75歳未満であれば「健康保険被保険者資格取得届」も提出。 ○70歳に到達し引き続き雇用される場合は、「70歳到達届　厚生年金保険被保険者資格喪失届」も同時に提出（70歳以後の標準報酬月額相当額に変更がある場合に限る）。
	⑥上記⑤の届出対象者が退職または死亡した場合	○「厚生年金保険70歳以上被用者不該当届」を提出。 ○対象者が健康保険の被保険者である場合には、「健康保険被保険者資格喪失届」も同時に提出。
	⑦特定適用事業所・任意特定適用事業所において、一般の被保険者から短時間労働者に変更となった場合、またはその逆の場合	○「被保険者区分変更届」または「厚生年金保険70歳以上被用者区分変更届」を提出。
報酬月額に関するもの	⑧短時間労働者について、固定的賃金が変動し、引き続く3カ月間の報酬の支払基礎日数がすべて11日以上であり、従前の標準報酬月額との間に2等級以上の差が生じた場合（随時改定に該当する場合）	○「被保険者報酬月額変更届」の備考欄「3. 短時間労働者」の［3］を○で囲む。 ○固定的賃金の変動があった月から、改定月の前月までに被保険者区分の変更（一般の被保険者から短時間労働者またはその逆）があった場合は、「被保険者報酬月額変更届」の備考欄「6. その他」を○で囲み、（ ）内にその内容を記入（例：6月に一般の被保険者から短時間労働者に区分変更の場合は「6／1→短時間労働者」と記入）。
	⑨短時間労働者の産前産後休業終了後の報酬に変動があった場合	○「産前産後休業終了時報酬月額変更届」の備考欄への記載については「被保険者報酬月額変更届」と同様。
	⑩短時間労働者の育児休業終了時の報酬に変動があった場合	○「育児休業等終了時報酬月額変更届」の備考欄への記載については「被保険者報酬月額変更届」と同様。

*1 法人番号が同一の適用事業所で、厚生年金保険の被保険者（短時間労働者を除き、共済組合員を含む）の数が、1年のうちで6カ月以上101人（令和6年10月からは51人）以上となることが見込まれる事業所。

*2 *1以外の事業所〔被保険者数100人（令和6年10月からは50人）以下〕であって労使合意により申し出を行った事業所。

修正平均を出す場合など（保険者算定）

昇給差額の支給や休職給がある場合などは修正平均で

通常の方法で報酬月額を算定すると実態とかけはなれた額となるため、たとえば次のような場合には、修正平均を出します。遅配分や昇給差額が支給されたときはその分を差し引く、休職給の月があるときはその月分を除くなどの取り扱いです。

1 4月・5月・6月の3カ月間において3月分以前の給与の遅配分を支払ったとき、または、4月・5月・6月の給与の一部が遅配で7月以後に支払うとき

2 3月以前にさかのぼる昇給があり、4月・5月・6月の3カ月間において3月分以前の差額を支給したとき

3 4月・5月・6月のいずれかの月に低額の休職給を受けたとき、またはストライキによる賃金カットをしたとき

4 業務の性質上、例年4月・5月・6月の報酬額がその他の月と比べて著しく変動する場合で、次の①、②に2等級以上の差が生じるとき（②の年間平均で算定）
　①当年4月・5月・6月の3カ月間の報酬額の月平均額による標準報酬月額
　②過去1年間（前年7月～当年6月）の報酬額の月平均額による標準報酬月額

5 給与計算期間の途中（途中入社月）で資格取得したため、4月・5月・6月のいずれかに1カ月分の報酬が受けられなかった月があるとき（その月を除いて算定）

1 4月に3月の遅配分の支払いを受けたとき

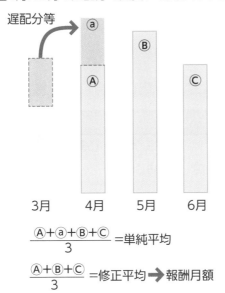

$$\frac{Ⓐ+ⓐ+Ⓑ+Ⓒ}{3}=単純平均$$

$$\frac{Ⓐ+Ⓑ+Ⓒ}{3}=修正平均 \rightarrow 報酬月額$$

3 4月に休職給の支払いを受けたとき

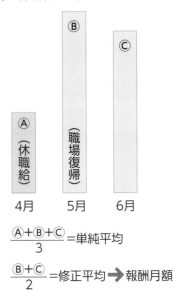

$$\frac{Ⓐ+Ⓑ+Ⓒ}{3}=単純平均$$

$$\frac{Ⓑ+Ⓒ}{2}=修正平均 \rightarrow 報酬月額$$

3カ月とも17日未満や無給などの場合には従前の標準報酬月額で

4月・5月・6月の3カ月とも支払基礎日数が17日未満〔短時間就労者は15日未満、特定適用事業所等に勤務する短時間労働者（38頁）は11日未満〕の場合や、3カ月とも無給または低額の休職給などの場合は、従前の標準報酬月額を引き続き用いる（従前の報酬月額で決定する）ことになっています。

この場合でも、算定基礎届で報酬月額の内訳の届出が必要です。

出産・育児等の休業期間中の被保険者

産前産後休業期間、育児休業等（育児休業および育児休業に準ずる休業）期間、介護休業期間は、休業直前の標準報酬月額（休業直前の標準報酬月額の算定の基礎となった報酬月額に基づく額）を引き続き用いることになっています。算定基礎届で、上記と同様に報酬月額の内訳を届け出ますが、通常の算定方法に該当しない場合は、従前の標準報酬月額で決定されます。

3月にさかのぼった昇給差額が支給されたとき ➡ 差額を差し引いて計算

	支払基礎日数	基本給・諸手当	3月分昇給差額	合　計
4月	31日	321,300円	20,000円	341,300円
5月	30日	324,300円		324,300円
6月	31日	329,800円		329,800円
			総　計	995,400円

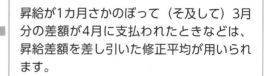

昇給が1カ月さかのぼって（そ及して）3月分の差額が4月に支払われたときなどは、昇給差額を差し引いた修正平均が用いられます。

① 被保険者整理番号		② 被保険者氏名		③ 生年月日		④ 適用年月		⑰ 個人番号〔基礎年金番号〕 ※70歳以上被用者の場合のみ	
⑤ 従前の標準報酬月額		⑥ 従前改定月		⑦ 昇（降）給		⑧ 遡及支払額			
⑨ 給与支給月	⑩ 給与計算の基礎日数	報酬月額				⑭ 総計（一定の基礎日数以上の月のみ）		⑱備考	
		⑪ 通貨によるものの額	⑫ 現物によるものの額	⑬ 合計（⑪＋⑫）		⑮ 平均額			
						⑯ 修正平均額			
① 121		② 藤森　美樹彦		③ 5-620711		④ 6年 9月		⑰	
⑤ 健 300千円	厚 300千円	⑥ 05年 09月		⑦ 昇（降）給 4月 1.昇給 2.降給		⑧ 遡及支払額 4月 20,000円		⑱ 1．70歳以上被用者算定（算定基礎月：月月）　2．二以上勤務　3．月額変更予定　4．途中入社　5．病休・育休・休職等　6．短時間労働者（特定適用事業所等）　7．パート　8．年間平均　9．その他（　）	
⑨支給月 4月	⑩日数 31日	⑪通貨 341,300円	⑫現物 0円	⑬合計（⑪+⑫）341,300円		⑭総計 995,400円			
5月	30日	324,300円	0円	324,300円		⑮平均額 331,800円			
6月	31日	329,800円	0円	329,800円		⑯修正平均額 325,133円			

❖単純平均 … 995,400円÷3＝331,800円 ➡ ❖標準報酬月額 … 340千円
❖修正平均 …（995,400円－差額20,000円）÷3≒325,133円（1円未満の端数は切り捨て）➡ ❖標準報酬月額 … 320千円

この場合、単純平均で計算すると標準報酬月額が340千円となりますが、修正平均を採用し、320千円になります。

休職給が支給されたとき（病気などによる休職の場合）➡ 休職給の月を除いて計算

	支払基礎日数	基本給	諸手当	合　計
4月（休職給）	31日	135,000円	—	135,000円（6割支給）
5月	30日	225,000円	10,500円	235,500円
6月	31日	225,000円	9,800円	234,800円
			総　計	605,300円

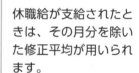

休職給が支給されたときは、その月分を除いた修正平均が用いられます。

① 被保険者整理番号		② 被保険者氏名		③ 生年月日		④ 適用年月		⑰ 個人番号〔基礎年金番号〕 ※70歳以上被用者の場合のみ	
⑤ 従前の標準報酬月額		⑥ 従前改定月		⑦ 昇（降）給		⑧ 遡及支払額			
⑨ 給与支給月	⑩ 給与計算の基礎日数	報酬月額				⑭ 総計（一定の基礎日数以上の月のみ）		⑱備考	
		⑪ 通貨によるものの額	⑫ 現物によるものの額	⑬ 合計（⑪＋⑫）		⑮ 平均額			
						⑯ 修正平均額			
① 73		② 五味　春江		③ 7-100315		④ 6年 9月		⑰	
⑤ 健 240千円	厚 240千円	⑥ 05年 09月		⑦ 昇（降）給 月 1.昇給 2.降給		⑧ 遡及支払額 月 円		⑱ 1．70歳以上被用者算定（算定基礎月：月月）　2．二以上勤務　3．月額変更予定　4．途中入社　5．病休・育休・休職等　6．短時間労働者（特定適用事業所等）　7．パート　8．年間平均　9．その他（ 4月休職給 ）	
⑨支給月 4月	⑩日数 31日	⑪通貨 135,000円	⑫現物 0円	⑬合計 135,000円		⑭総計 605,300円			
5月	30日	235,500円	0円	235,500円		⑮平均額 201,766円			
6月	31日	234,800円	0円	234,800円		⑯修正平均額 235,150円			

❖単純平均 … 605,300円÷3≒201,766円（1円未満の端数は切り捨て）➡ ❖標準報酬月額 … 200千円
❖修正平均 …（5月分235,500円＋6月分234,800円）÷2＝235,150円 ➡ ❖標準報酬月額 … 240千円

この場合、単純平均で計算すると標準報酬月額が200千円となりますが、修正平均を採用し、240千円になります。

例❼　4月～6月の報酬が他の月と著しく変動するとき ➡ 年間平均で算定できる

	基本給	諸手当	合　計
前年7月から当年3月までの各月	245,000円	6,000円	251,000円
4月・5月・6月の各月	245,000円	59,000円	304,000円
		総　計	3,171,000円（うち4～6月 912,000円）

「通常の方法で算出した標準報酬月額」と「年間（前年の7月から当年6月まで）平均で算出した標準報酬月額」の間に2等級以上の差が生じ、その差が業務上例年発生する場合は「年間平均」で算定できます。

‡ 単純平均（通常の方法）… 912,000円（4～6月）÷3＝304,000円 ➡ ‡ 標準報酬月額 … 300千円
‡ 修正平均（年間平均）… 3,171,000円（前年7月～当年6月）÷12＝264,250円 ➡ ‡ 標準報酬月額 … 260千円

この場合、単純平均で計算すると標準報酬月額が300千円となりますが、修正平均を採用し、260千円になります。このとき、事業主は、当該保険者算定（修正平均）の要件に該当する理由を記載した申立書を提出します（申し立てに関する被保険者の同意書および前年7月から当年6月までの被保険者の報酬額等を記載した書類を添付）。

年間報酬の平均での算定の取り扱い

　前年7月～当年6月の年間報酬の平均での算定は、その年の3月までに資格取得した人について、支払基礎日数17日以上の月が対象です（短時間就労者は、4月～6月の通常の方法での算出が、①17日以上の月の平均である場合は年間平均も17日以上の月が、②15日以上17日未満の月の平均である場合は年間平均は15日・16日の月が対象。短時間労働者は11日以上の月が対象）。低額の休職給の月などは除外します。

　なお、4月～6月までの期間に定期昇給等による固定的賃金の変動があり、7月～9月に随時改定が行われる場合は、随時改定が定時決定に優先することから、定時決定での年間報酬の平均での算定は行われません（年間平均額を用いた随時改定については25頁参照）。

　年間報酬の平均での算定は、事業主の申し立てにより行われますので、申し立てがない場合には通常の算定となります。また、対象となる被保険者の毎年の同意が必要ですので、同意がなかった被保険者（のみ）については通常の算定が行われます。

年間平均の対象となる場合	年間平均の対象とならない場合
⑴当年3月までに資格取得された方（支払基礎日数17日以上の月が対象。短時間就労者、短時間労働者は上記①、②参照）。 ⑵当年7月1日時点で一時帰休が解消される見込みがある場合で、当年4月～6月までのうち、一時帰休に伴う休業手当等が支払われなかった月における報酬月額の平均と、前年7月～当年6月（一時帰休に伴う休業手当等を受けた月は除く）までの報酬月額の平均を比較して、標準報酬月額等級区分に2等級以上の差が生じる場合 ⑶1等級の差でも以下のとおり、標準報酬月額の上限または下限にわたる場合は対象となります。 〈健康保険の場合〉 （イ）4月～6月の報酬月額の平均と前年7月～当年6月までの報酬月額の平均の、いずれか片方の月額が141.5万円以上、もう片方の月額が129.5万円以上135.5万円未満の場合 （ロ）4月～6月の報酬月額の平均と前年7月～当年6月までの報酬月額の平均の、いずれか片方の月額が5.3万円未満、もう片方の月額が6.3万円以上7.3万円未満の場合 〈厚生年金保険の場合〉 （イ）4月～6月の報酬月額の平均と前年7月～当年6月までの報酬月額の平均の、いずれか片方の月額が66.5万円以上、もう片方の月額が60.5万円以上63.5万円未満の場合 （ロ）4月～6月の報酬月額の平均と前年7月～当年6月までの報酬月額の平均の、いずれか片方の月額が8.3万円未満、もう片方の月額が9.3万円以上10.1万円未満の場合	⑴前年7月～当年6月までの支払基礎日数が17日未満の月のみの場合 ⑵「通常の方法で算出した標準報酬月額」と「年間平均で算出した標準報酬月額」の間に2等級以上の差が生じない場合 ⑶「通常の方法で算出した標準報酬月額」と「年間平均で算出した標準報酬月額」の間に2等級以上の差が業務の性質上例年発生するものでない場合 ⑷被保険者の同意がない場合 ⑸当年4月～5月に資格取得された方（1年間の報酬月額の平均の計算対象となる月が1月も確保されていないため） ⑹当年7月～9月に被保険者報酬月額変更届による随時改定を行った場合 ⑺当年7月1日時点で一時帰休が解消される見込みがない場合

被保険者の同意・申立書の記載例（年間報酬の平均での算定）

（様式2）

保険者算定申立に係る例年の状況、標準報酬月額の比較及び被保険者の同意等

【申請にあたっての注意事項】
・この用紙は、算定基礎届をお届けいただくにあたり、年間報酬の平均で算定することを申し立てる場合に必ず提出してください。
・この用紙は、定時決定にあたり、4、5、6月の報酬の月平均と年間報酬の月平均に2等級以上差があり、年間報酬の平均で決定することに同意する方のみ記入してください。
・また、被保険者の同意を得ている必要がありますので、同意欄に被保険者の氏名を記入してください。
・なお、標準報酬月額は、年金や保険給付にも影響を及ぼますことにご留意下さい。

事業所整理記号	国分寺たにし	事業所名称	（株）大和ハウジング	種別
被保険者整理番号	175	被保険者の氏名	高橋 勝則	生年月日	平成7年9月13日	1

【前年7月～当年6月の報酬額等の欄】

算定基礎月の報酬支払基礎日数	通貨によるものの額	現物によるものの額	合計
5 年 7 月	30 日	251,000 円	0 円	251,000 円
5 年 8 月	31 日	251,000 円	0 円	251,000 円
5 年 9 月	31 日	251,000 円	0 円	251,000 円
5 年 10 月	30 日	251,000 円	0 円	251,000 円
5 年 11 月	31 日	251,000 円	0 円	251,000 円
5 年 12 月	30 日	251,000 円	0 円	251,000 円
6 年 1 月	31 日	251,000 円	0 円	251,000 円
6 年 2 月	31 日	251,000 円	0 円	251,000 円
6 年 3 月	29 日	251,000 円	0 円	251,000 円
6 年 4 月	31 日	304,000 円	0 円	304,000 円
6 年 5 月	30 日	304,000 円	0 円	304,000 円
6 年 6 月	31 日	304,000 円	0 円	304,000 円

【標準報酬月額の比較欄】※当該欄に事業主が記載してください。

	健康保険	厚生年金保険
従前の標準報酬月額	260 千円	260 千円

	健康保険	標準報酬月額	等級	厚生年金保険	標準報酬月額	等級
前年7月～当年6月の合計額（※） 3,171,000 円	前年7月～当年6月の平均額（※） 264,250 円		20	260 千円		17	260 千円
本年4月～6月の合計額（※） 912,000 円	本年4月～6月の平均額（※） 304,000 円		22	300 千円		19	300 千円
修 正 平 均 額（※） 264,250 円			20	260 千円		17	260 千円

2等級以上 （○又は×）							
○							

【標準報酬月額の比較欄】の（※）部分を算出する場合は、以下にご注意ください。
① 支払基礎日数が17日未満（短時間労働者は11日未満）の月の報酬額は除く。
② 短時間労働者の場合は、通常の方法で算出した標準報酬月額（前年7月～当年6月）の支払基礎日数が17日以上ある月の報酬の平均額。
　（1年間平均の方で算出した標準報酬月額の支払基礎日数が11日以上であれば、17日以上ある月の報酬のその月、その他（1年間報酬の平均）。
③ 通常の方法で算出した標準報酬月額は、支払基礎日数が15日以上ある月の報酬月額。
　平均した標準報酬月額は、支払基礎日数が15日以上17日未満の月の報酬の平均。
④ 低額の休職給を受けた月。
⑤ 前年6月分以前に遡って昇給し、又は低下した差額支給の月。
⑥ 上記①～④に該当しない場合は、当年7月～当年6月までの平均額を記入。

【被保険者の同意欄】
私（当年本年の定時決定にあたり、年間報酬額の平均で決定することを希望しますので、当事業所が申し立てすることに同意します。

被保険者氏名 **高 橋 勝 則**

【備考欄】

（様式1）

○○年金事務所長　　様

年間報酬の平均で算定することの申立書

当事業所はビルの清掃・設備点検業を行っており、毎年、4月から6月までの間は、ビルメンテナンス等が集中し、繁忙期となることから、例年従業員に所定労働時間を超える時間外労働を命じている状況であるため、健康保険法第41条及び厚生年金保険法第21条の規定による定時決定の方法で算定するにあたり、年間報酬の平均により算出する方法により、標準報酬月額等について2等級以上の差が生じ、著しく不当であると思料されますので、健康保険法第44条第1項及び厚生年金保険法第24条第1項における報酬月額の算定の特例（年間）にて決定していただくよう申立てします。

なお、当事業所における例年の状況、標準報酬月額の比較及び被保険者の同意等の資料を添付します。

令和　6　年　7　月　4　日

事業所所在地　　東京都国分寺市本○－○－○

事業所名称　　　（株）大和ハウジング

事業主氏名　　　代表取締役社長　小松　将一

連絡先　　　　　○○○－○○○○－○○○○

※ 業種等は正確に記入いただき、理由は具体的に記載をお願いします。

3 随時改定と月額変更届

給与が大幅に変わったとき

随時改定に該当する被保険者について、事業主は月額変更届により保険者等に届け出ます。

報酬の大幅変動で随時改定

昇（降）給以後の3カ月平均が2等級差で改定

被保険者の報酬が、昇（降）給など固定的賃金の変動に伴って大幅に変わったときは、定時決定を待たずに標準報酬月額が改定されます。これを随時改定といい、次の3つのすべてに該当するときに行われます。

❶昇給・降給などで固定的賃金に変動があった

❷変動月からの3カ月の間に支払われた報酬（残業手当などの非固定的賃金も含む）の平均月額に該当する標準報酬月額と従前の標準報酬月額との間に2等級以上の差が生じた

❸変動月以降引き続く3カ月とも支払基礎日数が17日以上だった

該当者について月額変更届を提出

事業主は、随時改定に該当する被保険者がいるときは、速やかに「月額変更届」により変動月以後3カ月の報酬月額（残業手当などの非固定的賃金を含む）を届け出ます。4月昇給の場合は、4・5・6月に支払った報酬月額を届け出ます。

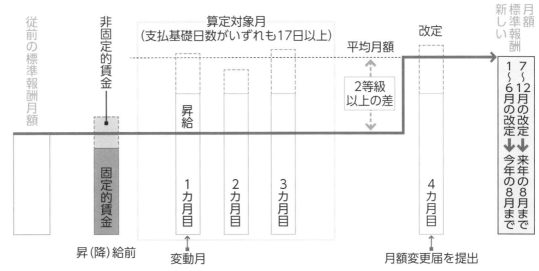

※ パートタイマー（短時間就労者）の場合も支払基礎日数が17日（短時間労働者の場合は11日）以上あることが必要です。

※ 給与計算期間の途中で昇・降給した場合などは、実績として1カ月分が支給された月を固定的賃金の変動が報酬に反映された月とし、それ以後3カ月間に受けた報酬を計算の基礎として随時改定の判断を行います。たとえば、当月末締めで翌月末払いの給与で、15日に給与単価が上昇した場合は、翌月支払いの給与は単価上昇の実績を1カ月分確保できていないため、翌々月を3カ月の起算点とします。

昇給・降給などが固定的賃金の変動に該当

　固定的賃金とは、支給額や支給率が決まっているものをいいます。その変動には、次の**1**〜**5**のようなケースが考えられます。

　なお、休職により低額の休職給を受けた場合は、固定的賃金の変動に含みません。

1昇給（ベースアップ）、降給（ベースダウン）
2給与体系の変更（日給から月給への変更など）
3日給や時間給の基礎単価（日当、単価）の変更
4請負給、歩合給などの単価、歩合率の変更
5住宅手当、役付手当など固定的な手当が新たについたり、支給額が変わった

固定的賃金の例	非固定的賃金の例
基本給（月給、週給、日給）、家族手当、通勤手当、住宅手当、役付手当、勤務地手当　など	残業手当、能率手当、日直手当、休日勤務手当、精勤手当　など

※現物給与の価額の改定は固定的賃金の変動に該当します。

レイオフによる休業手当を受ける場合

　レイオフ（一時帰休）のため、通常の報酬よりも低額の休業手当等が支払われた場合は、固定的賃金の変動とみなし、随時改定の対象となります（ただし、固定的賃金が減額され、継続して3カ月を超える場合）。

　なお、休業手当等による標準報酬月額の決定・改定後に、一時帰休が解消され通常の報酬となったときも、随時改定の対象となります。

2等級差でも随時改定の対象外の場合

　固定的賃金の変動がなく、非固定的賃金の変動により2等級差が生じた場合は、随時改定の対象とはなりません。また、固定的賃金が変動し2等級差が生じた場合でも、次のような場合には随時改定の対象とはなりません。

(1)固定的賃金が上がったが、非固定的賃金が下がり、逆に2等級以上下がった。
(2)固定的賃金が下がったが、非固定的賃金が上がり、逆に2等級以上上がった。

標準報酬月額の上限・下限に該当する人も実質2等級差で改定

　標準報酬月額には上限・下限があるので、大幅に報酬が変わっても2等級差が出ないことがあります。たとえば、49等級（健康保険）の人は報酬がどんなに上がっても2等級差が出ません。そこで、下図の「従前の標準報酬月額」欄の該当者で、固定的賃金の変動月以後引き続く3カ月の報酬の平均月額が、それぞれ中欄の額になった人は、2等級差とみなされ随時改定の対象とすることになっています。

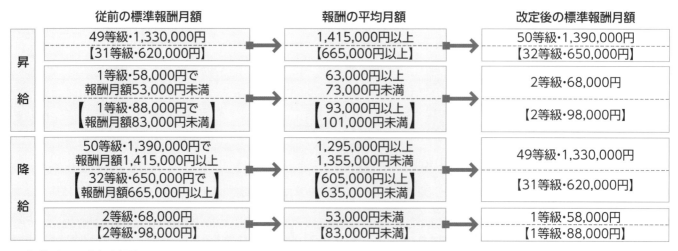

※【　】内は厚生年金保険。

例❶ 昇給したとき ➡ 3カ月平均で2等級差が出たら届出

❶ 従前の標準報酬月額……220千円（健保18等級・厚年15等級）

❷ 昇給の内容………………基本給188,000円が本年4月から20,000円上がり208,000円になった。

	基本給	住宅手当	通勤手当	残業手当	合　計
4月	208,000円	9,800円	6,700円	31,800円	256,300円
5月	208,000円	9,800円	6,700円	28,800円	253,300円
6月	208,000円	9,800円	6,700円	21,600円	246,100円
				総　計	755,700円

固定的賃金だけでなく、残業手当などの非固定的賃金も含めた総支給額で計算します。

標準報酬 3 随時改定と月額変更届

① 被保険者整理番号		② 被保険者氏名		③ 生年月日		④ 改定年月		⑰ 個人番号[基礎年金番号] ※70歳以上被用者の場合のみ	
⑤ 従前の標準報酬月額		⑥ 従前改定月		⑦ 昇(降)給		⑧ 遡及支払額		⑱ 備考	
⑨ 給与 支給月	⑩ 給与計算の 基礎日数	報酬月額				⑭ 総計			
		⑪ 通貨によるものの額	⑫ 現物によるものの額	⑬ 合計(⑪+⑫)		⑮ 平均額			
						⑯ 修正平均額			
① 127		② 松倉 広志		③ 5-551005		④ 6 年 7 月			
⑤健 220 千円	厚 220 千円	⑥ 年 月		⑦昇(降)給 1.昇給 4 2.降給 月		⑧遡及支払額 月		⑱ 1. 70歳以上被用者月額変更 2. 二以上勤務 3. 短時間労働者(特定適用事業所等) 4. 昇給・降給の理由 （ 基本給の変更 ） 5. 健康保険のみ月額変更 （70歳到達時の契約変更等） 6. その他（ ）	
⑨支給月 4 月	⑩日数 31 日	⑪通貨 256,300 円	⑫現物 0 円	⑬合計(⑪+⑫) 256,300 円		⑭総計 755,700 円			
5 月	30 日	253,300 円	0 円	253,300 円		⑮平均額 251,900 円			
6 月	31 日	246,100 円	0 円	246,100 円		⑯修正平均額 円			

❖報酬月額 … 755,700円÷3＝251,900円（標準報酬月額 … 260千円）

❖2等級差が生じる本年7月から、標準報酬月額が260千円（健保20等級・厚年17等級相当）に改定されます。

例❷ 手当がついたとき ➡ 3カ月平均で2等級差が出たら届出

❶ 従前の標準報酬月額……360千円（健保25等級・厚年22等級）

❷ 昇給の内容………………昇進により本年10月から役付手当が60,000円ついた。

	基本給	役付手当	住宅手当	通勤手当	合　計
10月	333,000円	60,000円	10,000円	8,900円	411,900円
11月	333,000円	60,000円	10,000円	8,900円	411,900円
12月	333,000円	60,000円	10,000円	8,900円	411,900円
				総　計	1,235,700円

残業手当などの非固定的賃金がある場合は、それも含めた総支給額で計算します。

① 被保険者整理番号		② 被保険者氏名		③ 生年月日		④ 改定年月		⑰ 個人番号[基礎年金番号] ※70歳以上被用者の場合のみ	
⑤ 従前の標準報酬月額		⑥ 従前改定月		⑦ 昇(降)給		⑧ 遡及支払額		⑱ 備考	
⑨ 給与 支給月	⑩ 給与計算の 基礎日数	報酬月額				⑭ 総計			
		⑪ 通貨によるものの額	⑫ 現物によるものの額	⑬ 合計(⑪+⑫)		⑮ 平均額			
						⑯ 修正平均額			
① 183		② 伊藤 正美		③ 5-561012		④ 7 年 1 月			
⑤健 360 千円	厚 360 千円	⑥ 年 月		⑦昇(降)給 1.昇給 10 2.降給 月		⑧遡及支払額 月		⑱ 1. 70歳以上被用者月額変更 2. 二以上勤務 3. 短時間労働者(特定適用事業所等) 4. 昇給・降給の理由 （ 役付手当の支給 ） 5. 健康保険のみ月額変更 （70歳到達時の契約変更等） 6. その他（ ）	
⑨支給月 10 月	⑩日数 30 日	⑪通貨 411,900 円	⑫現物 0 円	⑬合計(⑪+⑫) 411,900 円		⑭総計 1,235,700 円			
11 月	31 日	411,900 円	0 円	411,900 円		⑮平均額 411,900 円			
12 月	30 日	411,900 円	0 円	411,900 円		⑯修正平均額 円			

❖報酬月額 … 1,235,700円÷3＝411,900円（標準報酬月額 … 410千円）

❖2等級差が生じる来年1月から、標準報酬月額が410千円（健保27等級・厚年24等級相当）に改定されます。

修正平均を出す場合（差額支給の場合）

差額を除いて2等級差が出たら月額変更届を提出

昇給がさかのぼって行われ昇給差額が支給された場合は、差額が支給された月を変動月として差額支給月とその後引き続く2カ月の計3カ月で2等級以上の差が出たときに月額変更届を提出します。

この場合、単純に3カ月平均を算出せず、差額を除いて報酬月額（修正平均）を計算します（保険者決定）。

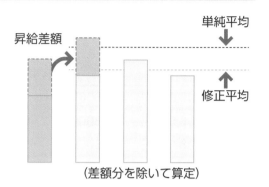

（差額分を除いて算定）

| 例❸ | 昇給差額が支給されたとき ➡ 差額を差し引いて計算し、3カ月平均で2等級差が出たら届出 |

❶従前の標準報酬月額……260千円（健保20等級・厚年17等級）
❷昇給の内容………………基本給が260,000円のところ33,000円上がって293,000円になった。
❸昇給差額の支給…………本年5月にさかのぼり昇給し、その差額が6月に支給された。

	基本給・諸手当	5月分昇給差額	合　計
6月	307,000円	33,000円	340,000円
7月	305,000円		305,000円
8月	302,000円		302,000円
		総　計	947,000円

 5月分昇給差額が6月に支払われたときは、差額を差し引いて修正平均を算出します。

① 被保険者整理番号	② 被保険者氏名	③ 生年月日	④ 改定年月	⑰ 個人番号[基礎年金番号] ※70歳以上被用者の場合のみ
⑤ 従前の標準報酬月額	⑥ 従前改定月	⑦ 昇（降）給	⑧ 遡及支払額	

⑨ 給与支給月	⑩ 給与計算の基礎日数	報酬月額			⑭ 総計	⑱ 備考
		⑪ 通貨によるものの額	⑫ 現物によるものの額	⑬ 合計（⑪+⑫）	⑮ 平均額	
					⑯ 修正平均額	

① 91	② 西村　継男	③ 7-010914	④ 6 年 9 月	⑰
⑤ 健 260 千円　厚 260 千円	⑥　年　月	⑦ 昇（降）給 6 月 1.昇給 2.降給	⑧ 遡及支払額 6 月 33,000	1. 70歳以上被用者月額変更 2. 二以上勤務 3. 短時間労働者(特定適用事業所等) ④. 昇給・降給の理由 （ 基本給の変更 ） 5. 健康保険のみ月額変更 （70歳到達時の契約変更等） 6. その他（ ）
⑨ 支給月 6 月	⑩ 日数 31 日	⑪ 通貨 340,000 円	⑫ 現物 0 円	⑬ 合計（⑪+⑫） 340,000 円	⑭ 総計 947,000	
7 月	30 日	305,000 円	0 円	305,000 円	⑮ 平均額 315,666	
8 月	31 日	302,000 円	0 円	302,000 円	⑯ 修正平均額 304,666	

❖単純平均 … 947,000円÷3≒315,666円（1円未満は切り捨て）➡ ❖標準報酬月額 … 320千円
❖修正平均 …（947,000円－差額33,000円）÷3≒304,666円（1円未満は切り捨て）➡ ❖標準報酬月額 … 300千円
❖2等級差が生じる本年9月から、標準報酬月額が300千円（健保22等級・厚年19等級）に改定されます。

この場合、単純平均で計算すると標準報酬月額が320千円となりますが、修正平均を採用し、300千円になります。

昇給・昇進などが続いた場合

昇給しただけでは2等級差が出なかったが、その後、昇進して役付手当がついたり増額されたりした結果、従来の等級と2等級差が出たという場合は、随時改定が行われます。

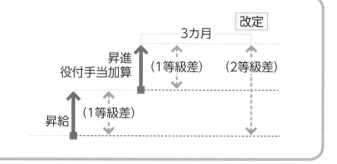

年間報酬の平均での算定の取り扱い

年間平均額を用いた随時改定

　　　　　年間平均額を用いた随時改定とは、年間平均額を用いた定時決定の場合（19頁）と同様に、「通常の方法で計算した標準報酬月額」と「年間平均で算出した標準報酬月額」との間に2等級以上の差が生じ、その差が業務の性質上例年発生する場合は「年間平均」で算定できるというものです。

　　　　　年間報酬の平均での算定は、事業主の申し立てにより行われますので、申し立てがない場合には通常の算定となります。また、対象となる被保険者の毎年の同意が必要ですので、同意のなかった被保険者については通常の算定が行われます。

　　　　　年間平均額を用いた随時改定の改定要件は、以下のようになっています。

年間平均額を用いた随時改定の改定要件

　年間平均額を用いた随時改定の改定要件は、以下①～④のとおりとなり、そのすべての要件を満たした場合に改定となります（被保険者の同意が添付された申し立てがあった場合に限る）。

【改定要件】

要件❶	現在の標準報酬月額と通常の随時改定による標準報酬月額【A】との間に2等級以上の差が生じている

要件❷	通常の随時改定による標準報酬月額【A】と、年間平均額の標準報酬月額【B】との間に2等級以上の差が生じている

要件❸	通常の随時改定による標準報酬月額【A】と、年間平均額の標準報酬月額【B】に生じる差が、業務の性質上例年発生することが見込まれる

要件❹	現在の標準報酬月額と、年間平均額の標準報酬月額【B】との間に1等級以上の差が生じている

（定義1）通常の随時改定による標準報酬月額
　　　【A】：昇給月または降給月以後の継続した3カ月間に受けた固定的賃金および非固定的賃金の平均額

（定義2）年間平均額の標準報酬月額
　　　【B】：①昇給月または降給月以後の継続した3カ月の間に受けた固定的賃金の月平均額
　　　　　　②昇給月または降給月前の継続した9カ月と昇給月または降給月以後の継続した3カ月の12カ月間に受けた非固定的賃金の月平均額
　　　　　　①、②を合算した額から算出した標準報酬月額

【随時改定における年間平均保険者算定イメージ】

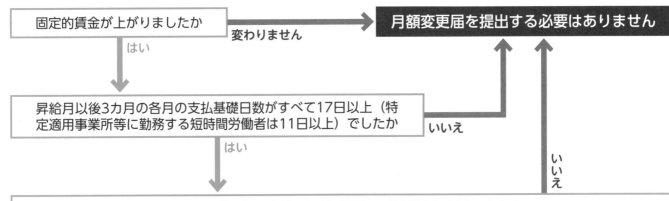

固定的賃金が上がりましたか → **変わりません** → **月額変更届を提出する必要はありません**

↓ はい

昇給月以後3カ月の各月の支払基礎日数がすべて17日以上（特定適用事業所等に勤務する短時間労働者は11日以上）でしたか → **いいえ**

↓ はい

3カ月の報酬月額を合計した額が下表の「合計額」以上でしたか → **いいえ**

はい ↓

標準報酬月額等級 健保	標準報酬月額等級 厚年	従前の標準報酬月額	変動月以後の3カ月の報酬がこの欄の額以上なら該当 合計額	変動月以後の3カ月の報酬がこの欄の額以上なら該当 平均額
1		58,000円	**219,000**円以上	73,000円以上
2		68,000	**249,000**	83,000
3		78,000	**279,000**	93,000
4	1	88,000	**303,000**	101,000
5	2	98,000	**321,000**	107,000
6	3	104,000	**342,000**	114,000
7	4	110,000	**366,000**	122,000
8	5	118,000	**390,000**	130,000
9	6	126,000	**414,000**	138,000
10	7	134,000	**438,000**	146,000
11	8	142,000	**465,000**	155,000
12	9	150,000	**495,000**	165,000
13	10	160,000	**525,000**	175,000
14	11	170,000	**555,000**	185,000
15	12	180,000	**585,000**	195,000
16	13	190,000	**630,000**	210,000
17	14	200,000	**690,000**	230,000
18	15	220,000	**750,000**	250,000
19	16	240,000	**810,000**	270,000
20	17	260,000	**870,000**	290,000
21	18	280,000	**930,000**	310,000
22	19	300,000	**990,000**	330,000
23	20	320,000	**1,050,000**	350,000
24	21	340,000	**1,110,000**	370,000
25	22	360,000	**1,185,000**	395,000

標準報酬月額等級 健保	標準報酬月額等級 厚年	従前の標準報酬月額	変動月以後の3カ月の報酬がこの欄の額以上なら該当 合計額	変動月以後の3カ月の報酬がこの欄の額以上なら該当 平均額
26	23	380,000円	**1,275,000**円以上	425,000円以上
27	24	410,000	**1,365,000**	455,000
28	25	440,000	**1,455,000**	485,000
29	26	470,000	**1,545,000**	515,000
30	27	500,000	**1,635,000**	545,000
31	28	530,000	**1,725,000**	575,000
32	29	560,000	**1,815,000**	605,000
33	30	590,000	**1,905,000**	635,000
34	31	620,000	**1,995,000**	665,000
35	32	650,000	**2,085,000**	695,000
36		680,000	**2,190,000**	730,000
37		710,000	**2,310,000**	770,000
38		750,000	**2,430,000**	810,000
39		790,000	**2,565,000**	855,000
40		830,000	**2,715,000**	905,000
41		880,000	**2,865,000**	955,000
42		930,000	**3,015,000**	1,005,000
43		980,000	**3,165,000**	1,055,000
44		1,030,000	**3,345,000**	1,115,000
45		1,090,000	**3,525,000**	1,175,000
46		1,150,000	**3,705,000**	1,235,000
47		1,210,000	**3,885,000**	1,295,000
48		1,270,000	**4,065,000**	1,355,000
49		1,330,000	**4,245,000**	1,415,000

※標準報酬月額等級の上限・下限にある人の扱いは22頁参照。

月額変更届を提出しなければなりません

固定的賃金が変動して随時改定に該当すればその報酬を支払った月から4カ月目に新たな標準報酬月額が適用されます。

（注）降給の場合は、固定的賃金が下がり、報酬月額が3カ月平均で2等級以上下回ったときに、月額変更届を提出します。

改定通知がきたとき

月額変更届を基に、新しい標準報酬月額が決められると、その月額を記載した「標準報酬改定通知書」が送られてきますので、該当する被保険者に新しい標準報酬月額を通知しなければなりません。

なお、新しい標準報酬月額は、再び改定されることがない限り、改定が6月以前に行われた場合はその年の8月まで、7月以後に行われた場合は翌年の8月まで使われることになります。

保険料と被保険者期間

Point 1　適用事業所在職中は健保・厚生年金保険の被保険者になります

> 適用事業所に使用される人は、健康保険・厚生年金保険の被保険者となります。

> 被保険者に生計を維持されている家族は、健康保険の被扶養者となります。

 民間企業に勤める人

 生計を維持されている家族

制度		民間企業に勤める人 本人	配偶者	親・子など	自営業、農業、 無職など
医療保険*1		健康保険の被保険者 <協会けんぽ・健康保険組合>	健康保険の被扶養者		国民健康保険
公的 年金	厚生年金	第1号厚生年金被保険者*2 （事業所により厚生年金基金にも加入）	（未加入）		
	国民年金	第2号被保険者*3	第3号被保険者*4		第1号被保険者*4

＊1　75歳からは後期高齢者医療
＊2　退職または69歳まで
＊3　原則64歳まで
＊4　20歳以上60歳未満の間

> 被扶養者である配偶者（20歳以上60歳未満）は、国民年金の第3号被保険者です。

Point 2　被保険者期間は保険料を負担します

毎月の保険料は標準報酬月額×保険料率で計算されます。賞与支給時も、標準賞与額×保険料率で計算した保険料を納めます。

保険料は、事業主と被保険者が折半で負担します。事業主は被保険者負担分の保険料を、毎月の給与や賞与から天引きできます。

入社	40歳		65歳	70歳	75歳

健康保険（退職または74歳まで）

介護保険：第2号被保険者（40歳～64歳）　　介護保険：第1号被保険者

厚生年金保険（退職または69歳まで）

保険料の計算と納め方
月々の保険料を納めるとき

保険料額のうち被保険者負担分は、被保険者の給料から控除し、事業主が事業主負担分とあわせて保険者等に納付します。

保険料の計算方法と保険料率

■保険料額を「標準報酬月額×保険料率」で計算

各被保険者の標準報酬月額に保険料率を掛けて算出した金額が毎月の保険料額になり、事業主と被保険者が折半で負担します。令和6年4月現在の保険料率は下表のとおりで、健康保険の40歳以上65歳未満の被保険者には介護保険料が上乗せされます。

【健康保険（協会けんぽ）】【厚生年金保険（第1号厚生年金被保険者）】 平成29年9月～

40歳以上65歳未満	（一般保険料率）＊1 都道府県単位保険料率 （介護保険料率） 1000分の16.0	男子（第1種）・女子（第2種）・坑内員・船員（第3種）・任意継続（第4種）		
			厚生年金基金加入事業所＊2	
その他	都道府県単位保険料率	1000分の183＊2	1000分の159～133 基金ごとに定められた免除保険料率を控除した率	

※ 事業主・被保険者折半負担（健保の任意継続被保険者は全額被保険者負担）。
＊1 一般保険料率は基本保険料率と特定保険料率を合算した率。
＊2 厚生年金基金の免除保険料率は1000分の24～50の27段階（1000分の1きざみ）。

協会けんぽは都道府県単位保険料率

協会けんぽの一般保険料率は、地域の医療費を反映した都道府県単位保険料率です。この保険料率は、各都道府県支部の療養給付額を基礎に、年齢構成や所得水準の違いを調整して決定されています（財政均衡の観点から平成22年度より、支部長の意見を聞き協会の理事長が運営委員会の議論を経て30/1000～130/1000の範囲で改定）。

令和6年度の一般保険料率は下表のとおりで（平均保険料率は1000分の100.0【10%】で平成24～令和5年度と同率）、介護保険料率は1000分の16.0【1.60%】となっています。

北海道	102.1 (118.1)	東京都	99.8 (115.8)	滋賀県	98.9 (114.9)	香川県	103.3 (119.3)
青森県	94.9 (110.9)	神奈川県	100.2 (116.2)	京都府	101.3 (117.3)	愛媛県	100.3 (116.3)
岩手県	96.3 (112.3)	新潟県	93.5 (109.5)	大阪府	103.4 (119.4)	高知県	98.9 (114.9)
宮城県	100.1 (116.1)	富山県	96.2 (112.2)	兵庫県	101.8 (117.8)	福岡県	103.5 (119.5)
秋田県	98.5 (114.5)	石川県	99.4 (115.4)	奈良県	102.2 (118.2)	佐賀県	104.2 (120.2)
山形県	98.4 (114.4)	福井県	100.7 (116.7)	和歌山県	100.0 (116.0)	長崎県	101.7 (117.7)
福島県	95.9 (111.9)	山梨県	99.4 (115.4)	鳥取県	96.8 (112.8)	熊本県	103.0 (119.0)
茨城県	96.6 (112.6)	長野県	95.5 (111.5)	島根県	99.2 (115.2)	大分県	102.5 (118.5)
栃木県	97.9 (113.9)	岐阜県	99.1 (115.1)	岡山県	100.2 (116.2)	宮崎県	98.5 (114.5)
群馬県	98.1 (114.1)	静岡県	98.5 (114.5)	広島県	99.5 (115.5)	鹿児島県	101.3 (117.3)
埼玉県	97.8 (113.8)	愛知県	100.2 (116.2)	山口県	102.0 (118.0)	沖縄県	95.2 (111.2)
千葉県	97.7 (113.7)	三重県	99.4 (115.4)	徳島県	101.9 (117.9)		

（単位：1000分の1）

※ 令和6年3月分保険料（4月に送付される納入告知書分）から適用〔任意継続被保険者は4月分（4月納付分）から適用〕。
※ 一般保険料率のうち特定保険料率（後期高齢者支援金、前期高齢者納付金等に充当）は全国一律で令和6年3月分から1000分の34.2。
※ （ ）内は40歳～64歳の介護保険第2号被保険者〔介護保険料率は全国一律で令和6年3月分（4月納付分）から1000分の16.0〕。

厚生年金保険の保険料率は18.3％で固定

　　　厚生年金保険の保険料率は毎年9月に引き上げられてきましたが、平成29年9月から一般、坑内員・船員ともに1000分の183.00【18.3％】で固定されました。

【健康保険・厚生年金保険標準報酬月額 厚生年金保険料額表】

標準報酬月額等級		標準報酬月額	報酬月額		保険料（被保険者負担分 単位：円）厚生年金保険 一般・坑内員・船員	
健保	厚年		以上	未満	全額	折半額
1		58,000		63,000	厚生年金保険では、報酬月額が83,000円未満である場合にも標準報酬月額は88,000円（第1等級）となり、報酬月額が665,000円以上である場合にも標準報酬月額は650,000円（第32等級）となります。	
2		68,000	63,000	73,000		
3		78,000	73,000	83,000		
4	1	88,000	83,000	93,000	16,104	8,052
5	2	98,000	93,000	101,000	17,934	8,967
6	3	104,000	101,000	107,000	19,032	9,516
7	4	110,000	107,000	114,000	20,130	10,065
8	5	118,000	114,000	122,000	21,594	10,797
9	6	126,000	122,000	130,000	23,058	11,529
10	7	134,000	130,000	138,000	24,522	12,261
11	8	142,000	138,000	146,000	25,986	12,993
12	9	150,000	146,000	155,000	27,450	13,725
13	10	160,000	155,000	165,000	29,280	14,640
14	11	170,000	165,000	175,000	31,110	15,555
15	12	180,000	175,000	185,000	32,940	16,470
16	13	190,000	185,000	195,000	34,770	17,385
17	14	200,000	195,000	210,000	36,600	18,300
18	15	220,000	210,000	230,000	40,260	20,130
19	16	240,000	230,000	250,000	43,920	21,960
20	17	260,000	250,000	270,000	47,580	23,790
21	18	280,000	270,000	290,000	51,240	25,620
22	19	300,000	290,000	310,000	54,900	27,450
23	20	320,000	310,000	330,000	58,560	29,280
24	21	340,000	330,000	350,000	62,220	31,110
25	22	360,000	350,000	370,000	65,880	32,940
26	23	380,000	370,000	395,000	69,540	34,770
27	24	410,000	395,000	425,000	75,030	37,515
28	25	440,000	425,000	455,000	80,520	40,260
29	26	470,000	455,000	485,000	86,010	43,005
30	27	500,000	485,000	515,000	91,500	45,750
31	28	530,000	515,000	545,000	96,990	48,495
32	29	560,000	545,000	575,000	102,480	51,240
33	30	590,000	575,000	605,000	107,970	53,985
34	31	620,000	605,000	635,000	113,460	56,730
35	32	650,000	635,000	665,000	118,950	59,475
36		680,000	665,000	695,000	●　　　　の部分は健康保険のみに適用。	
37		710,000	695,000	730,000	● 標準賞与額にかかる保険料率も上記に同じ。	
38		750,000	730,000	770,000	● 協会けんぽの都道府県単位保険料率は28頁参照。	
39		790,000	770,000	810,000	※保険料は事業主と被保険者が折半で負担。ただし、健康保険の任意継続被保険者、厚生年金保険の高齢任意加入被保険者（事業主の同意がないとき）は全額被保険者負担。	
40		830,000	810,000	855,000		
41		880,000	855,000	905,000		
42		930,000	905,000	955,000	※被保険者負担分に円未満の端数がある場合の取り扱いは、以下のとおりです。	
43		980,000	955,000	1,005,000		
44		1,030,000	1,005,000	1,055,000	①事業主が給与から被保険者負担分を控除する場合、被保険者負担分の端数が50銭以下のときは切り捨てし、50銭を超えるときは切り上げして1円となります。	
45		1,090,000	1,055,000	1,115,000		
46		1,150,000	1,115,000	1,175,000		
47		1,210,000	1,175,000	1,235,000	②被保険者が被保険者負担分を事業主に現金で支払う場合、被保険者負担分の端数が50銭未満のときは切り捨てし、50銭以上のときは切り上げして1円となります。	
48		1,270,000	1,235,000	1,295,000		
49		1,330,000	1,295,000	1,355,000	①、②にかかわらず、事業主と被保険者の間で特約がある場合は、その特約に基づいて端数処理をすることができます。	
50		1,390,000	1,355,000			

40歳以上65歳未満の被保険者は介護保険料を負担

　　　40歳以上65歳未満の健康保険加入者は、介護保険の第2号被保険者となります。この場合、第2号被保険者に該当したとき（40歳誕生日の前日が属する月）から、健康保険の一般保険料に上乗せして介護保険料を負担します（被扶養者分については、被保険者と事業主が全体で負担するしくみであるため、個別の徴収はありません）。

　　　65歳以上（65歳誕生日の前日が属する月から）になると、介護保険の第1号被保険者として保険料は市区町村に納めることになり、健康保険での徴収はなくなります。

保険料の納付方法

届出に基づき保険者が計算して事業主に通知

　　各被保険者の標準報酬月額は、毎年7月に事業主が提出する算定基礎届によって、その年の9月から翌年の8月までの分が決められます。さらに、昇給や降給など固定的賃金に変動があり、標準報酬月額に2等級以上の差が生じた場合、月額変更届によって標準報酬月額が改定されますので、保険料もそれを基に計算しなおされます。

　　毎月の保険料の計算は、被保険者の資格取得届・喪失届などを基にして保険者等が行い、事業所ごとに納めるべき保険料の額を通知します。

　　このため、資格取得届、資格喪失届あるいは月額変更届の提出が遅れると、保険料もさかのぼって精算しなければならないケースが出てきます。この場合、被保険者負担分の保険料の給料からの控除について問題が生じるときもありますので、届出はそのつどすみやかに行いましょう。

資格取得月・喪失月の保険料

　　毎月の保険料は月単位で計算されます。月の途中で被保険者資格の取得・喪失があっても、日割計算ということはありません。

　　被保険者資格を取得した月（入社の日が属する月）は、加入期間が1日でも、1カ月分の保険料を納めます。

　　被保険者資格を喪失した月（退職または死亡した日の翌日が属する月、厚生年金は70歳に到達した月（誕生日前日が属する月）、健康保険は後期高齢者医療の被保険者になった月）は、保険料を納める必要はありません（末日退職の場合は退職月の保険料を納めます）。ただし、同じ月に被保険者の資格を取得・喪失した場合は、その月は1カ月分の保険料を納めます※。

※ 資格喪失後その月に厚生年金保険または国民年金（第2号被保険者を除く）の資格を取得した場合は、先に喪失した厚生年金保険料の納付は不要となります（該当者が在籍していた事業所に年金事務所から連絡）。

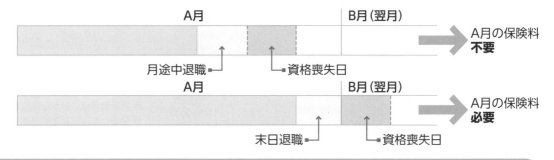

納入告知書により保険料を納付

法律により、事業主には保険料を納める義務があります。

毎月の保険料額については、事業所から提出される被保険者の資格取得、資格喪失、標準報酬月額や賞与支払等の変動に関する届出内容を基に、毎月10日頃に前月分が確定され、20日頃、保険料納入告知書が送付されます。

納入告知書には、事業所がその月に納める保険料額が記載されています。納付期限は月末ですので、金融機関を経由するなどの方法で納めます（たとえば、4月分の保険料は5月20日頃に納入告知書が送付され、納期限は5月末日です）。

滞納の場合は督促、延滞金も

納付期限までに保険料を納めないと、期限を指定した督促状により、督促を受けます。この指定期限をすぎると、納付期限の翌日から完納または財産差押の日の前日までの期間について延滞金※がかかります。

※ 令和6年は、納付期限の翌日から3カ月を経過する日までは年2.4％、その翌日以後は年8.7％の割合となります（年金事業運営改善法に基づく特例）。

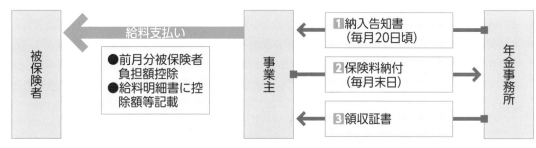

※ 賞与の支払いがあったときは、賞与にかかる保険料を毎月の保険料とあわせて納めます。
※ 70歳以上の人は原則厚生年金保険の被保険者とならないので、健康保険分のみ控除（納入）します。また、75歳以上の人は健康保険の被保険者とならないので、健康保険分の控除（納入）も不要です。

口座振替による納付

保険料は口座振替による納付が便利です。これは、事業所の取引金融機関の預金口座・貯金口座から保険料を保険者等あてに自動的に納付する方法で、納期日に確実に保険料を納入できます。詳しくは年金事務所にご相談ください。

※ 事業主が年金事務所に納める社会保険料についても、パソコン・スマートフォン・携帯電話を利用したインターネットバンキング等の電子納付が可能です。

保険料の被保険者負担分を給料から控除

事業主は、毎月の保険料については、被保険者の前月分の保険料を給料から控除（天引き）します。入社月の保険料も翌月控除となり、当月（資格取得月）の給料からは控除できません。なお、毎月の保険料の控除にあたっての取り扱いは次のとおりです。

1 月末退職者は、翌月1日が資格喪失日ですので、前月分と退職月分の2カ月分を、退職月の給料から控除します。月途中の退職者は、前月分のみの控除となります。

2 同一月に資格を取得・喪失した被保険者については、資格取得月分の保険料が発生しますので控除します。

※ 同一月に資格を取得・喪失し、さらにその月に厚生年金保険または国民年金（第2号被保険者は除く）の資格を取得した場合は、先に喪失した厚生年金保険料の納付は不要です。この場合、年金事務所から還付についてのお知らせが送付され、手続後に被保険者負担分と事業主負担分があわせて事業所に還付されます。

3 週給のように給料を数回に分けて支払う場合は、そのつど控除しても、1回にまとめて控除しても、どちらでもよいことになっています。

4 控除後は、給料明細書に記載するなどして、被保険者に控除額と内訳を知らせます。

なお、事業主が被保険者の毎月の給料から控除できる保険料は、前月分だけに限られており、数カ月分の保険料をまとめて控除することはできません。

出産・育児に関する休業期間中の保険料・標準報酬月額

■産前産後休業期間中の保険料免除と終了時報酬改定

労働基準法に基づく産前産後休業期間中の健康保険・厚生年金保険の保険料は、被保険者分・事業主分とも徴収されません。対象となる期間は出産（予定）日以前42日（多胎妊娠は98日）から出産日後56日までの間で、妊娠・出産を理由とした労務に従事しなかった期間です。

◆産前産後休業期間中は申出により保険料免除

事業主からの申出により産前産後休業期間中の保険料は、休業開始月から終了日の翌日が属する月の前月まで徴収されません。事業主は産前産後休業開始日以降に「産前産後休業取得者申出書」を保険者等に提出し、その後の終了日変更等は「変更（終了）届」で届け出ます。

なお、育児休業等期間と産前産後休業期間が重複する場合は、産前産後休業期間中の保険料免除が優先します。

◆産前産後休業を終了した際の標準報酬月額の改定

産前産後休業終了後に報酬月額に変動があった被保険者は、随時改定（2等級差）に該当しなくても、事業主を経由して「産前産後休業終了時報酬月額変更届」を提出することで標準報酬月額の改定が行われます。

ただし、産前産後休業終了日の翌日に引き続き育児休業等を開始している場合は対象となりません。

◆終了翌日から3カ月の平均で改定

産前産後休業終了時改定では、休業終了日の翌日が属する月以後3カ月間に受けた報酬の平均月額※に基づき、その翌月からの新しい標準報酬月額が決められます。

なお、休業終了時改定で決められた標準報酬月額は、改定が1月～6月に行われた場合はその年の8月まで、7月～12月に行われた場合は翌年の8月まで使用されます。

※ 支払基礎日数17日未満の月は除いて計算。1等級差以上あることが必要。

■育児休業等期間中の保険料免除と終了時報酬改定

育児・介護休業法等に基づく育児休業等期間中の保険料も、被保険者分・事業主分とも事業主の申出により徴収されません。

※ 令和4年10月から、育児休業期間に月末を含まない場合でも月内に2週間以上の育児休業等を取得したときはその月の

保険料は徴収されず、賞与にかかる保険料は、賞与支給月の末日を含んだ連続した1カ月を超える育児休業等を取得している場合に限り、徴収されません。なお、健康保険の年度累計の対象となるので、賞与支払届（35頁）の提出は必要です。

◆育児休業等期間中は申出により保険料免除

保険料免除の申出は、事業主が保険者等に「育児休業等取得者申出書」を提出して行います。保険料を徴収されない期間は、育児休業等開始月から終了予定日の翌日が属する月の前月までです（予定日前に終了した場合は「育児休業等取得者終了届」を提出）。

◆育児休業等を終了した際の標準報酬月額の改定

育児休業等終了日に3歳未満の子を養育している被保険者は、随時改定に該当しなくても、事業主を経由して「育児休業等終了時報酬月額変更届」を提出することで標準報酬月額の改定が行われます（改定の基本的なしくみは前述の産前産後休業終了時改定と同じです）。

■養育期間の従前標準報酬月額みなし措置

3歳未満の子を養育する期間（養育開始月から3歳誕生日が属する月の前月までなど）の標準報酬月額が、養育開始前の標準報酬月額（従前標準報酬月額）を下回る場合には、被保険者の申出により、従前標準報酬月額をその期間の標準報酬月額とみなして年金額を計算します（保険料は実際の低い標準報酬月額により負担）。

従前標準報酬月額とは、養育開始月の前月の標準報酬月額を指します。養育開始月の前月に厚生年金保険の被保険者でない場合には、その月前1年以内の直近の被保険者であった月の標準報酬月額が従前標準報酬月額とされます（その月前1年以内に被保険者期間がない場合は、みなし措置は受けられません）。

◆事業主経由で特例申出書を提出

従前標準報酬月額みなし措置の申出は、被保険者が事業主を経由して（資格喪失者は直接）「厚生年金保険養育期間標準報酬月額特例申出書」を年金事務所（事務センター）に提出することにより行います。

なお、申出日よりも前の期間については、申出日の前月までの2年間についてみなし措置が認められます。

【育児休業等終了時改定が行われた場合】

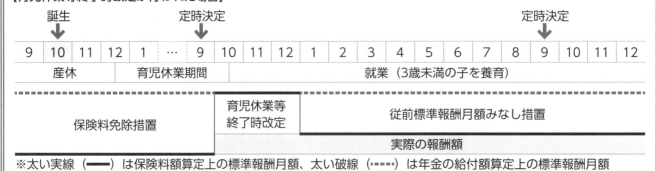

※太い実線（━━）は保険料額算定上の標準報酬月額、太い破線（••••）は年金の給付額算定上の標準報酬月額

産前産後休業取得者申出書・育児休業等取得者申出書の記載例

●産前産後休業取得者申出書／変更（終了）届

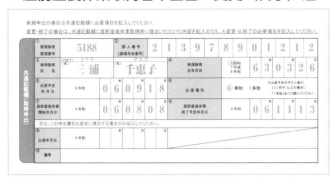

●育児休業等取得者申出書（新規・延長）／終了届

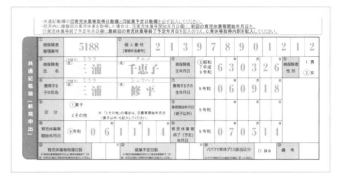

産前産後休業・育児休業等（終了時報酬月額変更届）の記載例

●産前産後休業終了時報酬月額変更届

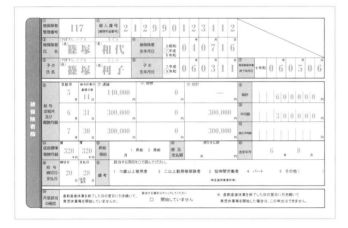

●育児休業等終了時報酬月額変更届

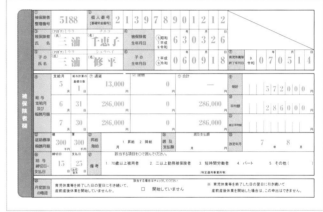

養育期間標準報酬月額特例　申出書・終了届の記載例

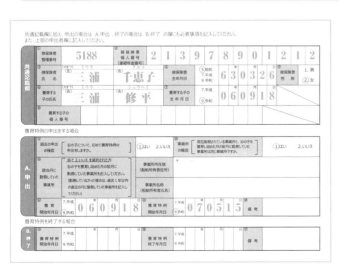

※ 申出書には、①子の生年月日および子と申出者との身分関係を
証明できる書類〔戸籍記載事項証明書または戸籍謄（抄）本〕
と、②申出者と子が同居していることを確認できる書類〔住
民票（写）等〕を添付します（②については、被保険者と養育
する子の両方のマイナンバーを申出書に記載することで省略可
能）。

2 標準賞与額と賞与支払届
賞与を支給したとき

賞与の支給日から5日以内に、事業主は「賞与支払届」で被保険者ごとの賞与額を保険者等に届け出ます。

年3回以下の賞与が標準賞与額の対象

賞与も保険料や年金給付の対象

賞与についても、健康保険・厚生年金保険の毎月の保険料と同率の保険料を納めます。賞与の保険料額は、標準賞与額に基づいて決められます。

標準賞与額とは、各被保険者の賞与額から1,000円未満の端数を切り捨てたものですが、上限が設定されており、健康保険は年度累計額573万円（毎年4月1日から翌年3月31日までの累計額）、厚生年金保険は1カ月あたり150万円（同じ月に2回以上支給されたときは合算）となっています。

年度途中で被保険者資格の取得・喪失があった場合の標準賞与額の累計は、保険者単位とすることになっています。

標準賞与額の対象となる賞与

標準賞与額の対象となる賞与とは、賃金、給料、俸給、賞与、手当などの名称を問わず、労働者が労働の対償として受けるもののうち7月1日前の1年間を通じ3回以下支給されたものです。現物支給も含まれ、その価額などの取り扱いは標準報酬月額と同様です。7月1日前の1年間に4回以上支給されるものは報酬とみなされ、標準報酬月額の対象となります。労働の対償とはみなされない結婚祝金などは対象外です。

対象となるもの	対象とならないもの
賞与(役員賞与も含む)、ボーナス、期末手当、年末手当、夏(冬)季手当、越年手当、勤勉手当、繁忙手当、もち代、年末一時金などの賞与性のもの(年3回以下支給の場合)、その他定期的でなくとも一時的に支給されるもの	年4回以上支給されている賞与 (標準報酬月額の対象となる) 結婚祝金、大入袋等

保険料額は「標準賞与額×保険料率」で計算

各被保険者の標準賞与額に保険料率を掛けて算出した金額が賞与の保険料額になります（「標準報酬月額・保険料月額表」を使用するのではなく、標準賞与額に直接、保険料率を掛けて計算します）。

保険料率は毎月の保険料の場合と同様、健康保険（協会けんぽ）が都道府県単位保険料率、厚生年金保険が平成29年9月から1000分の183.00【18.3％】で、保険料は事業主と被保険者が折半で負担します。

介護保険の第2号被保険者（40歳到達月から65歳到達月の前月まで）については、健康保険料に上乗せして介護保険料（協会けんぽは標準賞与額×1000分の16.0【1.60％】）も折半で負担します。

賞与支払届の提出と保険料の納付

被保険者ごとに賞与額を届出

　　賞与を支給したとき事業主は、支給日から5日以内に「被保険者賞与支払届」により支給額等を届け出ます。被保険者賞与支払届については、日本年金機構に登録されている賞与支払予定月の前月に、被保険者の氏名・生年月日等を印字したものが事業主に送られてきます。事業主は、これに支払年月日や被保険者ごとの賞与額などを記入します。

　　なお、転職・転勤等により同一年度内に複数の被保険者期間がある場合で、標準賞与額の累計が、健康保険の年間の上限額（573万円）を超えるときは、事業主を通じて「健康保険標準賞与額累計申出書」を提出することになっています。

**賞与の支給が
ない場合は
報告書を提出**

　　賞与の支給が行われなかった場合には、「賞与不支給報告書」で「不支給」を届け出ることになっています。賞与支払予定月に報告書の提出がない場合には、後日、提出勧奨のお知らせが送付されます。また、登録されている賞与支払予定月に変更がある場合も、報告書に変更後の賞与支払予定月を記入して届け出ます。

毎月の保険料とともに納付

　　賞与支払届により被保険者ごとの保険料が算定されますが、賞与の保険料は、その月の毎月の保険料とあわせて、原則として翌月の納入告知書により請求されますので、月末までに納入します。事業主は、被保険者負担分を賞与支払時に控除します。

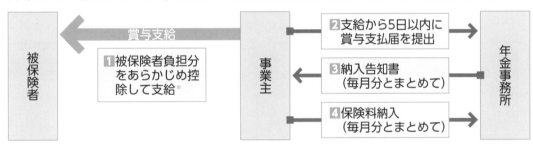

＊ 70歳以上の人は原則厚生年金保険の被保険者とならないので、健康保険分のみ控除（納入）します。また、75歳以上の人は健康保険の被保険者とならないので、健康保険分の控除（納入）も不要です。

**資格取得・
喪失月の
取り扱い**

　　毎月の保険料と同様に、資格取得した月（資格取得日以後）に支給された賞与は保険料の対象となりますが、資格喪失月の賞与は対象になりません。ただし、健康保険での年度累計の対象には含まれます。

　　資格取得と同じ月に資格喪失があった場合は、資格取得日から資格喪失日の前日までに支払われた賞与は対象になりますので、賞与支払届を提出します。

育児休業等が1カ月を超えない場合の納入

　　育児休業等の期間が1カ月を超えない場合の賞与にかかる保険料は、免除にならず徴収されることになります（32頁参照）が、そのうち、育児休業等終了日の翌日が育児休業等開始日の属する月の翌月となる場合については、当該ケースを反映した保険料計算を行うことに時間を要するため、翌月の保険料と合わせて告知（保険料計算）されます。

子ども・子育て拠出金も同時に納入

　　事業主は、賞与支給時にも「子ども・子育て拠出金」を納めます。拠出金の額は、厚生年金保険の各被保険者（産休・育児休業等により賞与の保険料が徴収されない被保険者を除く）の標準賞与額に拠出金率（30頁）を乗じた額の総額となります。

賞与支払届の記載例

賞与支払届は、登録された賞与支払予定月の前月に年金事務所（事務センター）から送付されます。届書には、事業所整理記号、事業所番号、賞与支払年月日、被保険者氏名、生年月日等が印字されています。印字されていない方がいる場合は、空欄に手書き等で追記します。

事前に届け出た賞与支払予定月に賞与を支給しなかった場合は、別途、賞与不支給報告書を提出します。

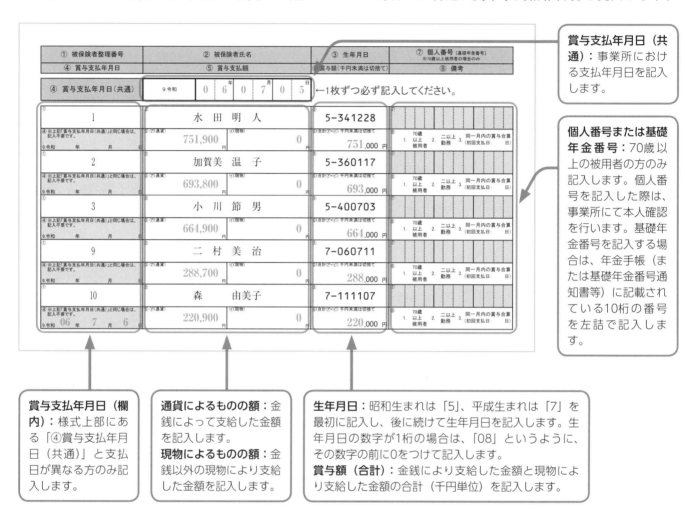

賞与支払年月日（共通）：事業所における支払年月日を記入します。

個人番号または基礎年金番号：70歳以上の被用者の方のみ記入します。個人番号を記入した際は、事業所にて本人確認を行います。基礎年金番号を記入する場合は、年金手帳（または基礎年金番号通知書等）に記載されている10桁の番号を左詰で記入します。

賞与支払年月日（欄内）：様式上部にある「④賞与支払年月日（共通）」と支払日が異なる方のみ記入します。

通貨によるものの額：金銭によって支給した金額を記入します。
現物によるものの額：金銭以外の現物により支給した金額を記入します。

生年月日：昭和生まれは「5」、平成生まれは「7」を最初に記入し、後に続けて生年月日を記入します。生年月日の数字が1桁の場合は、「08」というように、その数字の前に0をつけて記入します。
賞与額（合計）：金銭により支給した金額と現物により支給した金額の合計（千円単位）を記入します。

●賞与不支給報告書

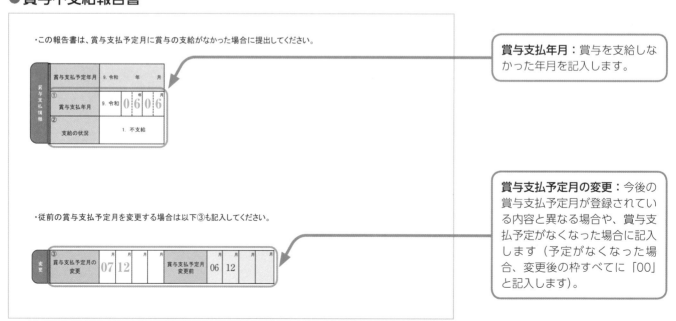

賞与支払年月：賞与を支給しなかった年月を記入します。

賞与支払予定月の変更：今後の賞与支払予定月が登録されている内容と異なる場合や、賞与支払予定がなくなった場合に記入します（予定がなくなった場合、変更後の枠すべてに「00」と記入します）。

3 資格取得届と被保険者証
新たに従業員を採用したとき

従業員を採用したとき、事業主は5日以内に「被保険者資格取得届」を保険者等に提出します。

適用事業所と被保険者

法人事業所と5人以上事業所が強制適用の対象

すべての法人事業所、常時5人以上の従業員のいる個人事業所（一部の業種を除く）は、強制的に健康保険・厚生年金保険の適用を受けます。

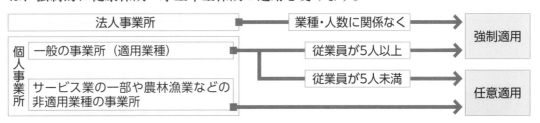

法人事業所	業種・人数に関係なく	強制適用
個人事業所 一般の事業所（適用業種）	従業員が5人以上	
	従業員が5人未満	任意適用
サービス業の一部や農林漁業などの非適用業種の事業所		

※ 事業所が適用を受けるときは、新規適用届と被保険者資格取得届を提出します（用紙は年金事務所にあります）。また、適用事業所に該当しなくなった場合にも届出が必要です。

適用事業所での常用的使用関係で被保険者に

適用事業所で常用的使用関係にある人が被保険者となります。これは、法律上の雇用契約等ではなく、適用事業所で働き報酬を受けるという事実上の使用関係をいい、試用期間中でも報酬が支払われるならば使用関係が認められます。

この常用的使用関係があれば、国籍などには関係なく被保険者となりますが、日々雇い入れられる人など常用的使用関係にない人は、被保険者とはなりません。

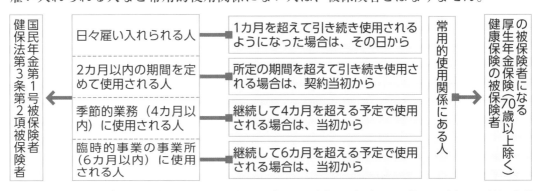

国民年金第1号被保険者・健保法第3条第2項被保険者	日々雇い入れられる人	1カ月を超えて引き続き使用されるようになった場合は、その日から	常用的使用関係にある人	厚生年金保険（70歳以上除く）の被保険者・健康保険の被保険者になる
	2カ月以内の期間を定めて使用される人	所定の期間を超えて引き続き使用される場合は、契約当初から		
	季節的業務（4カ月以内）に使用される人	継続して4カ月を超える予定で使用される場合は、当初から		
	臨時的事業の事業所（6カ月以内）に使用される人	継続して6カ月を超える予定で使用される場合は、当初から		

※ 当初の雇用期間が2カ月以内であっても、次のいずれかに該当する場合は雇用期間の当初から被保険者となります。①就業規則、雇用契約書等において、その契約が「更新される旨」または「更新される場合がある旨」が明示されている場合、②同一事業所において、同様の雇用契約に基づき雇用されている人が、更新等により最初の雇用契約の期間を超えて雇用された実績がある場合。
※ 所在地が一定しない事業所に使用される人は、国民健康保険・国民年金に加入します。

厚年は70歳、健保は75歳になるまで

70歳以上の人は、適用事業所に使用されていても厚生年金保険の被保険者にはならず、健康保険のみの被保険者になります。ただし、在職老齢年金の対象となるため、算定基礎届・月額変更届・賞与支払届の提出が必要です。

75歳からは適用事業所に使用されていても健康保険の被保険者にはならず、後期高齢者医療の被保険者になります（被扶養者が75歳になったときも同じ）。

資格取得日は使用関係が発生した日など

被用者の資格は、入社日等適用事業所に使用されるようになった日、個人事業所から法人になり適用事業所になった日、日々雇い入れられる人から常用になり適用除外に該当しなくなった日など、事実上使用関係が発生した日に取得します。

使用関係の発生とは

「使用されるようになった日」とは事実上の使用関係に入った日という意味で、報酬が発生する日を指します。たとえば、勤務発令が4月1日、勤務開始が4月10日の場合、給料の支払方法により次のように異なります。

1 1カ月分の給料が支払われる場合 ➡ 資格取得日は4月1日
2 4月の給料が日割計算で支払われる場合 ➡ 資格取得日は4月10日

資格取得日から5日以内に資格取得届を提出

事業主は、資格取得日から5日以内に、「被保険者資格取得届」を提出します。このとき、被扶養者がいる人については、被扶養者（異動）届を提出します。船員である厚生年金保険の被保険者の資格取得届は、10日以内に提出します。

常用的使用関係のパートタイマー等も被保険者に

● 短時間就労者

パートタイマー等も、事業所と常用的使用関係にあり、1週間の所定労働時間と1カ月の所定労働日数が、同じ事業所で同様の業務に従事している一般社員の4分の3以上である場合には、被保険者となります。

● 短時間労働者

4分の3未満でも、次の(1)～(5)（国・地方公共団体の事業所は(1)～(4)）をすべて満たす場合には被保険者となります。

(1)週の所定労働時間が20時間以上あること
(2)雇用期間が2カ月超見込まれること
(3)所定内賃金の月額が8.8万円以上であること
(4)学生でないこと
(5)被保険者数常時101人（令和6年10月からは51人）以上の企業（特定適用事業所）または100人（同50人）以下でも労使の合意のある企業（任意特定適用事業所）に勤めていること

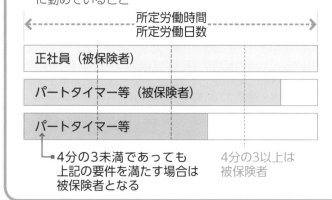

4分の3未満であっても
上記の要件を満たす場合は
被保険者となる

4分の3以上は
被保険者

● 特定適用事業所の届出等

法人番号が同一の適用事業所で、被保険者（短時間労働者を除き、共済組合員を含む）の数が1年で6カ月以上101人（令和6年10月からは51人）以上となることが見込まれる場合は、「特定適用事業所該当届」を提出します。届出がない場合でも、日本年金機構が判定し要件を満たしていると確認した場合は「特定適用事業所該当通知書」が送付されます。

● 任意特定適用事業所の届出等

「任意特定適用事業所該当申出書」に従業員（厚生年金保険の被保険者、70歳以上被用者および短時間労働者）の過半数で組織する労働組合の同意（該当する労働組合がないときは①従業員の過半数を代表する者の同意、②従業員の2分の1以上の同意、のいずれか）を得たことを証明する書類（同意書）を添付して提出します。

また、短時間労働者の「被保険者資格取得届」を提出します。短時間労働者の資格取得年月日は上記申出書の受理日（任意特定適用事業所該当日）となります。

短時間正社員も被保険者に

短時間正社員とは、一般社員（フルタイムの正規型の労働者）と比べ所定労働時間（日数）が短い正規型の労働者で、①期間の定めのない労働契約を締結し、かつ、②時間あたり基本給および賞与・退職金等の算定方法等が同一事業所の同種一般社員と同等である人です。

短時間正社員は、労働契約や就業規則・給与規程等に①②が明確に規定され、就労実態も諸規程に則したものであれば所定労働時間に関係なく被保険者となります。

被保険者資格取得届の記載例

● 健康保険　厚生年金保険　被保険者資格取得届（厚生年金保険　70歳以上被用者該当届）

被保険者整理番号は、提出順に払い出しされるため記入は不要です。

氏名のフリガナは、カタカナで正確に記入します。

年号は該当する番号を1つ囲み、生年月日は数字が1桁の場合は 0 7 0 2 1 7 というように前に0をつけます。

種別：該当する番号を○で囲みます。

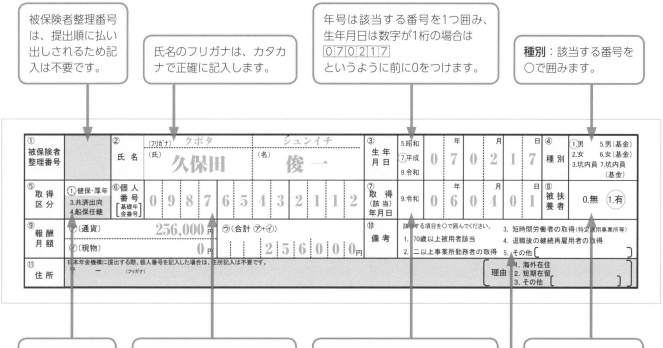

取得区分：健康保険・厚生年金保険の被保険者となった人（船員保険適用者を除く）は「1」、共済組合から公庫等へ出向者は「3」、船員任意継続被保険者は「4」を○で囲みます。

個人番号または基礎年金番号：個人番号（マイナンバー）を記入する際は、本人確認を行います（住所欄への記入は不要）。基礎年金番号を記入する場合は、年金手帳（または基礎年金番号通知書等）に記載されている10桁の番号を左詰で記入し、住所欄の記入も必要です（住民票上の住所を記入）。

取得（該当）年月日：採用（入社）の日など資格発生の年月日を、1桁の数字には前に0をつけて 0 6 0 4 0 1 というように記入します。

被扶養者のある被保険者について、被扶養者届の提出の有無を囲みます。

備考：被用者が70歳以上の場合は「1」を○で囲みます。二以上の事業所勤務者の取得に該当する場合は「2」を○で囲んだうえで、資格取得日から10日以内に、被保険者が『被保険者所属選択・二以上事業所勤務届』を提出する必要があります。短時間労働者の資格取得届を提出する場合は「3」を○で囲みます。退職後の継続再雇用に該当する場合は「4」を○で囲み、あわせて『被保険者資格喪失届』を提出します。

※ 外国籍の人のうち、マイナンバーと基礎年金番号が結びついていない場合や個人番号制度の対象外である場合は、資格取得届とあわせて「厚生年金保険被保険者ローマ字氏名届」を提出します。

II 保険料 3 資格取得届と被保険者証

資格取得届提出後の流れ

　資格取得届を提出すると、標準報酬月額等が決定され、「被保険者資格取得確認及び標準報酬決定通知書」が事業所に送られてきます。この通知書に記載されている資格取得日と標準報酬月額は、給付と保険料に直接関係しますから、事業主は、各被保険者にその内容を知らせなければなりません。

　また、健康保険被保険者証が送られてきますので、取り扱い上の注意を説明して渡します（被保険者証は令和6年12月に廃止されます（40頁））。なお、公的年金に初めて加入した被保険者などには、基礎年金番号通知書が、原則として、被保険者あてに送付されます。

介護保険適用除外に該当・非該当の届出

　健康保険の被保険者または被扶養者が40歳以上65歳未満の人でも❶海外赴任などで国内に住所を有しない人、❷在留期間3カ月以下の外国人、❸障害者療養施設などの適用除外施設入所者は、介護保険の第2号被保険者とはなりません（適用除外）。適用除外に該当または適用除外者が第2号被保険者に該当するようになった場合は「介護保険適用除外等該当・非該当届」を事業主を通じて提出します。

　ただし、海外勤務による適用除外とその終了による第2号被保険者該当については、事業主が被保険者にかわって届け出ることができます。

新入社員の報酬月額欄には見込額を記入

新入社員などについては、給与支払いの前に届け出ますので、報酬月額欄には見込額を記入します。具体的には、初任給に通勤手当などの定期的な諸手当と残業手当等（見込額）を加えた額が報酬月額になります（入社月が日割計算でも「月額」を記入）。

なお、週給の場合は7で割り30倍し、月あたりになおして記入します。

歩合給、日給・時間給などの報酬月額

実績によって報酬が変わる場合は、資格取得月の前月1カ月間にその会社で同じような仕事について同じような報酬を受けている人が受けた報酬の平均月額を記入します。日給、時間給、出来高給、請負給なども同様に取り扱います。

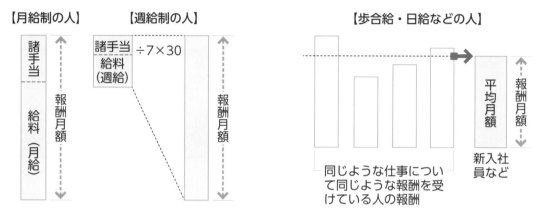

資格取得時の本人確認 — 基礎年金番号を記入の場合

「被保険者資格取得届」に基礎年金番号を記入している人についても、マイナンバー（個人番号）を特定して本人確認が行われます。

日本に住所を有する20歳以上の人であれば、原則として基礎年金番号を持っていますので、資格取得時に確認します。

基礎年金番号	資格取得届等
持っている	資格取得届に基礎年金番号を記入
持っていない（わからない）	マイナンバーで提出

被保険者証・年金手帳に関する届出

健康保険被保険者証は、資格を取得するつど交付されます。また、70歳以上の高齢受給者には窓口負担の割合を示す健康保険高齢受給者証が交付されます。被保険者証・高齢受給者証は退職したり75歳になったときには返納します。なお、被保険者証の発行は令和6年12月に終了しますが、マイナ保険証に切り替えていない場合、最長1年間使用できます（被保険者証にかわり資格確認書が交付されます）。

年金手帳は、令和4年4月から基礎年金番号通知書の交付に切り替えられています。年金の受給資格や年金額計算の記録は基礎年金番号で管理され、加入制度が変わっても同じ番号が一生使用されます。

被保険者証や基礎年金番号通知書（または年金手帳）をなくしたときなどは、再交付申請書を提出して新しく交付を受けます。

● 氏名や住所を変更したときの届出

マイナンバーと基礎年金番号が結びついている被保険者は、住所変更届等の提出が原則不要です。結びついていない被保険者については、日本年金機構から提供される「厚生年金保険被保険者・国民年金第3号被保険者住所一覧表」に基づき事業主が届け出ることになります。

なお、一覧表に変更後の住所を朱書きで記載し簡便に住所変更の届出をすることができます（氏名や生年月日の変更は、所定の様式による届出が必要です）。

4 被扶養者の健保と年金
従業員が家族を扶養するとき

被保険者等の届出を受けて、健康保険被扶養者（異動）届や国民年金第3号被保険者関係届を保険者等に提出します。

健康保険の被扶養者

主として被保険者の収入で生計を維持している人

被扶養者になれるのは、主として被保険者の収入で生計を維持している75歳未満（後期高齢者医療の被保険者とならない）の人で、次のように分けて条件をみます。

被保険者と同居・別居いずれでもよい人	被保険者と同居していることが条件の人
●配偶者（内縁関係でもよい） ●子、孫および兄弟姉妹※ ●父母、祖父母などの直系尊属	●伯叔父母、甥姪などとその配偶者、孫・兄弟姉妹の配偶者、配偶者の父母や子など左記以外の3親等内の親族 ●内縁関係の配偶者の父母および子 ●内縁関係の配偶者死亡後の父母および子

【3親等内の親族図】

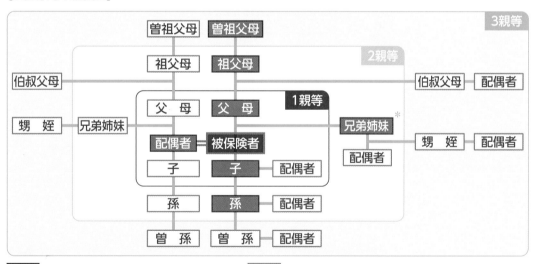

■ の人は「生計維持関係」のみが条件です　□ の人は「生計維持関係」と「同一世帯」が条件です。
※ 平成28年10月から、兄姉の認定条件について、「同一世帯」の条件がなくなりました。

被扶養者（異動）届の提出

被扶養者についての届出は、被保険者資格を取得したときに行います。

また、被保険者期間中に子どもが生まれたり、家族が死亡するなど被扶養者に異動があったときには、被保険者は5日以内に「健康保険被扶養者（異動）届」を事業主を通じて提出します。

なお、国民年金の第3号被保険者に該当する配偶者がいる場合などの届出も、この被扶養者（異動）届と一体となった届書により行うことになっています。

※ 75歳に到達し後期高齢者医療の被保険者となる被扶養者については、事業主にその情報が印字された「健康保険被扶養者（異動）届」が送付されますので、被保険者証等を添付して返送します。

II
保険料
4
被扶養者の健保と年金

年収130万円未満で被保険者の年収の半分未満が目安

被扶養者として認定されるための条件の1つである「主として被保険者の収入で生計を維持している」状態とは、次の基準を基に判断されます。ただし、機械的に一律に適用されるのではなく、生活の実態とかけはなれるなど妥当性を欠く場合には、実情に応じた認定が行われます。

▶年収130万円未満…対象となる人の年収が130万円未満で、かつ被保険者の年収の半分未満であるときは被扶養者となります。ただし、対象となる人の年収が被保険者の年収の半分以上であっても、**1**130万円未満で、**2**被保険者の年収を上回らないときは、世帯の生計を総合的に勘案して、被保険者が生計維持の中心的役割を果たしていると認められる場合には被扶養者となることができます。

▶別居の場合は仕送額で判断…被保険者と別居している場合には、対象となる人の年収が130万円未満で、かつ被保険者からの仕送額（援助額）より少ないときに被扶養者となります。

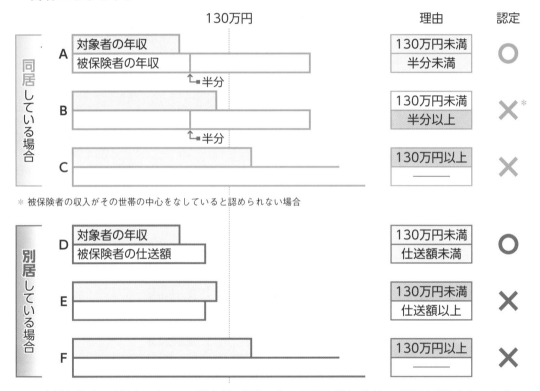

※ 被保険者の収入がその世帯の中心をなしていると認められない場合

※ 認定対象者が60歳以上の人または障害者の場合、「130万円未満」が「180万円未満」となります。
※ 年収（年間収入）とは、過去における収入のことではなく、被扶養者に該当する時点および認定された日以降の年間の見込み収入額のことをいいます。また、被扶養者の収入には、雇用保険の失業等給付、公的年金、健康保険の傷病手当金や出産手当金も含まれます。
※ 届出にあたっては、課税（非課税）証明書などの収入要件確認のための書類を添付します（所得税法の規定による控除対象配偶者または扶養親族となっている人の場合は事業主の証明があれば添付書類は不要です）。また、続柄や同居の確認のため、住民票（日本年金機構に提出する場合は「マイナンバー」が記載されていないもの）などの添付が必要な場合があります。
※ 一時的に収入が増加し130万円以上となる場合は、ただちに被扶養者認定が取り消されるわけではなく、労働時間延長等にともなう一時的な収入変動である旨の事業主の証明を添付することで、一定の要件を満たせば認定が継続されることになります。

被扶養者の後期高齢者医療での負担軽減

75歳以上の人（および65歳以上で一定の障害認定を受けた人）は、後期高齢者医療に加入します。健康保険の被扶養者も、75歳からは被扶養者ではなくなり、後期高齢者医療の被保険者となります。

後期高齢者医療の被保険者は、個人で保険料（所得割・被保険者均等割）を負担しますが、後期高齢者医療制度に加入する前日において健康保険（被用者保険）の被扶養者だった人は、急激な負担増を避けるために、所得割は納めなくてよいことになっています。また、均等割は資格取得後2年間は5割軽減されます。

被扶養者は国内居住が要件

令和２年４月１日から、被扶養者として認定されるためには、国内に居住していることが要件となりました。国内に居住しているとは、住民基本台帳に住民登録されている場合（住民票が日本国内にある場合）をいいます。ただし、住民票が日本国内にあっても、海外で就労していて明らかに日本での居住実態がないことが判明した場合は、国内居住要件を満たさないものとして取り扱われます。

国内居住要件の例外（海外に居住しているが被扶養者となる人）

日本国内に住所がない場合でも、外国に留学する学生、外国に赴任する被保険者に同行する家族等の一時的な海外渡航を行う人などについては、日本国内に生活の基盤があると認められる人として、国内居住要件の例外として取り扱われます。

添付が必要な証明書類

日本国内に住所がある場合の添付書類

日本国内に住所がある場合に、「健康保険被扶養者（異動）届」を提出する際に必要な添付書類は、下記のようになっています。

1 被保険者と扶養認定を受ける人の同姓・別姓にかかわらず、続柄を確認ができる戸籍謄本または戸籍抄本（被保険者と扶養認定を受ける人が同居していて、被保険者が世帯主である場合は住民票でも可）の添付が必要。

※ 届書に被保険者と扶養認定を受ける人のマイナンバーを記入したうえで、戸籍謄本等により、扶養認定を受ける人の続柄が届書の記載と相違ないことを事業主が確認し、届書の備考欄の「続柄確認済み」の□に✓を付している場合は、戸籍謄本等の添付を省略することができます。

2 扶養認定を受ける人の年間収入が生計維持の基準（130万円または180万円）未満であることを確認できる課税証明書等の添付が必要。

※ 扶養認定を受ける人が所得税法上の控除対象配偶者または控除対象扶養親族であることを事業主が確認し、届書の事業主確認欄の「確認」を○で囲んでいる場合は、添付を省略できます。ただし、非課税の収入がある場合は、収入の確認できる書類の添付が必要です（16歳未満は添付書類不要）。

3 扶養認定を受ける人が被保険者と別居している場合は、仕送りの事実と仕送り額が確認できる書類〔振り込みの場合は預金通帳等の写し、送金の場合は現金書留の控え（写し）〕の添付が必要。

※ 扶養認定を受ける人が16歳未満か16歳以上の学生である場合は、添付を省略できます。

国内居住要件の例外に該当する場合の添付書類

国内居住要件の例外に該当する場合に、「健康保険被扶養者（異動）届」を提出する際に必要な添付書類は、下記のようになっています。

1 被扶養者現況申立書

2 身分関係、生計維持関係等の確認書類⇒続柄を確認できる公的な証明書、被扶養者の収入証明、仕送りが確認できる金融機関発行の振込依頼書など

3 外国において留学する学生⇒査証（ビザ）、学生証、在学証明書、入学証明書等の写し

4 外国に赴任する被保険者に同行する人⇒査証、海外赴任辞令、海外の公的機関が発行する居住証明書の写し

5 観光、保養またはボランティア活動その他就労以外の目的での一時的な海外渡航者⇒査証、ボランティア派遣機関の証明、ボランティアの参加同意書等の写し

6 被保険者の海外赴任期間中にその被保険者との身分関係が生じた人で、**4**と同等と認められる人⇒出生や婚姻などを証明する書類等の写し

7 以上のほか、渡航目的その他の事情を考慮して日本国内に生活の基盤があると認められる人⇒個別に判断

※ 書類等が外国語で作成された場合、その書類に翻訳者の署名がされた日本語の翻訳文の添付が必要です。

被扶養者（異動）届・国民年金第3号被保険者関係届の記載例

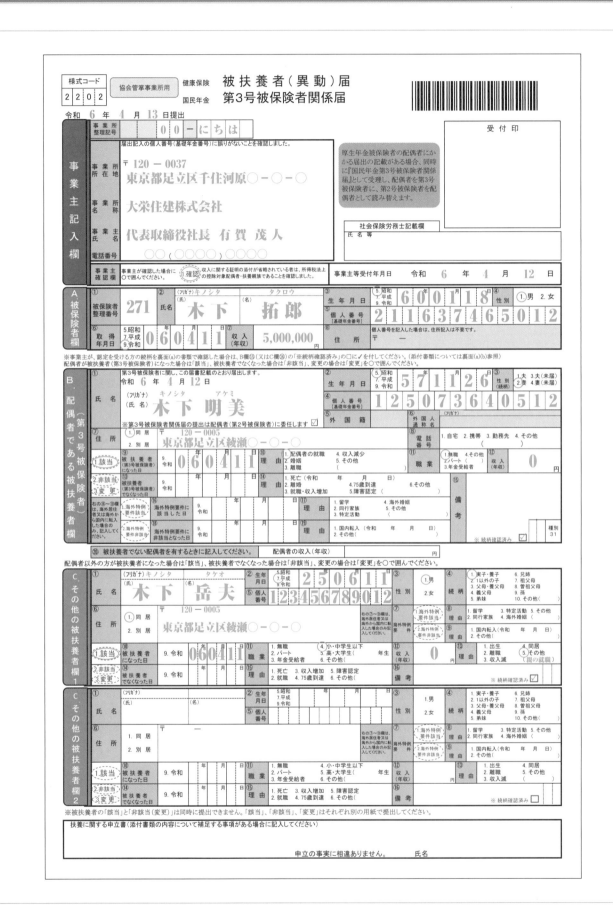

▶ 『健康保険被扶養者（異動）届』と『国民年金第3号被保険者関係届』が一体化した様式です。

▶ 「被扶養者になった場合・被扶養者とならなくなった場合・被扶養者情報を変更する場合」に提出する届書です。

▶ ただし、被扶養者の「該当」と「非該当（変更）」は同時に提出できません。それぞれ別の用紙で提出します。

国民年金への加入と届出

国民年金の被保険者は職業等により3種類

原則として日本国内に住む20歳以上60歳未満の人はすべて国民年金に加入します。国民年金の被保険者の種別は下表のとおりです。第1号被保険者は20歳になったら14日以内に住民票のある市区町村に「国民年金被保険者関係届書（申出書）」を提出します。ただし、厚生労働大臣が住民基本台帳法の規定により20歳に達した事実を確認できるときは、日本年金機構から国民年金に加入したことの知らせがあります。

また、厚生年金保険の被保険者は国民年金の第2号被保険者となります（65歳以上で老齢基礎年金等の受給権者を除く）が、その資格取得の手続は厚生年金保険の被保険者資格取得届によって自動的に行われますので、別に手続の必要はありません。

第1号被保険者	第2号被保険者	第3号被保険者
農業、自営業、無職、学生など日本国内に住む20歳以上60歳未満の人	厚生年金保険の加入者本人（原則65歳未満）	第2号被保険者の被扶養配偶者で20歳以上60歳未満の人（原則、国内居住）
月16,980円の保険料（令和6年度）	保険料の個別負担はなし（厚生年金保険が一括して拠出）	

※ 第1号被保険者の保険料には、収入等による免除・納付猶予、学生納付特例の制度があります。また、前納割引制度を利用することができます。
※ 納付は、口座振替のほか、クレジットカード納付（継続納付）、送付される納付書を使っての金融機関・郵便局・コンビニなどでの窓口納付、電子納付（インターネットバンキング、モバイルバンキング、ATM、テレフォンバンキング）、スマートフォン・パソコンでのPay-easy（ペイジー）、スマートフォンアプリを利用できます。
※ 第1号被保険者の保険料は、納期限から2年を経過すると時効により納付できなくなります。

第3号被保険者関係届は健保の被扶養者（異動）届とともに事業主が提出

厚生年金保険の被保険者（原則65歳未満）の被扶養配偶者（20歳以上60歳未満）は、国民年金の第3号被保険者となります。被扶養配偶者の認定の基準は、健康保険の被扶養者と同様です（年収130万円以上の場合などは、第1号被保険者となります）。

配偶者が使用される事業主経由で届出

第3号被保険者に該当した場合は、配偶者が使用される事業主または事業所が属する健康保険組合を通じて年金事務所に届け出ます。届書は、「健康保険被扶養者（異動）届」と「第3号被保険者関係届」が一体化された単票となっています。事業主は、第2号被保険者からの提出を受けて内容と添付書類を確認したうえで提出します。

変更事由（例）	種別の変更	届書の種類
被扶養者である配偶者が20歳になった	無資格 ➡ 第3号	資格取得届
第2号被保険者と結婚して被扶養配偶者になった	第1号 ➡ 第3号	種別変更届
共働きの第2号被保険者が離職し被扶養配偶者になった	第2号 ➡ 第3号	
第3号被保険者の配偶者が転職して厚年の種別が変わった（公務員⇨民間など）	第3号 ➡ 第3号	種別確認届

※ 左表のほかに、第3号被保険者の❶海外特例要件非該当により任意加入対象者該当（資格喪失）、❷死亡、❸氏名変更、❹氏名・生年月日・性別の訂正、❺住所変更（届書は別）について、事業主経由の届出が必要です。
※ ①収入が増加し扶養からはずれた、または②離婚したことにより、第3号被保険者に該当しなくなった人についても、事業主経由での届出が必要です（第3号被保険者・被扶養配偶者非該当の届）。ただし、協会けんぽ適用事業所の第2号被保険者の被扶養配偶者だった人は届出不要です。また、配偶者である第2号被保険者の退職等により第2号被保険者でなくなった場合、第3号被保険者が就職等により第2号被保険者となった場合も届出は不要です。
※ 第3号被保険者に該当しなくなった人が第1号被保険者となる場合は、本人が市区町村に届出を行います。

▶ 厚生年金保険の被保険者のうち、65歳以上70歳未満の被保険者は、老齢基礎年金等の受給権者であれば国民年金の第2号被保険者とはなりません。そのため、その人の被扶養配偶者は20歳以上60歳未満でも第3号被保険者とはならず、第1号被保険者として本人が市区町村に届け出ることになります。
▶ 第3号被保険者の期間は届出により保険料納付済期間となります。届出が遅れた場合は2年間さかのぼりますが、2年を超えた期間についても特例の届出を提出することにより、①平成17年3月以前の未届期間と、②（平成17年4月以後の）届出が遅れたやむを得ない事由がある場合は保険料納付済期間とされる場合があります。

5 資格喪失届と継続加入
退職者などがあったとき

資格喪失の日から5日以内に「資格喪失届」を保険者等に提出し、被保険者証を返します。

資格の喪失と届出

被保険者の資格は退職日の翌日などに喪失

　健康保険・厚生年金保険の被保険者の資格は、次の**1**～**4**に該当する日の翌日（**5**～**7**については当日）に喪失します。

1 適用事業所の業務に使用されなくなった日（退職日等）
2 死亡した日
3 事業所が廃止になった日
4 任意適用事業所が任意適用取消を認可された日
5 雇用契約の変更により適用対象外となった日
6 厚生年金保険については70歳に達した日（誕生日の前日）
7 健康保険については後期高齢者医療の被保険者となった日（75歳の誕生日等）

※ 社会保障協定により相手国法令の適用を受ける場合も、被保険者資格を喪失します。

月末の退職は翌月の1日が資格喪失日

　退職の場合、退職日の翌日が資格喪失日です。たとえば「8月31日」退職ならば資格喪失日は「9月1日」ですが、誤って「8月31日」とするケースもあり、注意が必要です（保険料は資格喪失日が属する月の前月まで負担しますので、9月1日資格喪失の場合は8月分保険料の徴収が必要です）。

　なお、退職日に別の事業所で被保険者資格を取得した場合は退職日が、70歳に達して厚生年金保険の被保険者資格のみを失う場合は70歳に達した日（＝誕生日の前日）が資格喪失日です。

翌日
退職　喪失
8月31日　9月1日

転勤のときの届出と被保険者期間

　資格喪失に該当する日に別に資格を取得した場合は、その日に資格を喪失します。たとえば、1つの企業内で本店Aから支店Bへ転勤した場合は、同日にAで資格を喪失し、Bで新しく資格を取得します（それぞれに届出が必要です）。

雇用契約等が数日空けて再度行われる場合

　被保険者とは、適用事業所と常用的使用関係にある人であり、事実上の使用関係が消滅した場合に被保険者資格を喪失します。この使用関係の有無等は、契約の文言のみで判断するのではなく、就労の実態に照らして個別具体的に判断する必要があります。

　有期の雇用契約や任用が、1日ないし数日の間を空けて再度行われる場合においても、雇用契約や任用の終了時に、あらかじめ事業主と被保険者との間で、次の雇用契約や任用の予定が明らかである事実が認められるなど、事実上の使用関係が中断することなく存続していると就労実態に照らして判断される場合は、被保険者資格を喪失させることなく取り扱う必要があります。

事業主が5日以内に被保険者証を添付し資格喪失届を提出

資格喪失について、事業主は、5日以内に「被保険者資格喪失届」を保険者等に提出します。届書には、返納する健康保険の被保険者証（被保険者用・被扶養者用とも）を添付しますが、添付できないときは、回収不能届などを一緒に提出します（高齢受給者証や限度額適用認定証などがある場合は、あわせて返納します）。

ただし、70歳に達したことにより厚生年金保険の被保険者資格のみを喪失する場合は、健康保険の被保険者証を添える必要はありません。

船員である厚生年金保険の被保険者の資格喪失届は、10日以内に提出します。

※ 資格喪失日（退職日の翌日）から健康保険被保険者証は使用できません。

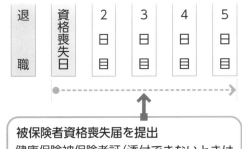

被保険者資格喪失届を提出
健康保険被保険者証（添付できないときは回収不能届など）を添付

退職日などを備考欄に記入

資格喪失の原因が退職・死亡の場合は、その当日の年月日を「⑥喪失（不該当）原因」に記入します。「⑦備考」の保険証回収欄には、回収した枚数を「添付」の箇所に、回収できなかった枚数を「返不能」の箇所に記入します。なお、返不能の場合は別途「被保険者証回収不能届」を提出します。

在職中に被保険者が70歳に到達したときの資格喪失届は、この届書ではなく、「70歳到達届」を提出します※。また、75歳到達で後期高齢者医療に該当する被保険者・被扶養者には、事業主に情報が印字された資格喪失届（被扶養者異動届）が送付されますので、必要事項を記入のうえ被保険者証とともに返送します。

※ 70歳到達日以降も引き続き同一の適用事業所に、同一の標準報酬月額で雇用される場合は不要。

被保険者資格喪失届・厚生年金保険70歳以上被用者不該当届の記載例

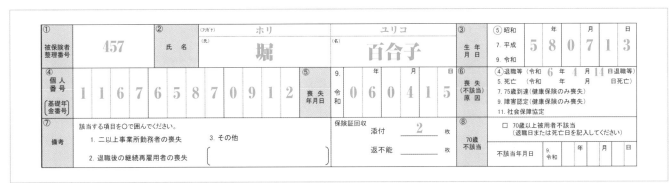

※ 65歳以上75歳未満で一定の障害の状態になり、認定を受けて後期高齢者医療の被保険者となった場合は、認定日の当日に健康保険の被保険者資格を失います。このとき、認定日の確認のため後期高齢者医療の被保険者証の写しの添付が必要となります。

75歳以上は後期高齢者医療の被保険者

75歳以上の人（および65歳以上で一定の障害認定を受けた人）は、個人単位で都道府県の広域連合が運営する後期高齢者医療の被保険者となります。健康保険の被保険者・被扶養者も、75歳になると健康保険から後期高齢者医療に移行します。

被保険者が後期高齢者医療に該当して健康保険の被保険者資格を喪失した場合、75歳未満の被扶養者だった人は、一般に国民健康保険に加入することになります。この際、市区町村の窓口に申請することで保険料（税）の軽減措置が受けられます。詳しくは、お住まいの市区町村にお問い合わせください。

退職後の継続加入ができる場合

条件を満たせば2年間は健康保険の任意継続被保険者

健康保険の被保険者期間が、退職日（資格喪失日の前日）まで継続して2カ月以上ある人は、本人の希望により退職後引き続き2年間は個人で健康保険の被保険者（任意継続被保険者）となることができます。

保険料（標準報酬月額（8頁）×保険料率）は全額を自分で負担しますが、保険給付は在職中と同様です（ただし、出産手当金・傷病手当金は支給されません）。

被保険者期間	任意継続被保険者期間
←------- 継続して2カ月以上 -------●●-------------2年間-------------→
退職

手続は退職後20日以内

退職日の翌日（資格喪失日）から20日以内に、「健康保険任意継続被保険者資格取得申出書」を保険者（申請者の住所地の協会けんぽ都道府県支部または加入していた健康保険組合）に提出します。なお、被扶養者がいる場合には、生計維持や同一世帯に関する証明として別に書類が必要となることがあります。

厚生年金保険の高齢任意加入被保険者

厚生年金保険では、在職していても70歳になると被保険者の資格を失いますが、70歳以上になっても老齢基礎年金等の受給資格期間を満たしていない人は、資格期間を満たすまで任意加入することができます。

保険料は、原則として、本人の責任で全額負担することになっていますが、事業主が同意すれば、事業主が保険料の半額を負担し、一般の被保険者と同様に本人の半額負担分を給料・賞与から控除して納めることができます。

基礎年金番号通知書などを添付し届出

「厚生年金保険高齢任意加入被保険者資格取得申出・申請書」にマイナンバーカードの写し等または基礎年金番号通知書（年金手帳）を添付して提出します。事業主が保険料の半額を負担する場合は、所定欄に事業主の同意を証明してもらいます。

60歳以上の退職後継続再雇用

雇用契約上いったん退職し、引き続き嘱託等として再雇用された場合は、事実上の使用関係が継続しており、被保険者資格も原則的に継続します。

ただし、被保険者の退職後継続再雇用（1日も空くことなく同じ会社に再雇用されること）については、いったん使用関係が中断したとみなし、同じ日に資格喪失・資格取得を行うことができます（同日得喪）。

これにより、再雇用後の給与に基づき標準報酬月額の資格取得時決定が行われ、保険料額等は、再雇用後の給与に応じた額に変更されます（在職老齢年金を受けている場合は支給停止額が変更されます）。

この取り扱いは、従来は特別支給（60歳台前半）の老齢厚生年金受給権者の定年後再雇用が対象でしたが、平成22年9月からは定年制の有無や定年退職かどうかにかかわらず60歳〜64歳までの受給権者の退職後継続再雇用であれば対象とされ、さらに平成25年4月からの特別支給の老齢厚生年金（報酬比例部分）の支給開始年齢引上げにともない、60歳以上で退職後継続して再雇用されるすべての人に拡大されています。正社員に限らず、役員・嘱託・パートタイマー等も対象となります。

● 就業規則、退職辞令、雇用契約書等を添付

退職後継続再雇用の取り扱いを受ける場合は、添付書類として、次の(1)と(2)両方または(3)などの提出が必要です（できるだけ(1)と(2)を提出します）。

(1)就業規則、退職辞令の写し（退職日の確認ができるものに限る）

(2)雇用契約書の写し（継続して再雇用されたことがわかるものに限る）

(3)「退職日」「再雇用された日」に関する事業主の証明書

ペーパーレスに対応した申請方法

紙の代わりにインターネットを利用したオンライン申請や、CD・DVDを活用した申請・届出が可能です。

年金事務所への電子申請

e-Gov等を利用した電子申請の主な流れ

　行政のポータルサイト「e-Gov」では、行政情報の検索・案内サービスに加え、各府省庁に対してオンラインで申請・届出等ができます[※1]。

　電子申請を行うには、本人確認に必要なGビズID[※2]のID・パスワード、あるいは電子証明書[※3]を事前に取得する必要があります。

　申請方法には、e-Govホームページ上で直接入力するブラウザ申請、自社ソフト等で作成した届書データ（csv形式）の添付申請のほか、日本年金機構の「届書作成プログラム」を利用した申請ができます。また、自社システムや市販のソフトウェア等から直接申請するAPI[※4]申請も可能です。

[※1] 資本金、出資金または銀行等保有株式取得機構に納付する拠出金の額が1億円を超える法人、相互会社、投資法人、特定目的会社などの特定の法人は算定基礎届など社会保険・労働保険手続の一部が義務化されています。

[※2] 複数の行政サービスを1つのアカウントで利用できる認証システム。GビズIDが発行するIDとパスワードがあれば、電子証明書がなくても電子申請が可能です。無料で取得できます。

[※3] 申請者が送信する電子データ（申請書・添付書類）に電子的な署名（電子署名）をして本人であることを証明するためのもので、書面手続における印鑑に相当します。認証局で取得する際、手数料がかかります。

[※4] Application Programming Interfaceの略。民間の労務会計ソフトウェア等がe-Govやマイナポータルなどのシステムと接続できるしくみになっています。

事前準備	届書作成・申請	処理状況の確認	公文書取得
● GビズIDあるいは電子証明書の取得 ● パソコン環境の設定	いずれかの方法を利用し届書の作成から申請までを行う ● e-Govホームページ ● API対応の市販のソフトウェア ● 届書作成プログラム	利用した申請方法別に用意された照会方法（e-Govのマイページなど）で審査状況を確認	被保険者証や決定通知書などの公文書が発行される手続では、電子公文書をダウンロードすることで手続が完了

GビズIDの取得方法

　社会保険の電子申請には、法人・事業主用のGビズIDプライムのアカウントが必要です。取得にあたりメールアドレス・印鑑証明書を用意します。次にGビズIDのホームページ（https://gbiz-id.go.jp）にアクセスし、「gBizIDプライム申請書作成」画面で必要事項を入力して申請書を作成します。プリントした申請書と印鑑証明書（個人事業主の場合、印鑑登録証明書と登録印に代わりマイナンバーカードで即時発行オンライン申請として対応することが可能）をGビズID運用センターに送付すると、原則

1週間ほどで登録したアドレスにメールが届きます。案内に従いパスワードを設定すれば完了です。ここで設定したメールアドレス（ID）とパスワードを以後の電子申請で使用します。事業主に代わって総務部長等が電子申請を行う場合は、GビズIDメンバーのアカウントを使用します。メンバーアカウントは、GビズIDプライムのマイページで作成することができます。

現在、GビズIDを利用して「届書作成プログラム」から申請できる届書以外のものについては、電子証明書が必要となるケースもあるため、その場合には電子証明書を別途取得する必要があります。

e-Gov ホームページ での申請

まずホームページにログインするためのアカウントを用意します。前述のGビズID以外にも、e-Govサービス共通のe-Govアカウントが利用できます（アカウントの登録はe-Govホームページで行います）。次に、「e-Gov電子申請アプリケーション」のインストールなど必要な設定を行います。申請を行うには、e-Govのマイページにログイン後、手続検索機能を使って手続名を検索します。届書の一覧が表示されるので、該当する届書名を選択して申請手続の画面へ進みます。

e-Govホームページ上で届書データに直接入力して申請する場合、紙の様式に記入する要領で1件ごとに入力していきます。自社システムや市販の労務管理ソフトで作成した届書データ（CSV）を添付して申請する場合は、前述の届書一覧で届書名に「CSVファイル添付方式」と表示されたものを選択します。添付する届書データが仕様どおりの内容となっているかの確認は、「届書作成プログラム」（51頁）の機能を使うことでチェックできます。

届書作成 プログラムからの 直接申請

日本年金機構が無料で提供する「届書作成プログラム」は、届書データの作成用プログラムですが、メニュー画面から直接申請することもできます（51頁）。

まずプログラムを起動し、起動メニューから「届書作成」を選択し、その後届書作成プログラムメニューから「届書を編集する」のうち「最初から」を選択し必要な届出のタブを選択してから「追加」ボタンをクリックして出た画面に必要事項を入力して届書データを作成します。年金事務所からターンアラウンドCD（被保険者の情報が収録されたCD）を入手している場合は、まずデータの取り込みから始めます＊。データ作成後、提出ファイル作成に進み、「CSV形式届書総括票」の内容を確認したうえで、作成した届書データを保存します。

届書の申請は、起動メニュー画面の「届書の申請・申請状況の照会」を選択し、入力案内に従いGビズIDのID・パスワードを入力して申請作業を進めます。

＊ 日本年金機構「オンライン事業所年金情報サービス」を利用して、届出に必要な被保険者データをオンラインで取得できます。

API対応の ソフトウェアを 利用した申請

API対応の労務会計ソフトウェア等を利用することで、e-Govホームページへアクセスせずに、届書データの作成・申請・審査状況確認・公文書取得までの一連の作業をワンストップで行うことができます。この場合、APIに対応した市販のソフトウェア等を導入するほか、自社で開発・運用しているシステムにAPI対応機能を備えることでも利用できます。

※ API対応ソフトウェア・サービス一覧はe-Govホームページで確認できます。

電子媒体による申請

電子媒体（CD、DVD）に届書データを保存して提出

届書データをCDやDVD※などの電子媒体に保存して申請することができます。届書データは自社のシステムを利用して作成する方法と、日本年金機構の「届書作成プログラム」で作成する方法があります。

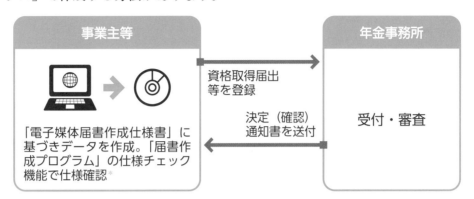

※ 利用できる媒体は、CD-R、CD-RW、DVD+R、DVD-R、DVD+RW、DVD-RWで追記不可のディスクアットワンス方式。フォーマット形式はISO9660形式。

自社システムを利用して作成

自社の人事給与等のシステムを利用する場合、「電子媒体届書作成仕様書」に基づき届書データを作成し、「届書作成プログラム」の仕様チェック機能を利用して仕様どおりか確認します。最後に、「電子媒体届書総括票」（届書作成プログラムで作成可能）を添付して提出します。また、「媒体データパスワード設定プログラム」（日本年金機構ホームページからダウンロード可能）でパスワードを設定します。このとき作成したパスワード通知書は、CD、DVDとは別に提出します。

届書作成プログラムを利用して作成

プログラムメニューから「届書を編集する」を選択し必要事項を入力します（50頁「届書作成プログラムからの直接申請」参照）。最後に提出ファイル作成で「電子媒体届書総括票」を作成します。届書作成プログラムで作成した場合、仕様チェックは不要です。また、自動暗号化機能があるため、パスワード設定も必要ありません。

「届書作成プログラム」の使い方

日本年金機構のホームページからダウンロードしインストールが完了すると、パソコン画面にアイコンが表示されます。クリックして起動メニューを立ち上げ、「届書の作成」を選択して初期設定を行います。必要に応じて、被保険者情報の登録を済ませると、次回からの届書作成の際に入力作業の軽減が図れます。

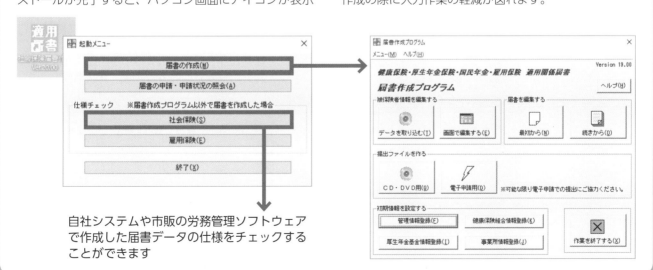

自社システムや市販の労務管理ソフトウェアで作成した届書データの仕様をチェックすることができます

健康保険組合への電子申請

マイナポータルを利用した電子申請

健康保険組合への電子申請は、マイナポータルを経由して申請します。申請には、マイナポータルに接続可能なAPI対応の市販のソフトウェアが必要となるため、自社で人事・給与事務に利用している人事・給与システムがAPI対応しているか確認が必要です。

**API対応の
ソフトウェア
から申請**

API対応のソフトウェアで申請データを作成しマイナポータルへ送信します。その際、GビズIDアカウント（49頁）で申請者確認を行います。届書作成プログラム（51頁）で作成した届書データを添付してAPI対応ソフトウェアから申請することもできます（ただし、プログラム自体から直接マイナポータルへ接続して申請することは不可）。一方、健康保険組合は、マイナポータルより申請データをダウンロードし、事務処理後、届出に対する決定結果を送信します。事業主等は届出の状況や決定結果をAPI対応のソフトウェアで確認します。

マイナポータルを利用して電子申請できる届出は、下表のとおりです。ただし、利用している人事・給与システムや加入する健康保険組合の整備状況で、利用可能な届書が異なります。

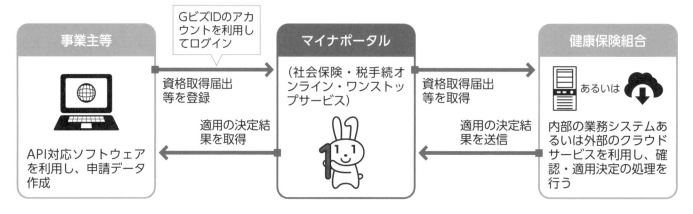

【健康保険組合への電子申請が可能な届出】

健康保険 厚生年金保険 新規適用届	健康保険 厚生年金保険 被保険者報酬月額変更届
任意適用申請書	健康保険 厚生年金保険 被保険者賞与支払届
一括適用承認申請書	産前産後休業取得者申出書／変更（終了）届
任意適用取消申請書	産前産後休業終了時報酬月額変更届
健康保険 厚生年金保険 被保険者資格取得届	育児休業等取得者申出書(新規・延長)／終了届
健康保険 厚生年金保険 被保険者資格喪失届	育児休業等終了時報酬月額変更届
健康保険 被扶養者（異動）届	介護保険適用除外等該当・非該当届
健康保険 厚生年金保険 被保険者報酬月額算定基礎届	

※ 健康保険組合のシステム整備状況により、一部の届出において受付できない場合があります。

健康保険の給付

健康保険（医療保険）

被用者とその被扶養者

民間企業に勤める人	公務員・私立学校の教職員など	船員
協会けんぽ （法第3条第2項 被保険者制度） 健康保険組合	国家公務員共済組合 地方公務員等共済組合 私立学校教職員 共済制度	船員 保険

自営業者などの地域住民

国民健康保険

国民健康保険組合

◀75歳

75歳以上の人

後 期 高 齢 者 医 療 制 度

● 公的な医療保険には、①民間企業に勤める人が加入する協会けんぽ・健康保険組合、②公務員や私立学校の教職員が加入する共済組合等、③船員が加入する船員保険、④自営業者などの地域住民が加入する国民健康保険などがあります。

● 公的な医療保険に加入している人が75歳になると（または65歳以上で一定の障害認定を受けた場合は）、後期高齢者医療の被保険者となります。

健康保険の給付一覧 （令和6年4月現在）

病気・けが をしたとき（業務上・通勤災害を除く）

療養の給付・家族療養費
入院時食事療養費・入院時生活療養費（被扶養者については、家族療養費として給付）

健康保険を扱っている病院・診療所（保険医療機関）に被保険者証*（70歳以上はあわせて高齢受給者証）を提示すれば、必要な医療を受けられる（処方せんをもらったときは、保険薬局で調剤）。このとき、下表のとおりかかった医療費の定率を一部負担金・自己負担額として支払う。

義務教育就学前	義務教育就学後70歳未満	70歳以上	
		現役並み所得者	その他
2割	3割	3割	2割

入院時の食事の費用は食事療養標準負担額を除いた部分が入院時食事療養費として現物給付される。療養病床に入院する65歳以上の人には、生活療養の費用から生活療養標準負担額を除いた部分が入院時生活療養費として現物給付される。

保険外併用療養費（被扶養者については、家族療養費として給付）

保険医療機関で評価療養（先進医療、医薬品・医療機器等の治験など）・選定療養（特別室への入院、予約診察・時間外診察、200床以上の病院での紹介状なしの初診・再診など）・患者申出療養（国内未承認の医薬品の使用など）を受けたとき、その基礎的部分が保険外併用療養費として保険給付される。患者は、療養の給付などと同じ一部負担相当額のほか、評価療養・選定療養・患者申出療養についての特別料金を支払う。

手続 保険医療機関の窓口に被保険者証*を提示（保険薬局には処方せんを提出）。標準負担額の軽減措置を受けるときは「限度額適用・標準負担額減額認定申請書」を提出し、交付された「限度額適用・標準負担額減額認定証」を保険医療機関の窓口に提示。

訪問看護療養費・家族訪問看護療養費

在宅療養の難病患者等が、訪問看護ステーションからの訪問看護を受けたときは、その費用が（家族）訪問看護療養費として現物給付される。基本利用料（負担割合は上表と同様）を負担。

手続 訪問看護ステーションに被保険者証*を提示するとともに医師が交付した「訪問看護指示書」を提出。

療養費（被扶養者については、家族療養費として給付）

やむを得ず非保険医にかかったり被保険者証*を提示できないとき、国外で医療を受けたときなどは、保険者が認めれば、健康保険の標準料金から一部負担相当を除いた額が払いもどされる。

手続 「療養費支給申請書」を提出。

移送費・家族移送費

必要な医療を受けるため緊急に移送されたときは、保険者が認めた範囲の実費が払いもどされる。

手続 「被保険者（家族）移送費支給申請書」を、医師の意見書と交通費の領収書およびその明細を添えて提出。

高額療養費／高額介護合算療養費

1カ月の自己負担額が自己負担限度額を超えたとき、申請すれば超えた分が払いもどされる。また、あらかじめ認定を受ければ1保険医療機関等あたりの窓口負担自体が自己負担限度額までとなる（高額療養費の現物給付）。
なお、医療機関等でオンライン資格確認を行った場合には、認定を受けなくても現物給付を受けられる。
同一世帯で健康保険と介護保険の1年間の自己負担額の合計が別の限度額を超える場合も払いもどされる。

手続 「高額療養費支給申請書」を提出。現物給付で受ける場合は、「限度額適用認定証」または「限度額適用・標準負担額減額認定証」と「高齢受給者証」を保険医療機関等に提示。介護との合算の場合は高額介護合算療養費についての支給申請書を介護保険の自己負担額証明書を添付して健康保険に提出。

＊ 現行の被保険者証は令和6年12月に廃止され、マイナンバーカードと一体化した形に切り替えられます。

病気・けが で仕事につけないとき（業務上・通勤災害を除く）

傷病手当金

被保険者（任意継続被保険者を除く）本人が療養のため仕事を4日以上休んで給料を受けられないときは、4日目から1日につき直近12カ月間の標準報酬月額の平均額の30分の1の3分の2が支給開始日から1年6カ月（出勤にともない不支給となった期間がある場合はその分を延長して通算）の範囲内で支給される。

手続 給料の支払いの有無の事業主証明と医師の意見を受けた「傷病手当金支給申請書」を提出。

出産 したとき

出産育児一時金・家族出産育児一時金

出産したときは、1児ごとに500,000円（在胎週数が22週に達していないなど、産科医療補償制度加算対象出産でない場合は488,000円）が支給される。直接支払制度・受取代理制度を利用して保険者が医療機関等に支払うか、出産後に保険者に申請して支給を受けるか選択できる。

手続 医療機関等に被保険者証*等を提示し、①直接支払制度では退院等までの間に医療機関等と利用について書面で契約、②受取代理制度では出産前に医療機関等の記名を受けた「出産育児一時金等支給申請書（受取代理用）」を提出。直接支払制度・受取代理制度を利用しない場合は、医師等の証明を受けた「出産育児一時金（家族出産育児一時金）支給申請書」を提出。

出産手当金

被保険者（任意継続被保険者を除く）本人が出産で仕事を休み給料を受けられないときは、出産（予定）日以前42日（多胎妊娠は98日）から出産日後56日までの期間、1日につき直近12カ月間の標準報酬月額の平均額の30分の1の3分の2が受けられる。出産手当金の額より少ない給料を受けている場合は、差額が支給される。

手続 給料の支払いの有無の事業主証明と医師等の意見を受けた「出産手当金支給申請書」を提出。

※ 出産育児一時金（家族出産育児一時金）・出産手当金に関する医師等の証明書や意見書は有料です。

死亡 したとき（業務上・通勤災害を除く）

埋葬料（費）・家族埋葬料

被保険者本人または被扶養者が死亡したときは、50,000円が支給される。

手続 事業主等の証明を受けた「埋葬料（費）（家族埋葬料）支給申請書」を提出。

退職 したあと（被保険者期間が継続して1年以上ある人が退職したとき）

傷病手当金・出産手当金

退職時に傷病手当金・出産手当金を受けている（要件を満たしている）ときは、期間満了まで受けられる。

出産育児一時金

退職後6カ月以内に出産したときに受けられる（直接支払制度を利用する場合は、必要書類の提示が必要）。

埋葬料（費）（被保険者期間が継続して1年以上なくてもよい）

退職後3カ月以内、上記の傷病手当金・出産手当金を受けている間、または受けなくなって3カ月以内に死亡したとき受けられる。

※ 被扶養者だった家族が亡くなっても家族埋葬料は受けられません。

手続 在職中と同じ（傷病手当金・出産手当金では、事業主証明は不要）。

※ 申請書等の提出先は、特に明記のない場合は保険者（協会けんぽ都道府県支部または健康保険組合）です。
※ 健康保険の給付を受ける権利は、2年間の時効で消滅します。

1 病気・けがをしたとき

被保険者証を保険医療機関で提示して受診

被保険者が病気・けがをしたとき、健康保険を扱う病院・診療所（保険医療機関）の窓口に被保険者証を提示すれば、必要な医療を受けられ、医師から処方せんを交付されたときは保険薬局で薬を出してもらえます（療養の給付）。また、入院中は食事も提供されます（入院時食事療養費）。被扶養者となっている家族も、同様に被保険者証を提示して、入院中の食事を受けられます（家族療養費）。

なお、現行の被保険者証は令和6年12月に廃止され、マイナンバーカードと一体化したマイナ保険証に切り替えられます。マイナ保険証の利用にはマイナポータルによる利用申込（初回登録）が必要です。マイナ保険証を保有していない人には、有効期間を定めた資格確認書が交付されます。また、医療機関・薬局へのオンライン資格確認の導入が原則義務化されており、資格確認を行った場合には、高齢受給者証（57頁）や高額療養費の限度額適用認定証（62頁）などの提示も不要となります。

医療費の3割（義務教育就学前は2割）などを窓口負担

保険医療機関で医療を受けたときや保険薬局で薬が出

区分	窓口負担 （被保険者…一部負担金 被扶養者…自己負担額）	保険給付
義務教育就学後70歳未満の被保険者・被扶養者	3割	7割
義務教育就学前の被扶養者	2割	8割
70歳以上の被保険者・被扶養者（高齢受給者）	2割	8割
そのうち現役並み所得者	3割	7割

※ 被保険者が、災害その他の特別な事情で一部負担金の支払いが困難な場合、保険者により、一部負担金の減額・免除・猶予が行えるようになっています。

されたときは、窓口で定率の一部負担金・自己負担額（10円未満四捨五入）を支払います。残りは健康保険から支払われます。負担割合は、年齢等により、左図のように設定されています。

◆ 領収書と明細書の交付

保険医療機関・保険薬局は、医療費の内容がわかる領収書を無償で発行します。また、正当な理由がない限り、その計算基礎となった項目ごとに記載した明細書を無償で発行します。

※ 明細書の無償発行は、病院・薬局で義務化されています。診療所は、当分の間、正当な理由がある場合は、①患者からもとめられたとき、②有償で発行することが認められます。

入院中の食事は1食490円の食事療養標準負担額

入院した場合には食事の給付（入院時食事療養費）を受けられますが、この場合には、食事療養標準負担額を保険医療機関の窓口で支払います。

食事療養標準負担額は被保険者・被扶養者とも1食当

食事療養標準負担額 1食490円（低所得者は減額）	入院時食事療養費（家族療養費） 食事療養の費用—食事療養標準負担額

区分			1食あたり標準負担額
一 般	（下記に該当しない場合）		490円
難病患者等	（下記に該当しない場合）		280円
低所得者・ 高齢受給者 の低所得Ⅱ	①被保険者が次に該当する場合 ①市（区）町村民税非課税者および免除者 ②標準負担額等の減額で生活保護を要しない人	直近1年 間の入院 日数	90日以下 230円
			91日以上 180円
	②その被扶養者		
高齢受給者 の低所得Ⅰ	⑴所得が一定基準以下 （被保険者・被扶養者） ⑵低所得Ⅰの適用（減額）で生活保護を 要しない人		110円

※ 令和6年6月1日適用。

健康保険で受けられる診療の範囲

❶診察…医師（歯科医師）による診察のほか、必要な検査も含みます。
❷薬剤・治療材料の支給…院内または保険薬局で薬を受けとります。包帯などは支給されます。コルセットなどは療養費（59頁参照）の対象です。
❸処置・手術、その他の治療…注射、麻酔、精神科専門療法なども含みます。
❹在宅での療養上の管理や看護…医師等が訪問する場合の交通費は患者負担（実費）です。
❺入院および入院時の看護

健康保険で受けられないもの

● 業務上（仕事中）の災害・通勤災害
勤務先の仕事（業務上）が原因となって起きたけが・病気や、通勤途上の事故が原因となって起きたけが・病気は、労働者災害補償保険（労災保険）による療養の対象です。
ただし、健康保険の被保険者または被扶養者の業務上のけ

がについて、労災保険の給付対象とならない場合は、法人の役員としての業務に起因するものを除き、健康保険の給付対象となります。たとえば、副業として行う請負業務中やインターンシップ中、シルバー人材センターの業務中に負傷した場合などが該当します。

また、法人の役員としての業務に起因するものであっても、被保険者数が5人未満の小規模事業所であって、その業務が従業員の従事する業務と同一と認められるときは、健康保険の給付対象となります。

● 病気とみなされないもの
❶単なる疲労やけん怠感に対する栄養剤の注射、❷正常な妊娠や出産、❸経済上の理由による妊娠中絶、❹美容整形、❺健康診断など、病気とみなされないものは、健康保険の対象となりません。

● 給付の制限
❶故意の犯罪行為または故意に事故を起こした、❷けんか・よっぱらい・著しい不行跡による事故、❸正当な理由なく療養に関する指示に従わない、❹不正な行為で給付を受けようとした場合は、健康保険の給付が全部または一部制限されます。

たりの金額は同額で、低所得者・難病患者等については減額されます。なお、特別メニューの食事を希望した場合は、別途料金を負担します。

◎低所得者の標準負担額の減額

低所得者が食事療養標準負担額の減額を受けるには、「限度額適用・標準負担額減額認定申請書」を保険者に提出し、「限度額適用・標準負担額減額認定証」の交付を受け、これを保険医療機関の窓口に提出します。

やむを得ず申請書を提出できなかった場合は、あとで療養費支給申請書（標準負担額差額支給申請書）を保険者に提出して減額分の払いもどしを受けることができます。

また、低所得者・高齢受給者の低所得Ⅱの人は、直近1年間の入院日数が90日を超える場合、入院期間を確認できる書類等を添付し、再度申請書を提出します。

※「限度額適用・標準負担額減額認定証」は、現物給付の高額療養費にも一体的に適用されます（62頁参照）。

高齢受給者は所得に応じた負担割合

被保険者・被扶養者のうち、70歳以上75歳未満の人を高齢受給者といいます（75歳の誕生日以後は後期高齢者医療の被保険者となります）。ここで70歳以上とは、誕生日が月の初日の場合は70歳の誕生月初日から、その他の場合は70歳の誕生月の翌月初日からをいいます。

窓口負担は原則として2割ですが、次の現役並み所得者は3割負担となります。

(1)高齢受給者である被保険者で、標準報酬月額が28万円以上の人

(2)上記(1)の被保険者の被扶養者である高齢受給者

◎一定の要件を満たせば負担割合を軽減

ただし、上記に該当する人であっても、❶70歳以上75歳未満の被保険者・被扶養者の合計収入額が520万円未満の場合、❷70歳以上75歳未満の被扶養者がいない場合は収入額が383万円（後期高齢者医療の被保険者となったため被扶養者でなくなった人がいる場合は520万円）未満であれば、「基準収入額適用申請書」を提出することにより、現役並み所得者となりません。

70歳以上75歳未満への高齢受給者証の交付

高齢受給者には、その人の負担割合を示すものとして、被保険者証とは別に個人単位で「健康保険高齢受給者証」が交付されます。受診の際には、保険医療機関等の窓口に被保険者証とあわせて高齢受給者証を提示します。

● 事業主を通じて交付

高齢受給者証は、被保険者・被扶養者が70歳以上となるとき事業主を通じて（任意継続被保険者には直接）交付されます。70歳以上の資格取得等では、被保険者証とともに交付されます。

なお、被保険者証に一部負担金の割合等が明記されることで、高齢受給者証に代える場合もあります。

● 毎年9月1日段階で負担割合を判定

負担割合の判定は、定時決定による新たな標準報酬月額が適用される毎年9月1日段階で行われます。標準報酬月額が28万円以上である高齢受給者には、事業主を通じて、収入基準に関するお知らせと基準収入額適用申請書が配付されます（新たに28万円以上となった場合には3割負担の高齢受給者証も交付されます）。なお、随時改定により標準報酬月額が28万円以上となった場合も同様です。

療養病床への65歳以上の入院（入院時生活療養費）

療養病床に入院する65歳以上の人は、療養の給付とあわせて生活療養（食事療養、温度・照明・給水に関する適切な療養環境の形成である療養）を受けます。生活療養の費用額から生活療養標準負担額を除いた部分が入院時生活療養費（被扶養者は家族療養費）として給付されます。

生活療養標準負担額は、1日あたり居住費（370円）と1食あたり食費（490円または450円）の合計額です。ただし、難病患者等は居住費を負担する必要はありません。また、低所得者・難病患者等は食費が減額されます。なお、入院医療の必要性の高い状態等の場合は、平成29年9月までは居住費の負担がなく（食費のみ負担）、平成29年10月からは200円に減額された居住費と食費を負担していましたが、平成30年4月から通常の370円の居住費と食費負担となっています。

治療と直接関連しない実費の支払い

入院中のおむつ代など、治療や看護に直接関連しない物やサービスにかかる費用は、医療機関が患者に対して実費負担をもとめることができます。患者は医療機関から、実費徴収の内容と料金について説明を受け、文書による同意（入院などの説明に際し包括的に確認する方法などで行われます）をしたうえで実費を支払い、他の費用と区別した内容のわかる領収書を発行してもらいます。

なお、「施設管理費」などの曖昧な名目での実費徴収や、処置の際のガーゼ代など保険診療に含まれているものの実費徴収は認められません。

訪問看護ステーションの訪問看護

自宅で療養している難病患者等が、かかりつけの医師の指示に基づいて、訪問看護ステーションからの訪問看護を受けた場合、その看護費用が現物給付されます。

訪問看護を受けるつど、国が定めた基準による看護費用の3割（義務教育就学前2割、高齢受給者は2割～3割）の基本利用料を交通費等の実費とあわせてステーションに支払います。ただし、時間外の訪問看護などの特別なサービスを希望したときはその特別料金を、おむつ代などの訪問看護サービス以外の費用については実費相当額を、その他の利用料としてあわせて支払います。

2 特別なサービスを受けるとき

特別なサービスの部分は自費で負担

必要な医療は健康保険で給付されますが、そのうえで、医療ニーズの多様化に対応し、患者の選択の幅を広げるための特別なサービスを提供するしくみがあります。特別なサービスを含む療養を受けた場合は、そのうち通常の療養と共通する部分は保険外併用療養費（被扶養者は家族療養費）として健康保険から給付され、それ以外の部分が特別料金として自費負担となります。

保険外併用療養費の対象は、❶評価療養、❷選定療養、❸患者申出療養（平成28年度から実施）、に分かれています。

◀------通常の療養------▶	◀-特別なサービスを含む療養-▶
特別料金	自 費 負 担
療養の給付（家族療養費）	保険外併用療養費（家族療養費）
一部負担金（自己負担額）	自己負担額

❶評価療養とは、高度の医療技術を用いた療養などで、将来的に一般の保険給付の対象として認めるかどうか評価が必要である先進医療などをいいます。先進医療のほかには、治験の対象となる診療なども該当します。

❷選定療養とは、被保険者・被扶養者の選定による特別の病室の提供などの厚生労働大臣が定める療養をいい

ます（保険導入を前提としていません）。

❸患者申出療養とは、患者の申出に基づき厚生労働大臣が定める高度の医療技術を用いた療養（国内未承認の医薬品等の使用など）をいい、平成28年度から保険外併用療養費の対象となりました。

説明を受け、同意のうえ受療

保険外併用療養費の対象である評価療養・選定療養・患者申出療養は、あらかじめ医療機関からその内容と費用に関して説明を受け、同意したうえで利用します。

また、医療機関は、院内の見やすい場所に、評価療養・選定療養・患者申出療養の内容と費用に関する事項を患者にとってわかりやすく掲示します。

患者が評価療養・選定療養・患者申出療養の費用を支払ったときは、医療機関は保険外併用療養費についての自己負担額と自費分（特別料金）とを区別して記載した領収書を発行することになっています。

◆特別室への入院の場合

特別室への入院は、設備や料金についての十分な情報提供に基づいて患者が自由に選択し、料金等が明記された書面への署名による同意のうえ行われます。

治療上の必要があったり、患者の意に反するときは、医療機関は特別料金をもとめてはならないことになっています。

●評価療養の種類

項　目	サービスの種類	内　容	費用負担（標準）
医療技術にかかるもの	先進医療	厚生労働大臣が定める先進医療（従来の高度先進医療を含む） 先進医療ごとに定められた基準に適合する保険医療機関で実施	一般の診療報酬で支払われる費用との差額
医薬品・医療機器等にかかるもの	医薬品医療機器等法上の治験にかかる診療	新薬・医療機器・再生医療等製品の臨床試験（治験）	治験と関連する手技料等の費用（治験依頼者が負担）
	保険適用前医薬品の投与・医療機器の使用・再生医療等製品の使用	医薬品医療機器等法上の承認を受け保険適用（薬価収載）を希望する医薬品の投与・医療機器（体外診断用医薬品）の使用・再生医療等製品の使用（一定の期間内）	保険医療機関・保険薬局が定める特別料金
	薬価収載医薬品の適応外使用	医薬品医療機器等法上の承認内容以外に適応を拡大させる際、治験を省略できる一部の医薬品の投与	保険医療機関・保険薬局が定める特別料金
	保険適用医療機器・再生医療等製品の適応外使用	医薬品医療機器等法上の承認内容以外に適応を拡大させる際、治験を省略できる一部の医療機器・再生医療等製品の使用・支給（一定の条件・期間内）	保険医療機関・保険薬局が定める特別料金

患者申出療養の対象となる医療

患者申出療養が対象とする医療は、先進医療の対象にはならないが一定の安全性・有効性が確認された医療であって、①すでに実施されている先進医療を身近な医療機関で実施することを希望する患者に対する療養、②先進医療の実施計画（適格基準）対象外の患者に対する療養（対象年齢外の患者や病期の進んだ患者、合併症を有する患者等）、③先進医療として実施されていない療養（一部の国内未承認・海外承認医薬品等の使用や実施計画作成が進まなかった技術等）のほか、現行の治験の対象とならないものなどがあげられます。

●選定療養の種類

項 目	サービスの種類	内 容	費用負担（標準）
快適性・利便性にかかるもの	特別療養環境室（いわゆる差額ベッド）への入院	特別療養環境室（4人以下の病室で、一定以上の広さでプライバシーの確保の設備があるなどの条件を満たす病室）への入院を希望したとき	保険医療機関が定める特別料金（室料差額）
	予約診察	予約に基づく診察を希望したとき	保険医療機関が定める予約料金
	時間外診察	時間外（医療機関の表示する診療時間以外の時間）に診察を希望したとき	診療報酬の時間外加算相当額を標準に保険医療機関が定める時間外料金
	歯科の材料差額	①前歯の金属歯冠修復に金合金または白金加金の材料を希望したとき、②金属床による総義歯を希望したとき	健康保険で認められている材料との差額
	水晶体再建術での多焦点眼内レンズ	白内障患者に対する水晶体再建術で多焦点眼内レンズを使用したとき	眼鏡装着率の軽減に係る部分
医療機関の選択にかかるもの	200床以上の病院での初診	他の保険医療機関等からの文書での紹介なしに200床以上の病院で初診を受けたとき（緊急等の場合を除く）	病院が定める特別料金 特定機能病院と一般病床200床以上の地域医療支援病院・紹介受診重点医療機関では、初診・再診時とも病院が定める特別料金の徴収が義務化
	200床以上の病院での再診	200床以上の病院で、他の医療機関に対して文書による紹介を行う旨の申し出が文書により患者側に行われたにもかかわらず、再診を受けたとき（緊急等の場合を除く）	
医療行為等の選択にかかるもの	180日超の長期入院	入院医療の必要性が低いのに180日を超えて入院しているとき（難病等を除く）	保険医療機関が定める特別料金（入院料等の15％相当額を標準）
	制限回数を超えて受けた診療	保険給付を行ううえで制限回数が設けられている医療行為（検査、リハビリ等）を制限回数を超えて受けたとき	超えた分の検査料等の費用
	小児のう蝕治療後の継続管理	むし歯（う蝕）の数が少ない13歳未満の小児で、治療後に再発抑制のための指導管理を受けたとき	保険医療機関が定める継続的な指導管理の料金

3 たてかえ払いとなるとき

やむを得ない事情のときなどには払いもどし

　健康保険は医療などを現物で給付するのが原則ですが、次のような場合は患者が一時たてかえ払いをし、あとで保険者に請求すれば、保険者が認めた額が療養費として払いもどされます。

　❶やむを得ず自費で受診した（急病で非保険医にかかったり、就職直後で被保険者証がない場合など）❷やむを得ず海外で受診した（治療目的の海外渡航の場合は支給対象外。一定の要件を満たした臓器移植の場合は支給対象）❸治療上の必要からコルセットなどの治療用装具を使った　❹輸血のため病院を通じて血液（生血）を購入した　❺医師の同意のもと、はり、きゅう、あんま・マッサージを受けた＊　❻やむを得ず「限度額適用・標準負担額減額認定証」を提出できなかった

　外傷性が明らかな打撲等に対する柔道整復師の施術については、柔道整復師会などと保険者が契約（受領委任形式）を結んでいる場合、被保険者証を提示すれば、保険医療機関を受診するときと同様に施術を受けられます。

＊ 疲労回復や慰安目的などのマッサージは健康保険の対象外。

◇払いもどされる療養費の額

　たてかえ払いをした全額ではなく、保険者が保険診療の料金を標準として計算した額（実際に支払った額の方が少ないときはその実費額）から、医療費の一部負担金・自己負担額、食事療養・生活療養標準負担額をさし引いた額が、療養費の額となります。

一部負担金等相当額	払いもどされる額（療養費）	
た　て　か　え	払　い　を　し　た	額

← 保険診療による標準額 →

※ 海外にいる被保険者からの療養費の支給申請は、被保険者が直接行うのではなく、原則として事業主を経由して行うことになっており、療養費は直接海外へ送金されず、事業主または日本在住の家族が代理して受領します。支給額の算定に用いる邦貨換算率は、その支給決定日における外国為替換算率（売レート）が用いられます。なお、海外療養費の不正請求対策として、支給申請にあたっては、日本語の翻訳文に加えて、①パスポート等の写し、②海外の医療機関等に対して照会を行うことの同意書の提出がもとめられます。

移送費の支給

　病気・けがのために移動困難な患者が、その病気・けがについて必要な保険診療を受けるため、医師の指示で一時的・緊急的に移送された場合は、移送の費用（交通費）を患者がたてかえ払いし、あとで保険者に請求して、保険者が認めた場合に移送費、家族移送費として払いもどしが受けられます。

　支給額は、最も経済的な経路・方法により移送された場合の交通費に基づいて、保険者が算定した額の範囲内での実費です。

手続＝医師の意見を受けた「移送費・家族移送費支給申請書」に交通費の領収書を添えて提出します。

療養費支給申請書（1）

健康保険 被保険者／家族 **療養費** 支給申請書（立替払等）　**1** 2 ページ　立

医療機関窓口で医療費の全額を支払い、払い戻しを受ける場合等にご使用ください。なお、記入方法および添付書類等については「記入の手引き」をご確認ください。

被保険者証

記号（左づめ）	番号（左づめ）	生年月日
2 1 8 7 0 9 0 2	6 2 0	2 03 年 11 月 14 日（1.昭和 2.平成 3.令和）

①

被保険者（申請者）情報

氏名（カタカナ）
エカ゛ラシ　マサヒロ

姓と名の間は1マス空けてご記入ください。濁点（゛）、半濁点（゜）は1字としてご記入ください。

氏名
江柄子　真大

※申請者はお勤めされている（いた）被保険者です。
被保険者がおとくなりになっている場合は、相続人よりご申請ください。

郵便番号（ハイフン除く） 1 5 0 0 0 0 1
電話番号（左づめハイフン除く） 0 3 × × × × × × × ×

住所
東京（都）道／府／県　渋谷区神宮前○－○－○　△△マンション202

②

振込先指定口座　振込先指定口座は、上記申請者氏名と同じ名義の口座をご指定ください。

金融機関名称	○○ 銀行／金庫／信組／農協／漁協／その他（　）	支店名	△△ 本店／支店／代理店／出張所／本店営業部／本所／支所
預金種別	1 普通預金	口座番号（左づめ）	0 7 6 9 8 0 0

③

ゆうちょ銀行の口座へお振り込みを希望する場合、支店名は3桁の漢数字と、口座番号は振込専用の口座番号（7桁）をご記入ください。
ゆうちょ銀行口座番号（記号・番号）ではお振込できません。

》》》 2ページ目に続きます。》》》

被保険者証の記号番号が不明の場合は、被保険者のマイナンバーをご記入ください。
（記入した場合は、本人確認書類等の添付が必要となります。）

④ ▶ _____

社会保険労務士の提出代行者名記入欄	

――― 以下は、協会使用欄のため、記入しないでください。 ―――

MN確認（被保険者）	□	1. 記入有（添付あり） 2. 記入有（添付なし） 3. 記入無（添付あり）

申請内容		から	日間

申請理由	□	1. 被保険者証不所持　2. 他保険証使用 3. 食事療養費　　　　9. その他	入院外来	□	1. 入院 2. 外来

6 6 1 1 1 1 0 1	その他	□	1. その他（理由）	枚数	□ □

(2022.12)

全国健康保険協会
協会けんぽ

（1 / 2）

添付書類

(1) 医療費を自費で支払ったとき（立替払）⇒①診療内容が記載された診療明細書、②診療に要した費用を証明した「領収書（領収明細書）の原本」

(2) 国民健康保険など他の保険者の被保険者証を使用し、医療費の返還を行ったとき ⇒①医療費を返還した保険者から交付を受けた「診療報酬明細書」（封かんされているときは開封せず封筒ごと添付）、②医療費を返還した保険者から交付された「領収書の原本」

(3) 限度額適用・標準負担額減額認定証を提示しなかったことにより、食事療養標準負担額を減額されない金額で支払ったとき ⇒①食事療養について支払った費用を証明した「領収書の原本」、②「（非）課税証明書」（マイナンバーを利用した情報照会を希望しない場合のみ）

(4) 生血液を輸血したとき ⇒①輸血回数が記載された「輸血証明書」、②血液にかかる費用額や移送にかかった費用額の内訳が記載されている「領収書の原本」

(5) 自己負担額が2割負担の70歳以上の方が、やむを得ない理由で3割負担で医療費を支払ったとき ⇒診療に要した費用を証明した「領収書の原本」

(6) 第三者による傷病の場合 ⇒「第三者行為による傷病届」（→81頁）

(7) 被保険者が亡くなられ、相続人の方が請求する場合 ⇒被保険者との続柄がわかる「戸籍謄本」等

(8) 臍帯血を搬送した場合等 ⇒①搬送に要した費用を証明した「領収書の原本」②傷病名、搬送理由、搬送元、区間（詳細な経路）、期間、回数を記載した医師または歯科医師の意見書

(9) 請求する傷病の原因が仕事中または通勤途中によるものであって、労働災害の給付を請求中の場合 ⇒労働基準監督署への照会に関する「同意書」

右段解説：

① 家族（被扶養者）が受診した場合でも、被保険者の氏名（カタカナ）などの情報を記入してください。記号・番号は被保険者証に記載されています。

② 被保険者が亡くなられて、相続人の方が申請する場合は、申請者の氏名（カタカナ）を記入してください。住所・振込先指定口座も同様です。ただし、生年月日欄は被保険者の生年月日を記入してください。

③ 被保険者（申請者情報）名義の口座情報を記入してください。ゆうちょ銀行の口座へ振込みを希望する場合は、従来の口座番号（記号・番号（13桁））ではなく、振込専用の店名（漢数字3文字）と口座番号を記入してください。

金融機関名称	ゆうちょ 銀行／金庫／信組／農協／漁協／その他	支店名	二三八 代理店／出張所／本店営業部／本所／支所
預金種別	1 普通預金	口座番号（左づめ）	1 2 3 4 5 6 7

④ 被保険者のマイナンバーは、被保険者証の記号と番号が不明の場合のみ記入してください。マイナンバーを記入した場合は、本人確認書類貼付台紙に①身元確認書類（個人番号カード表面のコピー等）、②番号確認書類（個人番号カード裏面のコピー等）のいずれも貼付して、申請書に添付する必要があります。

療養費支給申請書（2）

健康保険　被保険者　療養費 支給申請書（立替払等）
家　　族

1 2 ページ

被保険者氏名　**江柄子 真大**

① ①-1 受診者　**2**　1. 被保険者　2. 家族（被扶養者）

①-2 受診者の氏名（カタカナ）　**1 エカ ラシ シ ユンコ**
姓と名の間は1マス空けてご記入ください。濁点（゛）半濁点（゜）は1字としてご記入ください。

①-3 受診者の生年月日　**2**　1.昭和 2.平成 3.令和　**08**年**06**月**15**日

② 傷病名　**左足首ねん挫**　**2** ③発病または負傷年月日　**2** 1.平成 2.令和 **06**年**06**月**06**日

④-1 傷病の原因　**1**　1. 仕事中以外（業務外）での傷病　2. 仕事中（業務上）での傷病 → ④-2へ　3. 通勤途中での傷病

④-2 労働災害、通勤災害の認定を受けていますか。　1. はい　2. 請求中　3. 未請求

⑤ 傷病の原因は第三者の行為（交通事故やケンカ等）によるものですか。　**2**　1. はい　2. いいえ　「1.はい」の場合は、別途「第三者行為による傷病届」をご提出ください。

⑥-1 診療を受けた医療機関等の名称　**神宮前病院**

⑥-2 診療を受けた医療機関等の所在地　**東京都渋谷区神宮前○－○－○**

⑥-3 診療した医師等の氏名　**乾 裕樹**

⑦ 診療を受けた期間　**3** 令和 **06**年**06**月**06**日 から 令和 **06**年**06**月**06**日

⑧ 療養に要した費用の額（右づめ）　**4** **8670** 円

⑨ 診療の内容　**応急処置として固定と湿布を処方された。**

⑩ 療養費申請の理由　**5 1**　1. 被保険者証を持参できなかったことにより、医療費を全額自己負担したため　2. 他の保険者の被保険者証を使用し、医療費を返還したため　3. 入院時の食事代の差額を申請するため　9. その他

6 6 1 2 1 1 0 1

全国健康保険協会 協会けんぽ　2/2

右側説明:
1 受診者が複数いる場合は、受診者ごとに申請書を作成してください。
2 発症または負傷年月日が不明の場合は、以下の例を参照して記入してください。
例：令和6年4月ごろに発症または負傷した場合　③ 2 1.平成 2.令和 06年04月00日
例：令和6年ごろに発症または負傷した場合　③ 2 1.平成 2.令和 06年00月00日
3 自費で診療を受けた期間もしくは入院時に支払った食事療養費の期間の始めと終わりの日を記入してください。
4 領収書（領収明細書）に記載されている金額を記入してください。
5 記入の手引きの裏面の支給を受ける条件を参照のうえ、該当する申請理由の番号を記入してください。支給を受ける条件の①②の場合は1、③の場合は2、④の場合は3、⑤⑥⑦の場合は9を記入してください。

※ 医師の指示により、治療用の装具（コルセット、弾性着衣等）を購入、装着したときや、9歳未満の小児が小児弱視等の治療を目的として眼鏡やコンタクトレンズを購入したときなどは、「療養費支給申請書（治療用装具）」に①付属している「治療用装具製作指示装着証明書」に医師から記入・証明を受けるか、医療機関等が発行した「医師の意見書（同意書・証明書）および装具装着証明書」、②弾性着衣等の場合は医療機関等が発行した「弾性着衣等装着指示書」、③靴型装具の場合は「装具の現物写真」、④小児弱視等の治療用眼鏡等の場合は医師の「眼鏡等作成指示書」（視力等の検査結果が明記されていない場合は視力等の検査結果のコピーも）、⑤装具や眼鏡等の名称、種類および内訳別の費用額、義肢装具士の氏名（押印でも可）が記載された「領収書の原本」を添付して提出します。

※ 海外旅行中や海外赴任中に急な病気やけがなどにより、やむを得ず現地の医療機関で診療等を受けたときは、「海外療養費支給申請書」に①診療内容明細書、②領収明細書、③領収書原本、④各添付書類の翻訳文（翻訳者が署名し、住所および電話番号を明記）、⑤海外渡航期間がわかる書類（パスポートのコピー等）、⑥海外での診療を担当した医療機関等に照会することの同意書を添付して提出します。

4 自己負担が高額になったとき

限度額を超えれば払いもどし（70歳未満）

　70歳未満の被保険者・被扶養者が、同一の医療機関に対して1カ月に窓口で支払った一部負担金・自己負担額が表の自己負担限度額（高額療養費算定基準額）を超えたときは、超えた分が申請により、高額療養費としてあとで支給されます。

　平成27年1月からの自己負担限度額は下表のとおり、被保険者を標準報酬月額等により5区分したうえで設定されています。

　なお、高齢受給者（70歳以上）の療養については、別に限度額が定められています（68頁参照）。

所得区分	自己負担限度額	多数該当
ア（標準報酬月額83万円以上）	252,600円＋（総医療費－842,000円）×1%	140,100円
イ（同53万～79万円）	167,400円＋（総医療費－558,000円）×1%	93,000円
ウ（同28万～50万円）	80,100円＋（総医療費－267,000円）×1%	44,400円
エ（同26万円以下）	57,600円	44,400円
オ（低所得者（市区町村民税の非課税者等））	35,400円	24,600円

※ 区分「ア」または「イ」に該当する場合、市区町村民税の非課税者等であっても、標準報酬月額での「ア」または「イ」に該当。
※ 低所得者とは、市区町村民税の非課税者・免除者、自己負担限度額の低い高額療養費の支給があれば生活保護の要保護者とならない人。

←------ 窓口で支払った額 ------→		
療養の給付（家族療養費）	高額療養費（払いもどし）	自己負担限度額
←------------ か か っ た 医 療 費 ------------→		

対象となる負担とならない負担

　窓口負担でも、高額療養費の計算の対象外のものがあり、これらを除いて自己負担限度額が計算されます。

高額療養費の対象となる負担	高額療養費の対象とならない負担
●療養の給付の一部負担金・家族療養費の自己負担額 ●保険外併用療養費・療養費の自己負担額（相当） ●訪問看護の基本利用料	●入院時食事療養費・生活療養費の標準負担額 ●保険外併用療養費の特別料金 ●訪問看護のその他利用料

認定によって窓口負担が限度額までに（70歳未満）

　あらかじめ保険者（協会けんぽ都道府県支部や健康保険組合）から認定を受けていれば、窓口での負担額そのものが、自己負担限度額までにとどめられます。これを高額療養費の現物給付といいます。

限度額適用の申請書を提出

　高額療養費の現物給付を受けるときは「限度額適用認定申請書」（低所得者以外）または「限度額適用・標準負担額減額認定申請書」（低所得者）を保険者に提出し、認定証の交付を受け、認定証を窓口に提示します。医療機関等でオンライン資格確認を行った場合には認定証の提示は不要です。

　なお、低所得者については、入院中の食事療養標準負担額（65歳以上の人が療養病床に入院したときは生活療養標準負担額）もあわせて減額されます。

21,000円以上の負担を合算（70歳未満）

　同一世帯（被保険者と被扶養者）で同一月に21,000円以上の自己負担（70歳未満）が複数あるときは、かかった医療費の合算額に応じた自己負担限度額を超えた分（上記の現物給付が行われた場合はその額を差し引いた額）が高額療養費として払いもどされます（世帯合算）。

21,000円以上 同一月・同一世帯	合算	標準報酬月額等の区分別に左表のとおり	高額療養費
		←---- 自己負担限度額 ----→	←-- 払いもどし --→

診療月ごとにレセプト単位で自己負担限度額を計算

　高額療養費の支給要件、支給額などは医療機関等から提出されたレセプト（診療報酬明細書等）1件ごとに、保険者が確認します。レセプトは、各人1カ月ごとに作成され、同一人でも医科・歯科別、入院・通院別などとなり、それぞれのレセプトごとに、支給要件をみます。

　なお、1カ月とは診療月ごとという意味です。たとえば7月19日から8月14日までの診療の場合、レセプトは2件（7月分と8月分）になります。

高額医療費貸付制度

　高額療養費を請求してから支給されるまでの自己負担分の支払いに充てるため、保険者が高額療養費支給見込額の80%相当額（100円未満切り捨て）を無利子で貸し付ける制度が設けられています。

　貸付を受けられるのは被保険者で、本人または被扶養者について高額療養費が支給される見込みの人です。申し込みは、「高額医療費貸付金貸付申込書」に必要な書類を添えて、協会けんぽ都道府県支部に提出して行います。健康保険組合の場合は、具体的な運用は組合規約で決められます。

高額長期疾病の場合（70歳未満・70歳以上とも）

次の高額長期疾病の患者については、高額療養費の自己負担限度額が10,000円に減額されるとともに、高額療養費分が現物給付されます。

❶人工腎臓を実施している慢性腎不全（70歳未満で標準報酬月額53万円以上の自己負担限度額は20,000円）
❷血漿分画製剤を投与している先天性血液凝固第Ⅷ因子障害または第Ⅸ因子障害
❸抗ウイルス剤を投与している後天性免疫不全症候群（HIV感染を含む一定の人）

※ この取り扱いを受けるときは、患者の申請により保険者から交付された「健康保険特定疾病療養受療証」を、被保険者証とともに医療機関で提示します。

同一世帯で12カ月間に3カ月以上該当したとき

医療を受けた月以前の12カ月間に、同一世帯ですでに3カ月以上高額療養費が支給されている場合は、自己負担限度額が4カ月目からは前頁表の所得区分「ア」140,100円、「イ」93,000円、「ウ」44,400円、「エ」44,400円、「オ」24,600円となり、この額を超えた分全額が支給されます（多数該当）。つまり、自己負担限度額が4カ月目から軽減された額になります。軽減は、保険者が確認したうえで行われます。

◇支給回数は保険者ごとに通算

支給回数は、転職などで管轄の協会けんぽ都道府県支部が変わった場合でも、協会けんぽの被保険者であれば通算されます。

しかし、健保組合から協会けんぽに移るなど保険者が変わった場合には、通算されません。

【70歳未満（標準報酬月額28万～50万円）の場合】

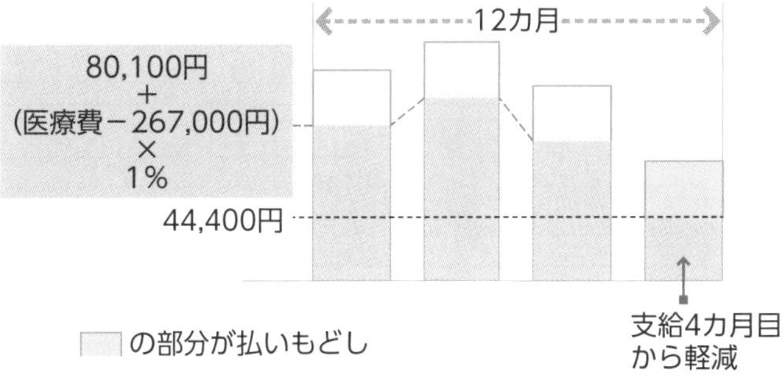

◇現物給付での多数該当

高額療養費を現物給付で受ける場合の多数該当については、医療機関等で、被保険者または被扶養者が多数該当にあてはまることが確認できた場合に限り、医療機関等の窓口での対応が可能となります。

医療機関等で確認できない場合は、被保険者が後日、高額療養費の支給申請を行うことで、多数該当の限度額との差額が、高額療養費として支給されます。

公費負担医療の場合（70歳未満・70歳以上とも）

結核などで保険優先の公費負担医療が行われる場合、自己負担限度額は所得区分にかかわらず、「標準報酬月額28万～50万円」（高齢受給者は「一般」）と同額で、高額療養費は原則として現物給付となります。さらに、公費負担後になお残る負担分については合算対象となりますが、70歳未満の場合は公費負担がないと仮定した場合の自己負担額が21,000円以上のものに限ります。

ただし、特定疾病給付対象療養（指定難病、児童福祉法による小児慢性特定疾病等）については、現物給付は所得区分に応じた自己負担限度額が適用されるとともに、多数該当の場合には、限度額の軽減が行われます。

高額介護合算療養費

医療での一部負担金等の額と介護保険の利用者負担額（それぞれ高額療養費・高額介護（予防）サービス費等を控除）を合算し、毎年8月から翌年7月までの12カ月間の合計額が下表の自己負担限度額を超えたとき、被保険者の申請により、超えた分が高額介護合算療養費・高額医療合算介護サービス費等として、それぞれ払いもどされます。

まず介護保険（市区町村）に申請して「自己負担額証明書」の交付を受けて、その証明書を添付して健康保険（7月31日段階で加入している医療保険）に支給申請を行います。

※ 協会けんぽでは、マイナンバーカードを利用することで、「自己負担額証明書」の添付を省略することができます。

【高額介護合算療養費・高額医療合算介護サービス費等の自己負担限度額】

所得区分			70歳未満	〈平成30年8月～〉高齢受給者
現役並み（高齢受給者）	標準報酬月額（70歳未満＊1）	83万円以上	2,120,000円	2,120,000円
		53万～79万円	1,410,000円	1,410,000円
		28万～50万円	670,000円	670,000円
一般（高齢受給者）		26万円以下	600,000円	560,000円
低所得Ⅱ			340,000円	310,000円
低所得Ⅰ				190,000円＊2

＊1 平成30年8月からは、高齢受給者も70歳未満と同様の所得区分。
＊2 介護サービス利用者が世帯内に複数いる場合は31万円。

健康保険 被保険者 被扶養者 世帯合算 **高額療養費** 支給申請書　1　2 ページ　㊙

※給付金のお支払いまで、診療月後3か月以上かかります。

医療機関に支払った1か月分の自己負担額が高額になり、自己負担額を超えた額の払い戻しを受ける場合にご使用ください。なお、記入方法および添付書類等については「記入の手引き」をご確認ください。

被保険者証

記号（左づめ）：3 2 1 2 3 4 5 6 5 6 0
番号（左づめ）：
生年月日：1.昭和 2.平成 3.令和 → 1　63 年 04 月 07 日

被保険者・申請者情報

① 氏名（カタカナ）：オニサ゛キ ナオト
姓と名の間は1マス空けてご記入ください。濁点（゛）、半濁点（゜）は1字としてご記入ください。

② 氏名：鬼崎 直人
※申請者はお勤めされている（いた）被保険者です。被保険者がお亡くなりになっている場合は、相続人よりご申請ください。

郵便番号（ハイフン除く）：1430012
電話番号（左づめハイフン除く）：03

住所：東京（都）道　大田区大森東○-○-○

③ 振込先指定口座

振込先指定口座は、上記申請者氏名と同じ名義の口座をご指定ください。

金融機関名称：○○ （銀行）金庫 信組 農協 漁協 その他（　）
支店名：○○ 本店 支店 代理店 出張所 本店営業部 本所 支所

預金種別：1 普通預金
口座番号（左づめ）：5634120

ゆうちょ銀行の口座へお振り込みを希望される場合は、支店名は3桁の漢数字を、口座番号は振込専用の口座番号（7桁）をご記入ください。
ゆうちょ銀行口座番号（記号・番号）ではお振込できません。

2ページ目に続きます。》》》

被保険者証の記号番号が不明の場合は、被保険者のマイナンバーをご記入ください。
（記入した場合は、本人確認書類等の添付が必要となります。）
④ ▶ ＿＿＿＿＿＿＿＿＿＿＿

社会保険労務士の
提出代行者名記入欄

― 以下は、協会使用欄のため、記入しないでください。 ―

MN確認（被保険者）：□ 1.記入有（添付あり） 2.記入有（添付なし） 3.記入無（添付あり）

添付書類｜所得証明 □ 1.添付 2.不備｜戸籍（法定代理）□ 1.添付｜口座証明 □ 1.添付

6 4 1 1 1 1 0 1　その他 □ 1.その他（理由：）　枚数 □□

受付日付印

◆ 全国健康保険協会 協会けんぽ

（2022.12）　（1/2）

右側説明：

1 家族（被扶養者）が受診した場合でも、被保険者の氏名（カタカナ）などの情報を記入してください。記号・番号は被保険者証に記載されています。

2 被保険者が亡くなられて、相続人の方が申請する場合は、申請者の氏名（カタカナ）を記入してください。住所・振込先指定口座も同様です。ただし、生年月日欄は被保険者の生年月日を記入してください。

3 被保険者（申請者情報）名義の口座情報を記入してください。ゆうちょ銀行の口座へ振込みを希望する場合は、従来の口座番号（記号・番号（13桁））ではなく、振込専用の店名（漢数字3文字）と口座番号を記入してください。

金融機関名称：ゆうちょ （銀行）金庫 信組 農協 漁協 その他（　）
支店名：二二八 本店 代理店 出張所 本店営業部 本所 支所
預金種別：1 普通預金
口座番号（左づめ）：1231567

4 被保険者のマイナンバーは、被保険者証の記号と番号が不明の場合のみ記入してください。マイナンバーを記入した場合は、本人確認書類貼付台紙に①身元確認書類（個人番号カード表面のコピー等）、②番号確認書類（個人番号カード裏面のコピー等）のいずれも貼付して、申請書に添付する必要があります。

※ 療養費払いにかかる高額療養費の支給申請については、その療養費にかかる支給申請と併せて行います。なお、健康保険が適用された柔道整復師、あんまマッサージ指圧師、はり師、きゅう師の施術で支払った自己負担相当額も高額療養費による払戻しの対象に該当します。

※ 被保険者が亡くなられ、相続人が請求する場合、被保険者との続柄がわかる「戸籍謄本」等を添付します。

※ 入院時食事療養・生活療養の標準負担額、特別室や歯科材料などの特別料金（差額）は対象外です。

高額療養費支給申請書（2）

健康保険　被保険者 被扶養者 世帯合算　**高額療養費** 支給申請書
※給付金のお支払いまで、診療月後3か月以上かかります。

1　2 ページ

被保険者氏名　**鬼崎 直人**

医療機関等から協会へ請求のあった診療報酬明細書（レセプト）により確認できた、本申請の支給（合算）対象となる診療等の自己負担額を全て合算して、支給額を算出します。

① 診療年月　令和 06 年 07 月 →　高額療養費は月単位でご申請ください。左記年月に診療を受けたものについて、下記項目をご記入ください。

申請内容			
② 受診者氏名	鬼崎 直人	鬼崎 祥子	鬼崎 祥子
② 受診者生年月日	1 昭和/2平成/3令和　63.04.07	1 昭和/2平成/3令和　60.04.16	1 昭和/2平成/3令和　60.04.16
医療機関（薬局）の名称	大森田総合病院	大森田前整形外科	大森田薬局
医療機関（薬局）の所在地	東京都大田区大森中○-○-○	東京都大田区大森中○-○-○	東京都大田区大森中○-○-○
③ 病気・ケガの別	1 病気/2ケガ	2 病気/ケガ	2 病気/ケガ
療養を受けた期間	16日から26日	07日から16日	07日から16日
④ 支払額（右づめ）	187600 円	22300 円	3800 円

「①診療年月」以前1年間に、高額療養費に該当する月が3か月以上ある場合、「①診療年月」以外の直近3か月分の診療年月をご記入ください。

⑤ 診療年月　1 令和 05.09 月　2 令和 05.11 月　3 令和 06.02 月

⑥ 非課税等　☑　被保険者が非課税である等、自己負担限度額の所得区分が「低所得」となる場合（記入の手引き参照）には、左記に☑を入れてください。

「⑥非課税等」に☑された方は、高額療養費算出のため、マイナンバーを利用した情報照会を行いますので、以下に当てはまる郵便番号をご記入ください。
診療月が1月～7月の場合：前年1月1日時点の被保険者の住民票住所の郵便番号
診療月が8月～12月の場合：本年1月1日時点の被保険者の住民票住所の郵便番号
詳しくは「記入の手引き」をご確認ください。

⑨ 被保険者郵便番号（ハイフン除く）　1430012

⑩ 希望しない　□　マイナンバーを利用した情報照会を希望しない場合は、左記に☑を入れてください。希望しない場合には、非課税証明書等の必要な証明書類を添付してください。

6 4 1 2 1 1 0 1

全国健康保険協会　協会けんぽ　2/2

右側の説明：

1 高額療養費の申請について、月（1日から末日）を単位に記入してください。月をまたいだり、複数月を記入しての申請はできません。

2 受診者ごとに、医療機関、薬局、病気・けがの別に分けて記入してください。

3 傷病名が負傷（ねんざ、打撲、骨折、擦傷、打ち身など）の場合は「負傷原因届」（→82頁）をあわせて提出してください。第三者による傷病の場合は「第三者行為による傷病届」（→81頁）を添付します。

4 医療機関等で支払った額のうち保険診療分の金額（差額ベッド代などの保険外負担額や入院時の食事療養標準負担額などを除いた額）を記入してください。

5 今回申請の診療月以前1年間に、高額療養費に該当する月が3カ月以上ある場合、直近の3カ月分の診療月を記入してください。

6 被保険者が非課税等となる場合、☑を入れたうえで、マイナンバーを利用した情報照会を行うために郵便番号を記入してください（マイナンバーを利用した情報照会を希望しない場合は記入不要）。

所得に関する添付書類

(1) 低所得者・低所得者Ⅱ ⇒被保険者の（非）課税証明書（マイナンバーを利用した情報照会を希望しない場合のみ提出が必要）

(2) 低所得者Ⅰ ⇒被保険者および被扶養者全員の（非）課税証明書（マイナンバーを利用した情報照会を希望しない場合のみ提出が必要）

(3) 「限度額適用・標準負担額減額認定」の適用を受けることにより生活保護を必要としなくなる人 ⇒「限度額適用・標準負担額認定該当」と記載された「保護却下通知書」もしくは「保護廃止決定通知書」

限度額適用認定申請書

健康保険 限度額適用認定 申請書 ㊂

入院等で医療費が自己負担限度額を超えそうな場合にご使用ください。なお、記入方法および添付書類等については「記入の手引き」をご確認ください。

被保険者情報

1 被保険者証
記号 (左づめ) 4 5 2 3 0 1　番号 (左づめ) 8 9 6 2 3　生年月日 2（1.昭和 2.平成 3.令和）0 8 年 0 5 月 2 4 日

2 氏名 (カタカナ) イ マ イ　コ ウ ス ケ
姓と名の間は1マス空けてご記入ください。濁点(゛)、半濁点(゜)は1字としてご記入ください。

氏名 今井　亘佑

郵便番号 (ハイフン除く) 2 0 5 0 0 0 1　**電話番号 (左づめハイフン除く)** 0 4 2 ○○○○○○○

住所 東京 ㊞都道府県　羽村市小作台○-○-○

認定対象者欄

3 氏名 (カタカナ) イ マ イ　シ ゛ ュ ン コ
姓と名の間は1マス空けてご記入ください。濁点(゛)、半濁点(゜)は1字としてご記入ください。

生年月日 2（1.昭和 2.平成 3.令和）0 8 年 0 4 月 0 5 日

送付希望先欄

上記被保険者情報に記入した住所と別の住所に送付を希望する場合にご記入ください。

郵便番号 (ハイフン除く) 1 8 8 0 0 1 1　**電話番号 (左づめハイフン除く)** 0 4 2 ○○○○○○○

4 住所 東京 ㊞都道府県　西東京市田無町○-○-○

宛名 ㈱ライアン土木工業　○○○○

申請代行者欄

被保険者以外の方が申請する場合にご記入ください。

5 氏名 ＿＿＿＿　**被保険者との関係** ＿＿＿＿

電話番号 (左づめハイフン除く) ＿＿＿＿　**申請代行の理由** □ 1.被保険者本人が入院中で外出できないため　□ 2.その他

備考 ＿＿＿＿

被保険者証の記号番号が不明の場合は、被保険者のマイナンバーをご記入ください。
(記入した場合は、本人確認書類等の添付が必要となります。)
6 ▶ ＿＿＿＿

社会保険労務士の
提出代行者名記入欄 ＿＿＿＿

――― 以下は、協会使用欄のため、記入しないでください。 ―――

MN確認 (被保険者) □ 1.記入有 (添付あり) 2.記入有 (添付なし) 3.記入無 (添付あり)
同時申請 □ 1.資格取得　□ 1.被扶養者異動届　□ 1.被保険者変更訂正
その他 □ （理由） 1.その他 2.処理票
枚数 □□

2 3 0 1 1 1 0 1

受付日付印

(2022.12)

Ⓨ 全国健康保険協会
協会けんぽ

(1／1)

※ 被保険者が低所得者に該当する場合は「限度額適用認定申請書」では申請できません。「限度額適用・標準負担額減額認定申請書」を提出してください。

※ 限度額適用認定証の有効期間は、申請書を受け付けた日の属する月の1日（資格を取得した月の場合は資格取得日）から1年間となります。

※ 申請書受付月より前の月の限度額適用認定証の交付はできません。日程に余裕をもって提出してください。

---

1 記号・番号は被保険者証に記載されています。

2 被保険者の氏名を記入してください。機械（OCR）処理をしますので、必ず氏名（カタカナ）も記入してください。

3 療養する方の氏名（カタカナ）、生年月日を記入してください。

4 入院され自宅で認定証の受け取りができない場合などに、その送付先を記入してください。なお、記入の不備等により書類をお返しする場合もこの送付先にお送りしますので、十分注意してください。

5 被保険者以外の方が申請する場合に記入してください。なお、申請を代行された場合でも、認定証は上の欄に記入された送付先にお送りしますので、十分注意してください。

6 被保険者のマイナンバー記載欄は、被保険者証の記号・番号が不明の場合のみ記入してください。なお、マイナンバーを記入した場合は、本人確認書類貼付台紙に①身元確認書類（個人番号カード表面のコピー等）、②番号確認書類（個人番号カード裏面のコピー等）のいずれも貼付して、申請書に添付する必要があります。

※ 交付される限度額適用認定証または限度額適用・標準負担額減額認定証を医療機関の窓口に提出します。提出できない場合は、高額療養費の現物給付の対象となりませんので、あとで高額療養費の支給申請を行います。

限度額適用・標準負担額減額認定申請書

健康保険 **限度額適用・標準負担額減額認定** 申請書 **1** **2** ページ 市区町村民税非課税などの低所得者用 **(減)**

低所得（住民税非課税等）に該当される方が、入院等で医療費が自己負担限度額を超えそうな場合にご使用ください。なお、記入方法および添付書類等については、「記入の手引き」をご確認ください。

被保険者情報 **1**

被保険者証	記号（左づめ）	番号（左づめ）	生年月日
	7 6 9 8 1 0 3 2	9 4 6	1.昭和 2.平成 3.令和 **2** 1 2 . 0 4 . 2 6

氏名（カタカナ）	イ イ ハ ラ　タ カ ヒ ロ

姓と名の間は1マス空けてご記入ください。濁点（ ゛）、半濁点（ ゜）は1字としてご記入ください。

氏名	飯原　隆博

郵便番号（ハイフン除く）	1 9 2 0 0 1 7	電話番号（左づめハイフン除く）	0 4 2 × × × × × × ×

住所	東京 都道府県 八王子市中野上町○－○－○

認定対象者欄 **2**

氏名（カタカナ）	イ イ ハ ラ　イ ス ミ

姓と名の間は1マス空けてご記入ください。濁点（ ゛）、半濁点（ ゜）は1字としてご記入ください。

生年月日	1.昭和 2.平成 3.令和 **2** 1 2 . 0 7 . 2 6 日

認定対象者は、長期入院されましたか。 **1** 1.はい ➡「1.はい」の場合、2ページ「長期入院」欄に申請を行った月以前1年間の入院期間をご記入いただき、証明書類を添付してください（詳細は「記入の手引き」をご確認ください）。 2.いいえ
※長期入院とは、申請を行った月以前1年間で、90日を超え入院されていることです。ただし、保険者に低所得者として認められた期間に係る入院に限ります。

送付希望先欄 **3**

上記被保険者情報に記入した住所と別の住所に送付を希望する場合にご記入ください。

住所	〒 1 9 2 0 0 8 1 東京 都道府県 八王子市横山町○－○－○
宛名	㈱吉井沢建設　○○○○	電話番号（左づめハイフン除く） 0 4 2 × × × × × × ×

申請代行者欄 **4**

被保険者以外の方が申請する場合にご記入ください。

氏名		被保険者との関係	
電話番号（左づめハイフン除く）		申請代行の理由	1.被保険者本人が入院中や外出できないため 2.その他

情報照会　被保険者の課税情報等の確認のため、マイナンバーを利用した情報照会を行いますので、以下に当てはまる郵便番号をご記入ください。詳しくは「記入の手引き」をご確認ください。【提出月が1月～7月の場合は前年1月1日時点の住民票所在地の郵便番号】【提出月が8月～12月の場合は本年1月1日時点の住民票所在地の郵便番号】

被保険者郵便番号	1 9 2 0 0 1 7	希望しない	マイナンバーを利用した情報照会を希望する場合は、☑を入れてください。 希望しない場合は、必要な証明書類を添付してください。

備考	

被保険者証の記号番号が不明の場合は、被保険者のマイナンバーをご記入ください。（記入した場合は、本人確認書類等の添付が必要となります。） **5** ▶ _____

1ページ目の認定対象者欄「認定対象者は、長期入院されましたか。」の質問に対し、「1.はい」と回答された方のみご記入ください。

被保険者氏名	飯原　隆博

6

申請月以前1年間の入院日数合計	9 3 日間

※申請を行った月以前1年間の入院期間をご記入いただき、証明書類を添付してください。ただし、保険者に低所得者として認められた期間に係る入院に限ります。

①	申請を行った月以前1年間の入院期間（日数）	令和 0 5 . 0 8 . 0 1 から 令和 0 5 . 0 9 . 0 1 3 2 日間
	入院した医療機関等 名称	吉誠病院
	所在地	東京都八王子市館町○－○－○

	申請を行った月以前1年間の入院期間（日数）	令和 0 5 . 1 1 . 0 1 から 令和 0 5 . 1 2 . 3 1 6 1 日間
	名称	

⑤	申請を行った月以前1年間の入院期間（日数）	令和 . . から 令和 . . 日間
	入院した医療機関等 名称	
	所在地	

添付書類

(1)低所得の適用により生活保護を必要としない人 ⇒「限度額適用・標準負担額減額認定該当」と記載された「保護申請却下通知書」または「保護廃止決定通知書」

(2)長期入院に該当する人 ⇒入院期間が記載されている領収書など入院期間を証明する書類

右側の説明：

1 66頁の記入の方法 **1** **2** を参照してください。

2 申請する人が長期入院した場合は、申請書の2ページ目を必ず記入してください。

3 入院され自宅で認定証の受け取りができない場合などに、その送付先を記入してください。なお、記入の不備等により書類をお返しする場合もこの送付先にお送りしますので、十分注意してください。

4 被保険者以外の方が申請する場合に記入してください。なお、申請を代行された場合でも、認定証は上の欄に記入された送付先にお送りしますので、十分注意してください。

5 被保険者のマイナンバー記載欄は、被保険者証の記号・番号が不明の場合のみ記入してください。マイナンバーを記入した場合は、本人確認書類貼付台紙に①身元確認書類（個人番号カード表面のコピー等）、②番号確認書類（個人番号カード裏面のコピー等）のいずれも添付して、申請書に添付する必要があります。

※ 認定証の有効期間は、申請月の初日（健康保険加入月に申請された場合は資格取得日）から初めて到来する7月末日となります。

6 申請書の1ページ目の認定対象者欄「認定対象者は、長期入院されましたか」の質問に対し、「1.はい」と回答された方のみ記入してください。

※ 市区町村民税が非課税の方は、被保険者の（非）課税証明書を添付してください（マイナンバーを利用した情報照会を希望する場合は不要）。
　また、被保険者および被扶養者すべてが、収入から必要経費・控除額を引いた後の所得がない方は、被保険者および被扶養者の（非）課税証明書を添付してください（マイナンバーを利用した情報照会を希望する場合は不要）。

※ 限度額適用・標準負担額減額認定申請書による認定対象者は、低所得者（70歳未満）、低所得者Ⅱ・Ⅰ（70歳以上）に該当する方となります。70歳未満で低所得以外の方、70歳以上で区分イ・ウの方は、限度額適用認定申請書（→66頁）を提出します。

高齢受給者（がいる世帯）の高額療養費

70歳以上の高齢受給者については、所得区分が6段階に設定されたしくみで高額療養費が支給されます。低所得者以外の所得区分は、現役並みⅢ：標準報酬月額83万円以上、現役並みⅡ：同53万円〜79万円、現役並みⅠ：同28万円〜50万円、一般：同26万円以下（低所得Ⅱ・Ⅰを除く）の4段階となっています[*1]。低所得者は以下の2段階です。

[*1] 現役並みⅢ・Ⅱ・Ⅰについては高齢受給者証の負担割合が3割の人。

低所得	Ⅱ	次に該当する被保険者とその被扶養者 ①市区町村民税非課税者および免除者 ②自己負担限度額（および標準負担額）減額により生活保護を要しない人
	Ⅰ	(1)所得が一定基準以下[*2]（被保険者・被扶養者） (2)低所得Ⅰの適用（減額）で生活保護を要しない人

[*2] 市（区）町村民税の総所得金額等にかかる各種所得（必要経費・法定控除を控除）がない。

■外来で個人単位・定額の負担限度額

外来の自己負担額が、1カ月に個人単位で限度額を超えた場合、超えた額が高額療養費として支給されます。

自己負担額は、同一月・個人単位で、医療機関や金額を問わずすべてを合算します。訪問看護の基本利用料、療養費の自己負担相当額も合算の対象です。

←------ 個人単位での1カ月の外来負担額の合計 ------→

イ病院の **外来負担額**	**ロ病院の** **外来負担額**	**ハ診療所の** **外来負担額**

←--- 外来の自己負担限度額（右表A）---→ ← 高額療養費
（払いもどし）→

■同一世帯のすべての自己負担額を合算

同一世帯の70歳以上の自己負担額（外来分は上記個人単位の限度額適用後に残る自己負担額、下記現物給付が行われた場合は残る自己負担額）を、金額を問わず合算し、超えた分が高額療養費として支給されます。

←------ 同一世帯での70歳以上の全負担額の合計 ------→

外来の限度額適用後 に残る負担額		その他の負担額
夫の **外来負担①**	**夫の** **外来負担②**	**妻の入院負担**

←------ 右表Bの限度額 ------→ ← 高額療養費
（払いもどし）→

■高額療養費の現物給付

入院の自己負担額が同一医療機関・同一月で右表B：世帯単位（入院を含む）の限度額を超える場合、外来の自己負担額が同一医療機関等・同一月で右表A：外来（個人ごと）の限度額を超える場合は、超える分が高額療養費として現物給付されます。

※ 高額療養費の現物給付を受ける場合には、申請により交付された認定証（現役並みⅡ・Ⅰに該当する人は「限度額適

用認定証」、低所得Ⅱ・Ⅰに該当する人は「限度額適用・標準負担額減額認定証」）を提示します。現役並みⅢ・一般に該当する人は、高齢受給者証で所得区分が明らかになりますので、認定証の申請・交付は不要です。また、医療機関等でオンライン資格確認を行った場合には、どの所得区分でも、認定証の申請・交付は不要です。

←---- 個人単位・同一医療機関等での1カ月の負担額 ----→

70歳以上の自己負担限度額	（支払い不要）

←--- 表Aまたは表Bの限度額 ---→ 高額療養費
（現物給付）

■70歳以上と70歳未満がいる世帯の場合

同一月に70歳以上と70歳未満それぞれの負担がある場合には、世帯合算を行うことができます（表Cの限度額）。対象となる負担額（合算対象基準額）は、70歳以上ではすべての負担額、70歳未満では21,000円（1人・1カ月・一医療機関あたり）以上の負担額です。

所得区分	70歳以上 （高齢受給者）		C：世帯全体 （70歳未満と70歳以上がいる）	
	A：外来 （個人ごと）	B：世帯単位 （入院を含む）		
現役並みⅢ	252,600円＋（医療費−842,000円）×1% 〔多数該当 140,100円〕		区分ア	252,600円＋（医療費−842,000円）×1% 〔多数該当 140,100円〕
現役並みⅡ	167,400円＋（医療費−558,000円）×1% 〔多数該当 93,000円〕		区分イ	167,400円＋（医療費−558,000円）×1% 〔多数該当 93,000円〕
現役並みⅠ	80,100円＋（医療費−267,000円）×1% 〔多数該当 44,400円〕		区分ウ	80,100円＋（医療費−267,000円）×1% 〔多数該当 44,400円〕
一般	18,000円 〔年間上限 144,000円〕	57,600円 〔多数該当 44,400円〕	区分エ	57,600円 〔多数該当 44,400円〕
低所得 Ⅱ	8,000円	24,600円	低所得者	35,400円 〔多数該当 24,600円〕
低所得 Ⅰ		15,000円		

(1) 世帯全体で合算した自己負担額に対して、限度額（C）が適用されます。世帯全体の限度額は、限度額（B）を適用した後に、なお残る自己負担額について適用されます。

(2) 多数該当（63頁参照）の月数算定にあたっては、限度額（A）の適用により支給を受けた月数は算入しません。

(3) 月の途中（2日〜末日）に健康保険の被保険者または被扶養者が後期高齢者医療の被保険者になった場合は、その月に受けた療養については、健康保険・後期高齢者医療の自己負担限度額を2分の1として、それぞれ高額療養費の支給要件に該当するかどうかをみることになります。また、健康保険の被保険者が後期高齢者医療の被保険者になったことにより被扶養者でなくなった人についても、同様に扱われます（合算対象基準額も2分の1になります）。

※ 前年8月〜当年7月の年間上限は、個人の外来、次に世帯合算を計算した後、なお残る個人の外来負担額を合算して計算します。

5 療養のため給料が出ないとき

傷病手当金を受けられる4つの条件

被保険者（任意継続被保険者を除く）が次の4条件を満たしたときは傷病手当金が支給されます。

❶ 病気・けがで療養中であること―自宅療養や、自費で診療を受けていてもかまいません。健康保険で診療を受けられない美容整形などでは支給されません。

❷ 仕事につけないこと（労務不能）―今までやっていた仕事につけない場合をいいます。今までより軽い仕事についたり、医師の指示で半日出勤し今までと同じ仕事をするような場合は、労務不能とは認められません。

❸ 4日以上仕事を休むこと―療養のため仕事を休んだ日が連続して3日間（待期）あったうえで、4日以上休んだ場合に、4日目から支給が開始されます。

❹ 給料を受けられないこと―給料を受けていても傷病手当金の額より少ないときは、差額が支給されます。

支給開始日から1年6カ月以内

傷病手当金の額は、1日につき直近12カ月の標準報酬月額の平均額（被保険者期間が1年未満の場合は、被保険者期間の標準報酬月額の平均額かその保険者の前年度9月30日の全被保険者の標準報酬月額の平均額のいずれか低い額）の30分の1の3分の2です。

支給開始日から1年6カ月以内の期間支給されます。なお、令和4年1月からは、出勤にともない不支給となった場合も、その分を延長して支給を受けられるよう、支給期間の通算化が行われています（令和2年7月2日以後に支給が開始された傷病手当金が通算化の対象）。

【支給金額（1日あたり）】

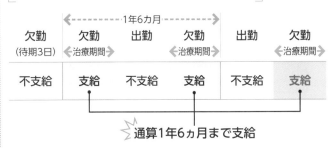

なお、傷病手当金を受けられる期間（1年6カ月）が残っていても、①厚生年金保険の障害厚生年金か障害手当金や、②退職後、老齢厚生年金等を受けられるようになると、傷病手当金はうち切られます。ただし、障害厚生年金（同時に障害基礎年金を受けられるときはその合算額）や老齢厚生年金等の額が傷病手当金の額より少ないときは差額が支給されるなどの調整が行われます。

また、傷病手当金と出産手当金が同時に受けられる場合は出産手当金の方を受けますが、傷病手当金の額が出産手当金の額より多ければ差額が支給されます。

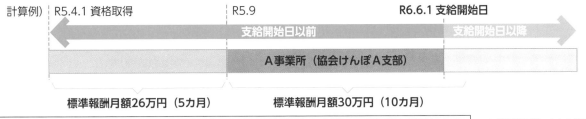

支給開始日以前の12カ月（R5.7～R6.6）の各月の標準報酬月額を合算して平均額を算出します。

$$(26万円 \times 2カ月 + 30万円 \times 10カ月) \div 12カ月 \div 30日 \times \frac{2}{3} = 6,520円$$ 支給日額

※1「30日」で割ったところで1の位を四捨五入します。
※2「2／3」で計算した金額に小数点があれば小数点第1位を四捨五入します。

転職や受給中の場合などの取り扱い

(1) 平均の標準報酬月額の計算方法について、たとえば休業する6カ月前に転職した場合は、転職前も協会けんぽに加入しており、離職していた期間が原則1カ月以内であれば転職前後の標準報酬月額を通算して計算します。

(2) 月途中で退職・再就職した場合は、その月は今の会社の標準報酬月額を使用しますが、その月から支給を開始する場合は支給開始日が前の会社の在籍期間にある場合は前の会社の標準報酬月額を使用します。

(3) 傷病手当金を受給していて、その後標準報酬月額が変更になっても支給金額に変更はありませんが、支給を始めた日以前の支給金額の計算に使用した標準報酬月額が変更になった場合はこの限りではありません。

(4) 退職日の翌日が支給開始日となった場合の平均の標準報酬月額は、退職日の月の標準報酬月額と、それ以前の標準報酬月額を使用して計算します。

(5) 傷病手当金を受給中に別の傷病が発生した場合、各支給開始日により計算し、金額の高い方が支給されます。

傷病手当金支給申請書（1）

健康保険 傷病手当金 支給申請書

1 2 3 4 ページ
被保険者記入用 傷

被保険者が病気やケガのため仕事に就くことができず、給与が受けられない場合の生活保障として、給付金を受ける場合にご使用ください。
なお、記入方法および添付書類等については「記入の手引き」をご確認ください。

1 被保険者証

記号（左づめ）	番号（左づめ）	生年月日
2 8 9 0 3 1 5 7	8 0 8	1.昭和 2.平成 3.令和 **1** 5 2 年 0 8 月 0 3 日

2 被保険者・申請者情報

氏名（カタカナ）
イ ナ ハ ゛ マ コ ト

姓と名の間は1マス空けてご記入ください。濁点（゛）、半濁点（゜）は1字としてご記入ください。

氏名
稲葉 誠

※申請者はお勤めされている（いた）被保険者です。
被保険者がお亡くなりになっている場合は、
相続人よりご申請ください。

郵便番号（ハイフン除く）
2 0 1 0 0 0 1

電話番号（左づめハイフン除く）
0 3 × × × × × × ×

住所
東京 ㊞都道府県 狛江市西野川○－○－○

3 振込先指定口座

振込先指定口座は、上記申請者氏名と同じ名義の口座をご指定ください。

金融機関名称	○○	銀行 金庫 信組 農協 漁協 その他（　）	支店名	△△	本店 （支店） 代理店 出張所 本店営業部 本所 支所
預金種別	1	普通預金	口座番号（左づめ）		2 6 9 5 3 5 0

ゆうちょ銀行の口座へお振り込みを希望される場合、支店名は3桁の漢数字を、口座番号は振込専用の口座番号（7桁）をご記入ください。
ゆうちょ銀行口座番号（記号・番号）ではお振込できません。

2ページ目に続きます。 ≫≫

被保険者証の記号番号が不明の場合は、被保険者のマイナンバーをご記入ください。
（記入した場合は、本人確認書類等の添付が必要となります。）

4 ▶ _____

社会保険労務士の 提出代行者名記入欄	

── 以下は、協会使用欄のため、記入しないでください。 ──

MN確認（被保険者）	□	1. 記入有（添付あり） 2. 記入有（添付なし） 3. 記入無（添付あり）

添付書類	職歴	□ 1.添付 2.不備	年金	□ 1.添付 2.不備	労災	□ 1.添付 2.不備
	戸籍（法定代理）	□ 1.添付	口座証明	□ 1.添付		

6 0 1 1 1 1 0 1	その他	□ 1.その他	（理由）	枚数	□ □

受付日付印
(2023.3)

全国健康保険協会
協会けんぽ

1 / 4

説明欄

1 記号・番号は被保険者証に記載されています。

※ 退職後の申請の場合は、在職時の記号番号を記入してください。

2 被保険者が亡くなられて、相続人の方が申請する場合は、申請者の氏名（カタカナ）を記入してください。住所・振込先指定口座も同様です。ただし、生年月日欄は被保険者の生年月日を記入してください。

3 被保険者（申請者情報）名義の口座情報を記入してください。ゆうちょ銀行の口座へ振込みを希望する場合は、従来の口座番号（記号・番号（13桁））ではなく、振込専用の店名（漢数字3文字)と口座番号を記入してください。

金融機関名称	ゆうちょ	銀行 金庫 農協 その他	支店名	二三八	本店 （支店） 代理店 出張所 本店営業部 本所 支所
預金種別	1 普通預金		口座番号（左づめ）	1 2 3 4 5 6 7	

4 被保険者のマイナンバーは、被保険者証の記号と番号が不明の場合のみ記入してください。マイナンバーを記入した場合は、本人確認書類貼付台紙に①身元確認書類（個人番号カード表面のコピー等）、②番号確認書類（個人番号カード裏面のコピー等）のいずれも貼付して、申請書に添付する必要があります。

傷病手当金支給申請書（2）

健康保険 傷病手当金 支給申請書

1 2 3 4 ページ

被保険者記入用

| 被保険者氏名 | 稲葉 誠 |

1 ① 申請期間（療養のために休んだ期間）
令和 `06` 年 `11` 月 `14` 日 から
令和 `06` 年 `12` 月 `31` 日 まで

2 ② 被保険者の仕事の内容（退職後の申請の場合は、退職前の仕事の内容）
経理担当事務

申請内容

③ 傷病名 **3** ☑ 療養担当者記入欄（4ページ目）に記入されている傷病による申請である場合は、左記に☑を入れてください。別傷病による申請を行う場合は、別途その傷病に対する療養担当者の証明を受けてください。

④ 発病・負傷年月日 **2** 1.平成 `06` 年 `11` 月 `13` 日 2.令和

⑤ ⑤-1 傷病の原因 **1** 1. 仕事中以外（業務外）での傷病　2. 仕事中（業務上）での傷病　3. 通勤途中での傷病 } ➡ ⑤-2へ

⑤-2 労働災害、通勤災害の認定を受けていますか。 ☐ 1.はい　2.請求中（　　　労働基準監督署）　3.未請求 ➡

⑥ 傷病の原因は第三者の行為（交通事故やケンカ等）によるものですか。 **2** 1.はい　2.いいえ 「1.はい」の場合は、別途「第三者行為による傷病届」をご提出ください。

確認事項

①報酬 ①-1 申請期間（療養のために休んだ期間）に報酬を受けましたか。 **1** 1.はい ➡ ①-2へ　2.いいえ

①-2 ①-1を「はい」と答えた場合、受けた報酬は事業主証明欄に記入されている内容のとおりですか。 **1** 1.はい　2.いいえ ➡ 事業主へご確認のうえ、正しい証明を受けてください。

②年金受給 ②-1 障害年金、障害手当金について　今回傷病手当金を申請するものと同一の傷病で「障害厚生年金」または「障害手当金」を受給していますか。（同一の傷病で障害年金等を受給している場合は、傷病手当金の額を調整します） **2** 1.はい ➡ ②-3へ　2.いいえ 「1.はい」の場合 ➡

②-2 老齢年金等について　※退職等による健康保険資格の喪失後の期間について、傷病手当金を申請する場合に記入してください　老齢または退職を事由とする公的年金を受給していますか。（公的年金を受給している場合は、傷病手当金の額を調整します） **2** 1.はい ➡ ②-3へ　2.いいえ 「1.はい」の場合 ➡

②-3 ②-1または②-2を「はい」と答えた場合のみ、ご記入ください。
基礎年金番号 `☐☐☐☐` - `☐☐☐☐☐☐`
年金コード `☐☐☐☐`
支給開始年月日 1.平成 2.令和 `☐` 年 `☐☐` 月 `☐☐` 日
年金額 `☐☐☐☐☐☐☐` 円（右づめ）

③労災補償 ③ 今回の傷病手当金を申請する期間において、別傷病により、労災保険から休業補償給付を受給していますか。 **3** 1.はい　2.請求中（　　　労働基準監督署）　3.いいえ 「1.はい」の場合 ➡ 「2.請求中」の場合 ➡

「健康保険傷病手当金支給申請書記入の手引き」をご確認ください。

「事業主記入用」は3ページ目に続きます。»»

`6 0 1 2 1 1 0 1`

🅨 全国健康保険協会
協会けんぽ

(2/4)

---

1 傷病のため労務に服することができなかった期間を記入してください。

2 仕事の内容は、事務員などではなく、「経理担当事務」「自動車組立」「プログラマー」など具体的に記入してください。なお、退職後の申請の場合には、在職時の仕事の内容を記入してください。

3 申請の傷病名が療養担当者記入欄（4ページ目）に記入されている傷病名と同じ場合には、☑してください。相違する場合には、その傷病に対する療養担当者の証明を受けてください。

添付書類

(1)支給開始日以前の12カ月以内で事業所に変更があった場合 ⇒以前の各事業所の名称、所在地および各事業所に使用されていた期間がわかる書類

(2)障害厚生年金を受けている人 ⇒①年金証書またはこれに準ずる書類のコピー、②年金の直近の額を証明する書類（年金額改定通知書等）のコピー

(3)障害手当金の給付を受けている人 ⇒障害手当金の支給を証明する書類のコピー

(4)老齢退職年金を受けている人 ⇒①年金証書またはこれに準ずる書類のコピー、②年金の直近の額を証明する書類（年金額改定通知書等）のコピー

(5)労災の休業補償給付を受けている人 ⇒休業補償給付支給決定通知書のコピー

(6)第三者による傷病の場合 ⇒第三者行為による傷病届をあわせて提出

(7)被保険者が亡くなられ、相続人の方が請求する場合 ⇒被保険者との続柄がわかる「戸籍謄本」等

※証明書等が外国語で記載されている場合 ⇒翻訳文（翻訳文には、翻訳者が署名し、住所および電話番号を明記）

傷病手当金支給申請書（3）

健康保険 傷病手当金 支給申請書　1 2 **3** 4 ページ　事業主記入用

労務に服することができなかった期間（申請期間）の勤務状況および賃金支払い状況等をご記入ください。

| 被保険者氏名（カタカナ） | イナハ゛ マコト |

姓と名の間は1マス空けてご記入ください。濁点（゛）、半濁点（゜）は1字としてご記入ください。

勤務状況　2ページの申請期間のうち、出勤した日付を【○】で囲んでください。「年」「月」は出勤の有無に関わらずご記入ください。

1

令和	06 年	11 月	1 2 3 4 5 6 7 8 9 10 11 12 13 14 15 16 17 18 19 20 21 22 23 24 25 26 27 28 29 30 31
令和	06 年	12 月	1 2 3 4 5 6 7 8 9 10 11 12 13 14 15 16 17 18 19 20 21 22 23 24 25 26 ㉗ ㉘ 29 30 31
令和	年	月	1 2 3 4 5 6 7 8 9 10 11 12 13 14 15 16 17 18 19 20 21 22 23 24 25 26 27 28 29 30 31

2ページの申請期間のうち、出勤していない日【上記【○】で囲んだ日以外の日】に対して、報酬等（※）を支給した日がある場合は、支給した日と金額をご記入ください。
※有給休暇の場合の賃金、出勤等の有無に関わらず支給している手当（扶養手当・住宅手当等）、食事・住居等で支給しているもの等

2　事業主が証明するところ

	令	年	月	日	から	年	月	日	まで	円
例	05	02	01	から	05	02	28		3 0 0 0 0 0
①	06	10	01	から	07	03	31		9 0 0 0 0
②	06	11	01	から	06	11	30		1 0 0 0 0
③	06	11	14	から	06	11	14		4 0 0 0
④	06	12	26	から	06	12	26		8 0 0 0
⑤	06	12	29	から	06	12	30		1 6 0 0 0
⑥				から					
⑦				から					
⑧				から					
⑨				から					
⑩				から					

上記のとおり相違ないことを証明します。

事業所所在地　東京都千代田区内神田○－○－○
事業所名称　（株）建山貿易
事業主氏名　建山 善則
電話番号　03－××××－××××

3 令和 07 年 01 月 10 日

〈被保険者の方へ〉
お勤め先の事業所に証明を受けてください。資格喪失日以降の期間に関する申請については、空欄で提出してください。

〈事業主の方へ〉
1 勤務状況について、出勤した日付を「○」で表示してください。なお、出勤した日付は、所定労働時間の一部労務に服した日も含みます。

※ 有給休暇や公休日の記入は不要です。有給休暇は下段の①〜⑩に支給日と金額を記入してください。

2 ・出勤していない日に対して、報酬等を支給した日がある場合は、支給した日と金額を記入してください。
・出勤していない日に対して支給した報酬等は、有給休暇の賃金、出勤等の有無にかかわらず支給している手当（通勤手当・扶養手当・住宅手当等）、食事・住居等の現物支給しているものが該当します。
・残業手当等の出勤した日に対して支給した報酬や、見舞金等の一時的に支給したものの記入は不要です。

※ 通勤手当等の報酬で、一定期間分を一括して支給する場合には、対象期間と金額を記入してください。

※ 有給手当は、支給している額が同じで期間が継続している場合は、まとめて記入してください。半日有給の場合は、対象期間と金額を記入してください。

3 証明は申請期間経過後の日付を記入してください。

健康保険 傷病手当金 支給申請書　1 2 3 **4** ページ　療養担当者記入用

| 患者氏名（カタカナ） | イナハ゛ マコト |

姓と名の間は1マス空けてご記入ください。濁点（゛）、半濁点（゜）は1字としてご記入ください。

4 労務不能と認めた期間（勤務先での定形の労務に服することができない期間をいいます）

| 令和 | 06 年 11 月 14 日 | から |
| 令和 | 06 年 12 月 31 日 | まで |

5 傷病名（労務不能と認めた傷病をご記入ください）　鎖骨骨折
初診日（療養の給付の開始年月日）　2 平成・令和 06 年 11 月 13 日

発病または負傷の原因　自宅の庭で梯子から落下して受傷

療養担当者が意見を記入するところ

発病または負傷の年月日　2 1.平成 2.令和 06 年 11 月 13 日

労務不能と認めた期間に診療した日がありましたか。　1 1.はい 2.いいえ

6 上記期間中における「主たる症状及び経過」「治療内容、検査結果、療養指導」等

鎖骨バンドで鎖骨を固定した。
骨折した部位が固定するまで安静が必要で、
固定後もリハビリが必要なため、労務不能と判断した。

上記のとおり相違ないことを証明します。

医療機関の所在地　東京都狛江市和泉本町○－○－○
医療機関の名称　狛江時敬医院
医師の氏名　村田 篤子
電話番号　03－××××－××××

令和 07 年 01 月 06 日

〈被保険者の方へ〉
療養担当者（医師等）の意見を受けてください。

〈療養担当者の方へ〉
4 治療期間ではなく、療養のため就労できなかったと認められる期間の始期と終期を記入してください。期間のうち、労務不能と認められる期間が一部の場合は、右側の余白に労務不能と認められる日を記入してください。

5 労務不能と認められる傷病名を記入してください。

6 症状および経過、労務不能と認められた医学的な所見を詳しく記入してください。

6 出産したとき

1児ごとに500,000円の出産育児一時金

被保険者が出産したときは出産育児一時金として、被扶養者が出産したときは家族出産育児一時金として、1児ごとに500,000円が支給されます。

出産には、妊娠4カ月（85日）以後の生産（早産）、死産（流産）、人工妊娠中絶も含まれます。

なお、在胎週数が22週に達していないなど、産科医療補償制度加算対象出産でない場合は488,000円です。

◆直接支払か受取代理

出産育児一時金については、❶直接支払制度（妊婦などとの合意に基づき医療機関等が請求と受け取りを代行）、❷小規模施設などでの受取代理制度（妊婦などがあらかじめ出産前に出産育児一時金を請求し、医療機関等に受け取りを委任）が導入され、事前にまとまった出産費用を用意する負担が軽減されています。

直接支払制度では、退院等までの間に医療機関等と利用について書面で契約を交わすことが必要です。医療機関等での実際の出産費用が出産育児一時金額より低い場合は、あとで保険者に申請すれば差額の支給を受けることができます（実際の出産費用の方が高い場合は、その分を妊婦などが医療機関等の窓口で支払います）。

受取代理制度は、直接支払制度では事務的負担や資金繰りへの影響が大きいと考えられる医療機関等で実施され、専用の支給申請書に受取代理人である医療機関等の記名・押印等を受け、出産前に保険者に提出します。

直接支払制度の流れ

❷出産
❻出産費用が50万円未満に収まった場合は、その差額を請求

被保険者 被扶養者 → **協会けんぽ支部**
❼差額支給

❶直接支払制度利用の申出
❸明細書の交付
医療機関等 病院・診療所・助産所
❹支払機関を通じ費用請求
❺支払機関を通じ支払

受取代理制度の流れ

出産予定日まで2カ月以内の方

被保険者 被扶養者 → **協会けんぽ支部**
❷受取代理申請書を提出

❶受取代理申請書を作成

一定の 診療所・助産所
❸受取代理申請受付通知書を送付
❹出産後、費用請求報告書等を送付
❺支払（50万円を上限）

※出産費用が50万円を超える場合は被保険者等がその差額を診療所・助産所に支払い、50万円未満の場合は協会けんぽがその差額を被保険者等に支払います。

出産育児一時金の直接支払にかかる手順

医療機関等で出産育児一時金の直接支払制度の説明を受け、利用するかどうかを決めます

利用する	利用しない
直接支払制度を利用する旨の代理契約に関する文書を2通作成し、それぞれ保管します	直接支払制度を利用しない旨の代理契約に関する文書を2通作成し、それぞれ保管します

出産後

利用する側：
出産に要した費用の内訳を記した領収・明細書が医療機関等から交付されます
↓
出産に要した費用が出産育児一時金の支給額を**超えた場合**
↓
超えた額について、医療機関等に支払います

利用しない側：
退院時に出産費用の全額を医療機関等で支払い、その領収・明細書と代理契約に関する文書の写しを添付し、出産育児一時金の支給申請をします

利用する側（未満）：
出産に要した費用が出産育児一時金の支給額**未満の場合**
↓
直接支払制度を利用する旨の代理契約に関する文書および費用の内訳を記した領収・明細書の写しを添付し、出産育児一時金との差額分について支給申請をしてください

※ 医療機関等へ代理受取額（出産に要した額）が振り込まれる前に出産育児一時金と代理受取額との差額の支払を希望する場合は「内払金支払依頼書」を、振り込まれた後に支払を希望する場合は「差額申請書」を提出します

医療機関等が直接支払制度等を実施していない場合や、妊婦などが希望する場合には、保険者に直接請求して支給を受けられます。

※ 直接支払制度・受取代理制度を利用しない妊婦などの出産当座の費用に充てるため、出産育児一時金等を支給までの間、その8割相当額を限度に資金を無利子で貸し付ける「出産費貸付制度」が実施されています（協会けんぽ被保険者等の申込先は協会けんぽ都道府県支部）。

出産のため休んだときは出産手当金

被保険者（任意継続被保険者を除く）が出産のため仕事を休み、給料を受けられないときは、出産手当金が支給されます。支給期間は、出産日（出産予定日より遅れた場合は予定日）以前42日（多胎妊娠の場合は98日）から、出産日後56日までの間で、支給額は、1日につき直近12カ月の標準報酬月額の平均額の30分の1の3分の2（被保険者期間が1年未満の場合は、傷病手当金と同様の取扱い（69頁参照））です。

給料を受けていても出産手当金の額より少ないときは、差額が支給されます。

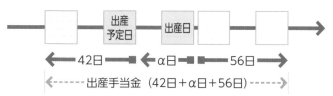

※ 出産手当金の支給期間中に傷病手当金の要件も満たす場合は、出産手当金が優先されましたが、平成28年4月からは傷病手当金の額の方が多いときはその差額が支給されることになっています。

出産育児一時金支給申請書（1）

健康保険　被保険者／家族　**出産育児一時金** 支給申請書　**1**　2 ページ　被保険者記入用　—

加入者が出産し、医療機関等で出産育児一時金の直接支払制度を利用していない場合の出産費用の補助を受ける場合にご使用ください。
なお、記入方法および添付書類等については「記入の手引き」をご確認ください。

被保険者情報・申請者情報

	記号（左づめ）	番号（左づめ）	生年月日
1 被保険者証	2 7 9 0 5 0 4 3 8 2 7		2 (1.昭和 2.平成 3.令和) 0 1 年 0 5 月 1 2 日

2 氏名（カタカナ）　イ ハ タ　マ サ ハ ル
姓と名の間は1マス空けてご記入ください。濁点（゛）、半濁点（゜）は1字としてご記入ください。

氏名　井端 雅治
※申請者はお勤めされている（いた）被保険者です。
被保険者がお亡くなりになっている場合は、相続人よりご申請ください。

郵便番号（ハイフン除く）　1 8 3 0 0 1 4　　電話番号（左づめハイフン除く）　0 4 2 × × × × × × ×

住所　東京 ㊞都 道 府 県　府中市是政○－○－○

3 振込先指定口座

振込先指定口座は、上記申請者氏名と同じ名義の口座をご指定ください。

金融機関名称	○○ 銀行 金庫 信組 農協 漁協 その他（　）	支店名	△△ 本店 支店 代理店 出張所 本店営業部 本所 支所
預金種別	1 普通預金	口座番号（左づめ）	2 7 9 2 1 1 6

ゆうちょ銀行の口座へお振り込みを希望される場合、支店名は3桁の漢数字を、口座番号は振込専用の口座番号（7桁）でご記入ください。
ゆうちょ銀行口座番号（記号・番号）ではお振込できません。

「被保険者・医師・市区町村長記入用」は2ページ目に続きます。》》》

被保険者証の記号番号が不明の場合は、被保険者のマイナンバーをご記入ください。
（記入した場合は、本人確認書類等の添付が必要となります。）

4 ▶ _____

社会保険労務士の提出代行者名記入欄

――― 以下は、協会使用欄のため、記入しないでください。―――

MN確認（被保険者）		1.記入有（添付あり） 2.記入有（添付なし） 3.記入無（添付あり）

添付書類	出産証明書	□ 1.添付 2.不備	合意文書等	□ 1.添付 2.不備
	戸籍（法定代理）	□ 1.添付	口座証明	□ 1.添付

産科医療補償制度	□ 1.該当 2.非該当

6 2 1 1 1 1 0 1　　その他 □ 1.その他 （理由）　　枚数 □□

受付日付印

全国健康保険協会　協会けんぽ

(2022.12)　　1/2

添付書類

(1) **医療機関等から交付される直接支払制度を利用していないことを証明する書類のコピー**（領収・明細書に「直接支払制度を利用していない旨」が記載されている場合は、領収・明細書のコピーで可）
※産科医療補償制度の対象分娩である場合には、その旨を証することが明記された領収・明細書のコピーが必要

(2) 医師・助産師または市区町村長の証明を受けられない場合いずれか1点 ⇒「出産を担当した医療機関の医師・助産師の証明書」、「出生が確認できる書類」（戸籍謄（抄）本、戸籍記載事項証明書、出生届受理証明書など）、死産が確認できる書類（死産証書（死胎検案書）など）

(3) 証明書等が外国語で記載されている場合 ⇒翻訳文（翻訳文には、翻訳者が署名し、住所および電話番号を明記）

(4) 被保険者が亡くなられ、相続人の方が請求する場合 ⇒被保険者との続柄がわかる戸籍謄本等の原本

※ 直接支払制度を利用し差額の支給が生じる場合は、「出産育児一時金　内払金支払依頼書・差額申請書」を提出します。内払金支払依頼書として提出する場合は、医療機関等から交付される①出産費用の領収・明細書のコピー、②直接支払制度にかかる代理契約に関する文書のコピーを添付します。申請書に医師・助産師または市区町村長の証明を受けられない場合の添付書類は、上記「出産育児一時金支給申請書」の添付書類と同様です。

右側の説明欄

1 家族（被扶養者）が受診した場合でも、被保険者の氏名（カタカナ）などの情報を記入してください。記号・番号は被保険者証に記載されています。

2 被保険者が亡くなられて、相続人の方が申請する場合は、申請者の氏名（カタカナ）を記入してください。住所・振込先指定口座も同様です。ただし、生年月日欄は被保険者の生年月日を記入してください。

3 被保険者（申請者情報）名義の口座情報を記入してください。ゆうちょ銀行の口座へ振込みを希望する場合は、従来の口座番号（記号・番号（13桁））ではなく、振込専用の店名（漢数字3文字）と口座番号を記入してください。

金融機関名称	ゆうちょ 銀行 金庫 信組 農協 漁協 その他（　）	支店名	二三八 本店 支店 代理店 出張所 本店営業部 本所 支所
預金種別	1 普通預金	口座番号（左づめ）	1 2 3 4 5 6 7

4 被保険者のマイナンバーは、被保険者証の記号と番号が不明の場合のみ記入してください。マイナンバーを記入した場合は、本人確認書類貼付台紙に①身元確認書類（個人番号カード表面のコピー等）、②番号確認書類（個人番号カード裏面のコピー等）のいずれも貼付して、申請書に添付する必要があります。

出産育児一時金支給申請書（2）

健康保険 被保険者 家族 出産育児一時金 支給申請書

1 2 ページ

被保険者・医師・市区町村長記入用

被保険者氏名 井端 雅治

申請内容

① ①-1 出産者 [2] 1. 被保険者 2. 家族（被扶養者）

① ①-2 出産者の氏名（カタカナ） イハ゛タ トモヨ
姓と名の間は1マス空けてご記入ください。濁点「゛」、半濁点「゜」は1字としてご記入ください。

① ①-3 出産者の生年月日 [2] 06.07.07 1. 昭和 2. 平成 3. 令和

② 出産年月日 06.07.30 令和 年 月 日

③ 出産した国 [1] 1. 日本 2. 海外 ➡ 国名（　　　）

④ ④-1 出生児数 [1] 人 ④-2 死産児数 [　] 人

⑤ 同一の出産について、健康保険組合や国民健康保険等から出産育児一時金等を受給していますか。 [2] 1. 受給した 2. 受給していない

※医師・助産師、市区町村長のいずれかより証明を受けてください。

医師・助産師による証明

出産者の氏名（カタカナ） イハ゛タ トモヨ
姓と名の間は1マス空けてご記入ください。濁点「゛」、半濁点「゜」は1字としてご記入ください。

出産年月日 06.07.30 令和 年 月 日

出生児数 [1] 人 死産児数 [　] 人 死産の場合の妊娠日数 [　　] 日

上記のとおり相違ないことを証明します。

医療施設の所在地 東京都府中市白糸台○-○-○ 令和 06 年 08 月 03 日

医療施設の名称 府中南病院

医師・助産師の氏名 一条 こずえ

電話番号 042-××××-××××

市区町村長による証明（生産の場合のみ）

本籍 [　] 筆頭者氏名 [　]

母の氏名（カタカナ） [　]
姓と名の間は1マス空けてご記入ください。濁点「゛」、半濁点「゜」は1字としてご記入ください。

母の氏名 [　]

出生児数 [　] 人 出生年月日 令和 年 月 日

出生児氏名 [　]

上記のとおり相違ないことを証明します。

市区町村長名 ㊞ 令和 年 月 日

1 「1. 受給した」となる場合は、出産育児一時金の支給は受けられません。

2 医師・助産師による出産証明、または市区町村長による出生に関して記載した事項等の証明を受けてください。死産の場合は、医師・助産師に限って証明を受けてください。
証明を受けられない場合は、出生（死産）が確認できる書類（74頁参照）を添付してください。

参考　医療機関等が受取代理人となる場合

(あて先) 全国健康保険協会東京支部

出産育児一時金等支給申請書(受取代理用)

被保険者証		記号	20101992		番号		901
申請者(被保険者、世帯主又は組合員)	氏名		(フリガナ) タグチ ヤスアキ 田口 康晃				
	住所		〒180-0003 (フリガナ) トウキョウトムサシノシキチジョウジミナミチョウ 東京都武蔵野市吉祥寺南町○-○-○ 電話 0122(××) ××××				
	生年月日		平成 8 年 10 月 2 日				
出産予定日・数			令和 6 年 7 月 6 日 甲・多(胎)				
出産予定者	氏名		(フリガナ) タグチ レイコ 田口 麗子				
	生年月日		平成 8 年 9 月 11 日				
出産予定医療機関等	名称		(フリガナ) カネコ 兼子レディースクリニック				
	所在地		〒180-0004 (フリガナ) トウキョウトムサシノシキチジョウジホンチョウ 東京都武蔵野市吉祥寺本町○-○-○				

申請者(被保険者、世帯主又は組合員)が記入するところ

申請者に対する支払金融機関	○○ ○○	⑨金庫 ⑩信組	⑩本店 ⑫支店・出張所
預金種別	①普通 ③当座 ②当座 ④貯蓄 ⑤別段	口座番号 2116118	口座名義 (フリガナ) タグチ ヤスアキ 田口 康晃

申請者又は出産予定者が出産予定日から6ヵ月以内に健康保険又は船員保険の資格を既に喪失している場合は、以下のいずれかに記載をお願いします。

※ 健康保険法第106条又は船員保険法第73条の規定により、1年以上健康保険又は船員保険の被保険者であった方が被保険者資格喪失後、6ヵ月以内に出産された場合。資格を喪失した後の健康保険から出産育児一時金の支給を受ける場合、その後の支給を受けることはできません。

申請本人の退職等により、健康保険又は船員保険の被保険者資格喪失後、6ヵ月以内に出産することによる申請である場合、資格喪失していた保険者名と記号・番号	保険者名		
	記号		番号
申請本人の家族が被扶養者認定後、6ヵ月以内に出産することによる申請である場合、その家族が被扶養者認定前に加入していた保険者名と記号・番号	保険者名		
	記号		番号

申請者(田口 康晃)(以下「甲」という。)は、医療機関等である(兼子レディースクリニック)(以下「乙」という。)を代理人と定め、次の権限を委任します。また、甲は、出産育児一時金等の医療機関等への直接支払制度は利用しません。
甲が請求する出産育児一時金等のうち、乙が甲に対して出産に関し請求する費用の額中の額の受領に同意すること。
※ 出産育児一時金等の支給額(保険者が出産育児一時金等に係る付加給付を行う場合には、付加相当額を含む)を上限とする。

受取代理人の欄

令和 6 年 7 月 1 日

甲の住所 東京都武蔵野市吉祥寺南町○-○-○

氏名 田口 康晃

乙の所在地 東京都武蔵野市吉祥寺本町○-○-○

名称 兼子レディースクリニック 電話 0122( )

受取代理人に対する支払金融機関	△△ ××	⑨金庫 ⑩信組	⑩本店 ⑫支店・出張所
預金種別	①普通 ③当座 ②当座 ④貯蓄 ⑤別段	口座番号 1602571	口座名義 (フリガナ) カネコ 兼子レディースクリニック

(備考欄)

■医療機関などにおける受取代理制度

医療機関などが被保険者などに代わって、合意に基づき、保険者から出産育児一時金等の受け取りを行う制度です。

受取代理制度は、直接支払制度の利用による負担が大きいと考えられる小規模の医療機関など（①年間平均分娩取り扱い件数が100件以下、もしくは②正常分娩に係る収入の割合が50％以上の診療所・助産所を目安とし、厚生労働省に届出を行った機関）でも、被保険者などの経済的負担の軽減を図ることができるよう設けられた制度です。

■必要な申請手続きなど

この制度を利用するには、被保険者などが、出産予定の2カ月前以降に、出産育児一時金等を支給する保険者に対し、左の様式に必要事項を記載のうえ、申請を行う必要があります。この必要事項には、受取代理人となる医療機関などによる記名・押印・その他必要事項の記載も含まれます。

なお、出産後であっても、退院までになされた申請であり、医療機関等から被保険者などへの出産費用の請求がまだなされていない場合などには、受取代理制度に準じて取り扱って差し支えありません。

出産手当金支給申請書（1）

健康保険 出産手当金 支給申請書

1 **2** **3** ページ
被保険者記入用 **手**

被保険者本人が出産のため会社を休み、その間の給与の支払いを受けられない場合の生活保障として、給付金を受ける場合にご使用ください。なお、記入方法および添付書類等については「記入の手引き」をご確認ください。

1 被保険者証

記号（左づめ）	番号（左づめ）	生年月日
8 7 1 9 2 6 0 3	3 4 0	2 (2.平成) 06 年 05 月 10 日

（1.昭和 2.平成 3.令和）

被保険者・申請者情報

2

氏名（カタカナ）	ホ リ ミ ス ゛キ

姓と名の間は1マス空けてご記入ください。濁点（゛）、半濁点（゜）は1字としてご記入ください。

氏名	堀 瑞希

※申請者はお勤めされている（いた）被保険者です。
被保険者がお亡くなりになっている場合は、相続人よりご申請ください。

郵便番号（ハイフン除く）	1160001	電話番号（左づめハイフン除く）	03××××××××

住所	東京 （都）道府県 荒川区町屋○-○-○

3 振込先指定口座

振込先指定口座は、上記申請者氏名と同じ名義の口座をご指定ください。

金融機関名称	○○ （銀行）金庫 信組 農協 漁協 その他（ ）	支店名	△△ 本店（支店）代理店 出張所 本店営業部 本所 支所

預金種別	1 普通預金	口座番号（左づめ）	7654321

ゆうちょ銀行の口座へお振り込みを希望される場合、支店名は3桁の漢数字を、口座番号は振込専用の口座番号（7桁）でご記入ください。
ゆうちょ銀行口座番号（記号・番号）ではお振込できません。

「被保険者・医師・助産師記入用」は2ページ目に続きます。 》》》

被保険者証の記号番号が不明の場合は、被保険者のマイナンバーをご記入ください。
（記入した場合は、本人確認書類等の添付が必要となります。）

4 ▶ _____

社会保険労務士の提出代行者名記入欄	

―――― 以下は、協会使用欄のため、記入しないでください。 ――――

MN確認（被保険者）	□	1. 記入有（添付あり） 2. 記入有（添付なし） 3. 記入無（添付あり）				受付日付印
添付書類	職歴	□ 1.添付 2.不備	戸籍（法定代理） □ 添付	口座証明 □ 添付		
	その他	□ 1.その他	（理由）	枚数	□□	

6 1 1 1 1 1 0 1	

全国健康保険協会 協会けんぽ

(2023.3)

(1/3)

---

① 記号・番号は被保険者証に記載されています。

② 被保険者が亡くなられて、相続人の方が申請する場合は、申請者の氏名（カタカナ）を記入してください。住所・振込先指定口座も同様です。ただし、生年月日欄は被保険者の生年月日を記入してください。

③ 被保険者（申請者情報）名義の口座情報を記入してください。ゆうちょ銀行の口座へ振込みを希望する場合は、従来の口座番号（記号・番号（13桁））ではなく、振込専用の店名（漢数字3文字)と口座番号を記入してください。

金融機関名称	ゆうちょ	支店名	二三八
預金種別	1 普通預金	口座番号	1234567

④ 被保険者のマイナンバーは、被保険者証の記号と番号が不明の場合のみ記入してください。マイナンバーを記入した場合は、本人確認書類貼付台紙に①身元確認書類（個人番号カード表面のコピー等）、②番号確認書類（個人番号カード裏面のコピー等）のいずれも貼付して、申請書に添付する必要があります。

●出産手当金の支給期間

〈予定日当日の出産・予定日より早い出産の場合〉

←------42日-------→ ←-------56日-------→

出産日以前42日間	出産日後56日間

└─ 出産日

※ この期間の範囲内で、支給要件を満たした日について支給

〈予定日より遅く出産した場合〉

←----42日----→ ←--α日--→ ←------56日-------→

出産予定日以前42日間	予定日より遅れた日数	出産日後56日間

└─ 出産予定日 　 └─ 出産日

※ この期間の範囲内で、支給要件を満たした日について支給

出産手当金支給申請書（2）

健康保険 出産手当金 支給申請書　1 2 3 ページ
（被保険者・医師・助産師記入用）

被保険者氏名	堀 瑞希

申請内容

① 申請期間（出産のために休んだ期間）**1**　令和 06 年 03 月 11 日 から 令和 06 年 06 月 17 日

2 ② 今回の出産手当金の申請は、出産前の申請ですか、出産後の申請ですか。　**2**　1. 出産前　2. 出産後

3
③-1 出産予定日　令和 06 年 04 月 21 日
③-2 出産年月日（出産後の申請の場合はご記入ください。）　令和 06 年 04 月 22 日

④-1 出生児数　**1** 人　　出産前の申請の場合、予定の出生児数をご記入ください。
④-2 死産児数　　　人

⑤-1 申請期間（出産のために休んだ期間）に報酬を受けましたか。　**1**　1. はい ➡ ⑤-2へ　2. いいえ

⑤-2 受けた報酬は事業主証明欄に記入されている内容のとおりですか。　**1**　1. はい　2. いいえ ➡ 事業主へご確認のうえ、正しい証明を受けてください。

4 医師・助産師による証明

出産者氏名（カタカナ）	ホ	リ		ミ	ス	゛	キ							

姓と名の間は1マス空けてご記入ください。濁点（゛）、半濁点（゜）は1字としてご記入ください。

出産予定日　令和 06 年 04 月 21 日
出産年月日　令和 06 年 04 月 22 日
出生児数　**1** 人　　出産前の申請の場合、予定の出生児数をご記入ください。
死産児数　　　人
死産の場合の妊娠日数　　　日

上記のとおり相違ないことを証明します。
医療施設の所在地　東京都荒川区荒川○-○-○　令和 06 年 05 月 15 日
医療施設の名称　南荒川病院
医師・助産師の氏名　押切 萌美
電話番号　03-××××-××××

「事業主記入用」は3ページ目に続きます。 >>>

健康保険 出産手当金 支給申請書　1 2 3 ページ
（事業主記入用）

労務に服さなかった期間（申請期間）の勤務状況および賃金支払い状況等をご記入ください。

被保険者氏名（カタカナ）	ホ	リ		ミ	ス	゛	キ							

姓と名の間は1マス空けてご記入ください。濁点（゛）、半濁点（゜）は1字としてご記入ください。

勤務状況　2ページの申請期間のうち、出勤した日付を【〇】で囲んでください。「年」「月」については出勤の有無に関わらずご記入ください。

5
令和 06 年 03 月　1 2 3 4 5 6 7 8 9 10 11 ⑫ ⑬ 14 15 / 16 17 18 19 20 21 22 23 24 25 26 27 28 29 30 31
令和 06 年 04 月　1 2 3 4 5 6 7 8 9 10 11 12 13 14 15 / 16 17 18 19 20 21 22 23 24 25 26 27 28 29 30 31
令和 06 年 05 月　1 2 3 4 5 6 7 8 9 10 11 12 13 14 15 / 16 17 18 19 20 21 22 23 24 25 26 27 28 29 30 31
令和 06 年 06 月　1 2 3 4 5 6 7 8 9 10 11 12 13 14 15 / 16 17 18 19 20 21 22 23 24 25 26 27 28 29 30 31
令和 　　年 　　月　1 2 3 4 5 6 7 8 9 10 11 12 13 14 15 / 16 17 18 19 20 21 22 23 24 25 26 27 28 29 30 31

2ページの申請期間のうち、出勤していない日（上記【〇】で囲んだ日以外の日）に対して、報酬等（※）を支給した日がある場合には、支給した日と金額をご記入ください。
※有給休暇の場合の賃金、出勤等の有無に関わらず支給している手当（扶養手当・住宅手当等）、食事・住居等現物支給しているもの等

6 事業主が証明するところ

		年	月	日	から	年	月	日	金額	
例	令和	05	02	01	から	令和	02	28	3 0 0 0 0 0	円
①	令和	05	10	01	から	令和	06	03	31	5 0 0 0 0	円
②	令和	06	03	01	から	令和	06	03	31	1 0 0 0 0 0	円
③	令和	06	03	11	から	令和	06	03	11	8 0 0 0	円
④	令和	06	03	14	から	令和	06	03	15	1 6 0 0 0	円
⑤	令和				から	令和				円

| ⑧ | 令和 | | | | から | 令和 | | | | 円 |
| ⑨ | 令和 | | | | から | 令和 | | | | 円 |

上記のとおり相違ないことを証明します。
事業所所在地　東京都中央区築地○-○-○　令和 06 年 07 月 10 日
事業所名称　斎村ジャパン㈱
事業主氏名　清水 弘和
電話番号　03-××××-××××

---

1 出産のため労務に服さなかった期間とその日数（公休日を含む）を記入してください。

2 申請が出産前か出産後かを記入してください。

3 出産前の申請の場合には出産予定日のみを、出産後の申請の場合には出産日と出産予定日の両方を記入してください。

4 医師または助産師に記入していただいてください。記入漏れのないようにお願いします。

〈事業主の方へ〉
※ 労務に服することができなかった期間（申請期間）の勤務状況、賃金支給状況等を記入してください。

5 勤務状況について、出勤した日付を「〇」で表示してください。この場合、所定労働時間の一部労務に服した日も含みます。

※ 有給休暇や公休日の記入は不要です。

6 出勤していない日に対して、報酬等を支給した日がある場合には、支給した日と金額を記入してください。

　出勤していない日に対して支給した報酬等は、有給休暇の賃金、出勤等の有無に関わらず支給している手当（通勤手当・扶養手当・住宅手当等）、食事・住居等の現物支給しているものが該当します。

　残業手当等の出勤した日に対して支給した報酬や、見舞金等の一時的に支給したものの記入は不要です（通勤手当等の報酬で一定期間分を一括して支給する場合は、対象期間と金額を記入してください）。

※ 有給手当は、支給している額が同じで期間が継続している場合は、まとめて記入してください。

※ 5カ月を超えて証明する場合は、様式のこのページをコピーして超えている部分を記入してください。

添付書類

(1) 支給開始日以前の12カ月以内で事業所に変更があった方 ⇒以前の各事業所の名称、所在地および各事業所に使用されていた期間等がわかる書類

(2) 証明書等が外国語で記載されている場合 ⇒翻訳文（翻訳文には、翻訳者が署名し、住所および電話番号を明記）

(3) 被保険者が亡くなられ、相続人の方が請求する場合 ⇒被保険者との続柄がわかる戸籍謄本等の原本

※ 出産手当金は、産前分、産後分など複数回に分けて申請することも可能です。ただし、事業主の証明欄については、毎回証明が必要です。
　なお、医師または助産師の証明欄は1回目の申請が出産後であり、証明によって出産日等が確認できたときは、2回目以降の申請書への証明は省略可能になります。

7 死亡したとき

本人についての埋葬料（費）

被保険者本人が死亡したときは、50,000円の埋葬料が家族に支給されます。

死亡した被保険者に家族がいないときは、埋葬を行った人に、埋葬料の額の範囲で、埋葬にかかった費用が埋葬費として支給されます。

◆埋葬料を受けられる家族

家族とは、死亡した被保険者に生計を維持されていた人のことで、生計費の一部を維持されていた人も含まれます。また、健康保険の被扶養者でなくてもよく、被保険者と同居している必要もありません。

親族であっても生計維持関係がまったくない場合は、埋葬料は支給されません（この場合でも埋葬を行ったときは、埋葬費の支給を受けられます）。

◆埋葬費支給の対象となる費用

埋葬費として支給される埋葬にかかった費用とは、直接埋葬に要した実費額をいいますが、埋葬料の範囲を超える分は支給されません。また、葬儀の際の飲食費などの費用は支給対象から除かれます。

◀‥‥‥‥‥ 埋葬に直接かかった費用 ‥‥‥‥‥▶	
霊柩車代、霊柩運搬代、霊前供物代、火葬料、僧侶の謝礼等	飲食の費用等
◀‥‥ 埋葬費（埋葬料の範囲内）‥‥▶	

被扶養者についての家族埋葬料

被扶養者となっている家族が死亡したときは、家族埋葬料として50,000円が支給されます。

業務上の原因で死亡したとき

被保険者が業務上の原因または通勤災害による病気・けがで死亡した場合は、健康保険の埋葬料（費）は支給されず、労災保険の葬祭料（葬祭給付）または労働基準法に基づく葬祭料が支給されます。

療養の給付の制限と埋葬料

健康保険では、故意に事故を起こした場合には給付を行わないことが原則ですが、死亡については、たとえ自殺やけんかによるものであっても、埋葬料（費）・家族埋葬料が支給されます。

8 自動車事故にあったとき

損害賠償と健康保険の給付との調整が必要

自動車事故などの第三者の行為によって病気・けがをしたとき、被害者は加害者に損害賠償を請求できますが、被害者がその病気・けがについて健康保険の給付を受けた場合は、もともと加害者が支払うべきものを健康保険が負担したことになります。

そこで、このようなときは、被害者のもっている損害賠償請求権が保険者に移ることになっています（求償権の代位取得）。これにより、保険者は、保険給付に要した費用を加害者または自動車保険の会社に請求して取りもどします。

第三者行為で健康保険の給付を受ける場合は、必ず「第三者行為による傷病届」に、交通事故証明書、示談が成立しているときは示談書のコピーを添えて、保険者に提出します。すぐに提出できないときは電話等で一刻も早く保険者に報告し、後日正式な書類を提出します。

通勤災害のときの労災保険の給付

通勤途上の事故が原因となった病気・けが、死亡については、健康保険の給付は行われず、業務上の災害に準じて労災保険の給付を受けます。

通勤途上とされるのは、❶仕事との関連がある、❷住居と事業所等との往復である、❸合理的な通勤経路、方法による、❹往復の経路から外れたり中断していない、などの要件すべてを満たす場合です。実際の認定にあたっては、この要件に照らして、個々の具体的なケースに応じて実態的に判断されます。

●単身赴任先との移動は労災

単身赴任先の住居と赴任前の住居との移動途中の災害についても、労災保険による通勤災害の対象となりえます。複数就業者の事業所間の移動についても同様です。

埋葬料（費）支給申請書（家族埋葬料の場合の記入例）(1)

健康保険 被保険者 家族 **埋葬料（費）支給申請書** 1 2 ページ 被保険者記入用 埋

加入者が亡くなり、埋葬料（費）を受ける場合にご使用ください。なお、記入方法および添付書類等については「記入の手引き」をご確認ください。

1 被保険者証

記号（左づめ）	番号（左づめ）	2 生年月日
1 9 9 3 0 9 0 1	1 9 2	1 1.昭和 2.平成 3.令和 4 1 年 1 0 月 0 2 日

3 氏名（カタカナ） ヤ マ サ ゙ キ　シ ョ ウ タ
姓と名の間は1マス空けてご記入ください。濁点（ ゙ ）、半濁点（ ゚ ）は1字としてご記入ください。

氏名 山崎　昇太

申請者について
①被保険者が亡くなった場合
⇒被保険者により生計維持されていた方／埋葬を行った方
②被扶養者が亡くなった場合
⇒被保険者

郵便番号（ハイフン除く） 1 6 6 0 0 0 4　**電話番号（左づめハイフン除く）** 0 3 × × × × × × × ×

住所 東京 都道府県 杉並区阿佐谷南○－○－○

4 振込先指定口座

振込先指定口座は、上記申請者氏名と同じ名義の口座をご指定ください。

金融機関名称	○○	銀行　金庫　信組 農協　漁協 その他（　　）	支店名	△△	本店　支店 代理店　出張所　本店営業部 本所　支所
預金種別	1　普通預金		口座番号（左づめ）	4 9 4 2 4 2 9	

ゆうちょ銀行の口座へお振り込みを希望される場合、支店名は3桁の漢数字を、口座番号は振込専用の口座番号（7桁）をご記入ください。
ゆうちょ銀行口座番号（記号・番号）ではお振込できません。

「被保険者・事業主記入用」は2ページ目に続きます。 ≫≫

被保険者証の記号番号が不明の場合は、被保険者のマイナンバーをご記入ください。
（記入した場合は、本人確認書類等の添付が必要となります。）
5 ▶ _____

社会保険労務士の
提出代行者名記入欄

―――― 以下は、協会使用欄のため、記入しないでください。――――

MN確認（被保険者）		1.記入有（添付あり） 2.記入有（添付なし） 3.記入無（添付あり）

添付書類	死亡証明書	1.添付 2.不備	生計維持確認書類	1.添付 2.不備
	領収書内訳書	1.添付 2.不備	埋葬費用	□□□□□□ 円
	戸籍（法定代理）	1.添付	口座証明	1.添付

6 3 1 1 1 1 0 1　その他 □ 1.その他（理由）　枚数 □□

受付日付印

(2023.10)

全国健康保険協会 協会けんぽ

1 / 2

---

1 記号・番号は被保険者証に記載されています。

2 被保険者の生年月日を記入してください。

3 被保険者が亡くなった場合の申請は、申請者の氏名を記入してください。住所・振込先指定口座も同様です。

4 被保険者（申請者情報）名義の口座情報を記入してください。ゆうちょ銀行の口座へ振込みを希望する場合は、従来の口座番号（記号・番号（13桁））ではなく、振込専用の店名（漢数字3文字）と口座番号を記入してください。

金融機関名称	ゆうちょ 銀行　金庫　信組 その他（　）	支店名	二三八 大産店 出張所 本店営業部 本所 支所
預金種別	1 普通預金	口座番号（左づめ）	1 2 3 0 5 6 7

5 被保険者のマイナンバーは、被保険者証の記号と番号が不明の場合のみ記入してください。マイナンバーを記入した場合は、本人確認書類貼付台紙に①身元確認書類（個人番号カード表面のコピー等）、②番号確認書類（個人番号カード裏面のコピー等）のいずれも貼付して、申請書に添付する必要があります。

健康保険 被保険者 家族 埋葬料（費）支給申請書　1　**2** ページ

被保険者・事業主記入用

被保険者氏名 山崎 昇太

申請内容			
①-1 死亡者区分	**2**	1. 被保険者 ➡ ①-2では「1. 埋葬料」もしくは「2. 埋葬費」をご選択ください。 2. 家族（被扶養者） ➡ ①-2では「3. 家族埋葬料」をご選択ください。	
①-2 申請区分	**1** **3**	1. 埋葬料（被保険者の死亡かつ、生計維持関係者による申請） 2. 埋葬費（被保険者の死亡かつ生計維持関係者以外による申請） 3. 家族埋葬料（家族（被扶養者）の死亡かつ、被保険者による申請）	
②-1 死亡した方の氏名（カタカナ）	ヤマサ ゙ キ マキ	姓と名の間は1マス空けてご記入ください。濁点（゙）、半濁点（゚）は1字としてご記入ください。	
②-2 死亡した方の生年月日	**1** 1.昭和 2.平成 3.令和	**44** 年 **02** 月 **19** 日	
②-3 死亡年月日	令和 **06** 年 **07** 月 **13** 日		
②-4 続柄（身分関係）	妻	➡ 「被保険者が死亡」した場合は、被保険者と申請者の身分関係をご記入ください。 「家族が死亡」した場合は、被保険者との続柄をご記入ください。	
③-1 死亡の原因	**2** **1**	1. 仕事中以外（業務外）での傷病 2. 仕事中（業務上）での傷病 3. 通勤途中での傷病 ┃➡ ③-2へ	
③-2 労働災害、通勤災害の認定を受けていますか。	**3**	1. はい 2. 請求中 3. 未請求	
④ 傷病の原因は第三者の行為（交通事故やケンカ等）によるものですか。	**2**	1. はい 2. いいえ	「1. はい」の場合は、別途「第三者行為による傷病届」をご提出ください。
⑤ 同一の死亡について、健康保険組合や国民健康保険等から埋葬料（費）を受給していますか。	**2**	1. 受給した 2. 受給していない	
④ 「①-2申請区分」が「2. 埋葬費」の場合のみご記入ください。 ※埋葬費の場合は、別途埋葬に要した費用の領収書と明細書も添付してください。			
⑥-1 埋葬した年月日	⑥	令和 ☐☐ 年 ☐☐ 月 ☐☐ 日	
⑥-2 埋葬に要した費用の額	☐☐☐☐☐☐ 円		

※健康保険埋葬料（費）支給申請書記入の手引き」をご確認ください※

⑤ 事業主証明欄		
死亡した方の氏名（カタカナ）	ヤマサ ゙ キ マキ 姓と名の間は1マス空けてご記入ください。濁点（゙）、半濁点（゚）は1字としてご記入ください。	
死亡年月日	令和 **06** 年 **07** 月 **13** 日	
上記のとおり相違ないことを証明します。		
事業所所在地	東京都港区西新橋○-○-○	令和 **06** 年 **07** 月 **18** 日
事業所名称	㈱多和田産業	
事業主氏名	近藤 真三郎	
電話番号	03-××××-××××	

6 3 1 2 1 1 0 1

全国健康保険協会
協会けんぽ

(2/2)

---

① 被保険者が亡くなった場合は1または2を、被扶養者が亡くなった場合は3を記入してください。

② 仕事中（業務上）、通勤途中の原因による死亡については、原則労災保険給付の対象となります。

③ 労災保険給付を「3. 未請求」の場合は、労災保険給付を請求してください。

④ この申請書の「①-2 申請区分」が「2. 埋葬費」の場合のみ記入してください。また、埋葬に要した費用の領収書と明細書も添付してください。

⑤ 事業主の証明を受けてください。証明が受けられない場合（任意継続被保険者（被扶養者）が亡くなった場合を含む）は、死亡が確認できる次のいずれかを添付してください。①埋葬許可証または火葬許可証のコピー、②死亡診断書、死体検案書または検視調書のコピー、③亡くなった方の戸籍（除籍）謄（抄）本、④住民票など。

　なお、任意継続被保険者が亡くなられた場合は、被保険者証もあわせて返却してください。

　証明書等が外国語で記載されている場合は、翻訳文を添付してください（翻訳文は、翻訳者が署名し、住所および電話番号を明記してください）。

添付書類

(1)被扶養者の申請の場合 ⇒事業主による死亡の証明

(2)被扶養者以外で被保険者により生計維持されていた方の申請の場合 ⇒生計維持を確認できる書類（住民票（亡くなった被保険者と申請者が記載されているもの）。住居が別の場合は、定期的な仕送りの事実のわかる預貯金通帳や現金書留のコピー、申請者の公共料金等を支払ったことがわかる領収書のコピーなど）

(3)上記(1)(2)の人がいない場合で、実際に埋葬を行った方が埋葬費を申請する場合 ⇒埋葬に要した費用額が記載された領収書の原本（支払った方のフルネームが記載されているもの）、埋葬に要した費用の明細書（費用の内訳がわかるもの）

第三者行為による傷病届

交通事故、自損事故、第三者（他人）等の行為による傷病（事故）届

届出者	被保険者証記号番号	77282212 221	被保険者氏名	甲斐 健介 ㊞	職種	営業
	事業所名（勤め先）	日本公工業㈱	所在地（勤め先）	〒153-0052 東京都目黒区祐天寺 ---- ℡( )		

被害者（受診者）	氏名	甲斐 健介 男/女 38才	続柄	本人	住所 〒115-0045 東京都北区赤羽 ---- ℡( )
	事故内容	自動車事故・バイク事故・自転車事故・歩行中・殴打・刺傷・その他（ ）			
	警察への届出有無	有：人身事故・物損事故 ※注1（ ） 無：（理由 ） 警察署			

加害者（第三者）	氏名	今永 まい 男/女 34才	住所 〒125-0062 東京都葛飾区青戸 ---- ℡( )
	勤務先又は職業	㈱里田鉄鋼	所在地 〒111-0053 東京都台東区浅草橋 ---- ℡( )

加害者が不明の理由

事故発生	令和6年 8月 9日 前/後 4時00分	発生場所	市郡 中央区 町村
過失の度合	(自分)被害者 1・2・③・4・5・6・7・8・9・10		(相手)加害者 1・2・3・4・5・6・⑦・8・9・10

事故の相手の自動車保険加入状況

傷病が交通事故による	自賠責保険	保険会社名	○○損害保険㈱	取扱店所在地	〒100-0004 東京都千代田区大手町 --- ℡( )
		保険契約者名（名義人）	今永 まい	住所（所在地） 東京都葛飾区青戸 ----	関係 保有者との 本人 / 加害者との 本人
		自動車の種別	自家用	府県名 東京 登録番号 ね550 12**	車台番号 ABC 007-1234**
		自賠責証明書番号	ABC1234567**	保険期間 自 令和5年 5月 1日 至 令和7年 4月30日	
		自動車の保有者名	契約者に同じ	住所（所在地）契約者に同じ	加害者との関係 本人
	任意保険	保険会社名	○○○○㈱ 災海上㈱ 農協	取扱店所在地 〒101-0031 東京都中央区京橋 --- 担当者名 藪田 剛 ℡( )
		保険契約者名	今永 まい	住所（所在地）〒104-0004 東京都葛飾区青戸 ----
		契約証書番号	9105733**	保険期間 自 令和5年 5月 1日 至 令和7年 4月30日
		保険契約期間	令和5年5月1日 ～ 令和7年4月30日	任意一括について ※注2 有・無

受付日付印

※ 注1 物損事故で処理した場合は、別途「人身事故証明書入手不能届」の提出を求める場合があります。

※ 注2 任意一括とは、自賠責保険だけの対応ではなく、任意保険が対応している場合です。

治療状況（治療順）	①	名称 北丸病院	入院 年 月 日から 年 月 日まで	自費・加害者負担・自賠責・社会保険
		所在地 東京都中央区 ----	通院 6年8月9日から 6年8月9日まで	⑧加害者負担・自賠責・社会保険
	②	名称 しEE病院	入院 6年8月10日から 6年8月17日まで	自費・加害者負担・⑪賠責・社会保険
		所在地 東京都北区王子 ----	通院 6年8月18日から 年 月 日まで	自費・加害者負担・自賠責・社会保険
	③	名称	入院 年 月 日から 年 月 日まで	自費・加害者負担・自賠責・社会保険
		所在地	通院	自費・加害者負担・自賠責・社会保険

治療見込み（治療終了日）	6年9月頃（ 年 月 日終了）	(注)治療費の支払区分を医療機関に確認して○で囲んでください。治療が終了しているときは、最終受診日をご記入ください。

休業補償	休業（治療）中の休業補償の方法（記号に○をつける） ⑦ 加害者が負担　　イ 職場から支給　　ウ 自賠責へ請求 エ 社会保険へ傷病手当金　オ その他（被害者加入の人身傷害保険へ請求など） の請求予定

示談賠償の支払状況	示談又は和解（該当に○をつける）　※示談している場合は、示談書の写しを添付すること した ・ 交渉中 ・ しない（理由） 加害者や損害保険会社からの仮渡金・治療費・付添料などもらった場合や示談・話合いの状況を具体的に記入すること。 【受領日・金額】　　　　　　　【受領したものの名目】 　月　日　　　　円　（　　　　　） 　月　日　　　　円　（　　　　　） 　月　日　　　　円　（　　　　　）

交通事故以外の被害行為（飼犬等の咬傷を含む）の場合は、事故発生状況を下欄に具体的に記入して下さい。　※交通事故の場合はこの欄に記入せず、事故発生状況報告書に記入して下さい。

（事故発生状況）

添付書類

○交通事故の場合
(1)交通事故証明書
(2)事故発生状況報告書
(3)損害賠償金納付確約書・念書
(4)示談が成立している場合 ⇒示談書のコピー
(5)負傷原因報告書
(6)同意書
(7)物損事故扱いや事故の届けをされていない場合など人身事故扱いの交通事故証明書が発行できない場合
　⇒人身事故証明書入手不能理由書

○交通事故以外の場合
(1)損害賠償金納付確約書
(2)負傷原因報告書
(3)同意書

全国健康保険協会

1. 加害者が不明の場合は「不明」と記入します。

2. 加害者が不明の場合のみ、たとえば「ひき逃げのため」などと記入します。

3. 受診している病院などについて、すべて記入してください。

※ すぐに提出できないときは電話等で一刻も早く保険者に報告し、後日できるだけ早く正式な書類を提出します。
なお、示談を行う場合には、不用意に損害賠償請求権を放棄しないように、慎重に交渉を進めます。

健康保険 負傷原因 届 〔被保険者・事業主記入用〕 負

記入方法および添付書類等については、「健康保険 負傷原因届 記入の手引き」をご確認ください。
届書は、黒のボールペン等を使用し、楷書で枠内に丁寧にご記入ください。 | 記入見本 | 0 1 2 3 4 5 6 7 8 9 ア イ ウ |

被保険者情報	被保険者証の (左づめ)	記号	番号	生年月日	年	月	日
	1	1 9 9 3 0 2 1 6	1 6	□昭和 ☑平成 □令和	1 0 0 4 2 0		

	氏名	(フリガナ) キョウダ ソウスケ 京田 壮亮			
	住所	(〒 182 － 0014)	東京 ⑱道 府県	調布市柴崎○－○－○	
	電話番号 (日中の連絡先)	TEL 042 (×××) ××××			

被保険者または負傷した方が記入するところ	負傷した方	□ 被保険者・☑ 被扶養者（氏名 京田 弓子 ）	
	負傷した方の勤務形態 ※該当するものを含む□を選択ください。	□ 正社員、契約、派遣、パート、アルバイト □ 請負、法人の役員、ボランティア、インターンシップ等 ☑ 無職 □ その他（ ）	労災保険に特別加入 していますか。 □ 特別加入している □ 特別加入していない
	傷病名	ろっ骨骨折	
	負傷日時	□平成 ☑令和 6 年 8 月 11 日 ☑午前・□午後 10 時頃	
	負傷した時間帯(状況)	□ 勤務時間中 □ 勤務日の休憩中 □ 出張中 ☑ 私用中 □ その他（ ） □ 通勤途中（□ 出勤 ／ □ 退勤 □ 寄り道等有り □ 寄り道等無し）	
	負傷場所	□ 会社内 □ 路上 □ 駅構内 ☑ 自宅 □ その他（ ）	
	負傷原因 負傷原因で次にあてはまるものがありますか。 2	□ 交通事故 □ 暴力（ケンカ） □ スポーツ中 □ 職場行事 □ 職場行事以外 □ 動物による負傷（飼い主：□ 有 □ 無） ☑ あてはまらない	
	上記にあてはまる原因がある場合、相手はいますか。また、その場合は、あなたは被害者ですか、加害者ですか。	相手：□ 有 ┬ □ あなたは被害者 □ あなたは加害者 └ □ 無	※相手がいる負傷の場合は「第三者行為による傷病届」の届出が必要です。
	負傷した時の状況を具体的にご記入ください。 3	自宅で掃除機をかけていた際、転んで胸を机の角にぶつけてしまった。	
	治療経過	令和 6 年 8 月 31 日現在 □ 治癒 ☑ 治療継続中 □ 中止	
	治療期間	□平成 ☑令和 6 年 8 月 11 日 から □平成 □令和 年 月 日まで	

事業主欄 4	業務災害及び通勤災害の場合のみ事業主の記入を受けてください。				
	事業所の労災適用	有・無	社員総数 名	事業内容	
	業務（通勤）災害該当の確認	有・無 →「無」の場合、その理由			
		上記、本人の申し立てのとおり □ 業務災害 □ 通勤災害 に相違ないことを認めます。			
	事業所所在地	(〒 －)			
	事業所名称				
	事業主氏名			受付日付印	
	電話番号	( )			

様式番号 □□□□□

協会使用欄 □ □ □ □□□□□□

 全国健康保険協会 協会けんぽ

(1 / 1)

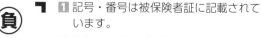

1 記号・番号は被保険者証に記載されています。

2 負傷した原因が、第三者によるものの場合、「第三者行為による傷病届」の提出が必要になります。詳しくは81頁を参照のほか、協会けんぽ都道府県支部にお問い合わせください。

3 負傷したときの状況をなるべく詳しく（具体的に）記入してください。

4 業務（通勤）災害に該当するかどうかは、労働基準監督署が認定を行いますので、詳しくは労働基準監督署にお問い合わせください。

退職後の給付

　退職などで被保険者の資格を喪失した後も、次の要件を満たせば傷病手当金などの現金給付を受けられます。

　手続は在職中と同様ですが、事業主の証明は不要です。

　なお、出産育児一時金の直接支払制度を利用する場合は、その時点で加入している保険者の被保険者証と、加入していた保険者の発行する証明書類の提示が必要です。

現金給付の種類	対象者と受給要件	
傷病手当金 出産手当金　*1	引き続き1年以上被保険者だった人が資格を喪失し、	現に手当金を受けているか受ける要件を満たしている場合、期間が満了するまで続けて受けられる
出産育児一時金 *2		資格喪失後6カ月以内に出産したとき（被扶養者の出産に対する家族出産育児一時金は支給されない）
埋葬料（費）	❶資格喪失後3カ月以内に死亡したとき ❷上記の傷病手当金・出産手当金の継続給付を受けている間または受けなくなって3カ月以内に死亡したとき （被扶養者の死亡に対する家族埋葬料は支給されない）	

＊1　任意継続被保険者には傷病手当金・出産手当金のしくみはありませんが、この退職後の継続給付として受けることはできます。
＊2　引き続き1年以上被保険者だった人が退職して任意継続被保険者となり、その任意継続被保険者の資格を喪失後6カ月以内の出産の場合も支給されます。

後期高齢者医療制度の給付等

　後期高齢者医療は、75歳以上を対象とした医療制度で、都道府県ごとの広域連合が保険者となり、保険料の徴収や保険給付を行っています。

■75歳以上が被保険者

　広域連合に住所を有する75歳以上の住民が被保険者で、保険料を納める対象となります。保険料は、①老齢等年金からの特別徴収②口座振替・銀行振込等による普通徴収のいずれかの方法で、市区町村が徴収します。低所得者の保険料には軽減措置が設けられています。

　なお、65歳以上75歳未満で一定の障害の状態にあると認定された人も後期高齢者医療の対象です。

■かかった医療費の1割を負担

　保険給付は、健康保険とほぼ同様です。医療を受けたときは、一般所得者等は医療費の1割、一定以上の所得がある人*1は2割、現役並み所得者*2は3割を一部負担金として窓口で支払い、その額が高額になったときは自己負担限度額を超える分が払い戻されます（医療機関等でオンライン資格確認を行った場合には現物給付）。

＊1　単身世帯は課税所得が28万円以上かつ年収200万円以上、複数世帯は後期高齢者の年収合計が320万円以上ある人。
＊2　被保険者のうちに1人でも課税所得が145万円以上の人がいる世帯の被保険者。

■後期高齢者医療の費用負担

　後期高齢者医療では、保険給付等にかかる費用の半分を公費で、4割を健康保険などからの支援金で賄い、あとの1割に被保険者の保険料が充てられます。

介護保険の給付

　介護保険は、40歳以上の住民を対象に、入浴、排せつ、食事など日常生活で常に介護が必要な人（要介護者）および一定期間継続して常時介護を要する状態の軽減・悪化の防止のため支援を要する人（要支援者）に、認定に基づき市区町村が給付を行います。ただし、65歳未満の第2号被保険者については、老化にともなう一定の病気で要介護者・要支援者となった場合に限られます。

■介護保険のサービス等

◆要介護者への居宅サービス等・地域密着型サービス
○訪問介護*○訪問入浴介護○訪問看護○訪問・通所のリハビリ○医師等による居宅療養管理指導○通所介護*○短期入所生活介護*○短期入所療養介護○有料老人ホーム等での介護○福祉用具の貸与・購入費の補填○住宅改修費の補填○ケアプランの作成
地域密着型サービス（定期巡回・随時対応型訪問介護看護／夜間対応型訪問介護／地域密着型通所介護*／※認知症高齢者専用デイサービス／※小規模多機能型居宅介護／※認知症高齢者グループホーム／小規模有料老人ホーム等／小規模介護老人福祉施設／看護小規模多機能型居宅介護／療養通所介護）＊共生型居宅サービスが受けられます。
◆要介護者への施設サービス
□特別養護老人ホーム（介護老人福祉施設）□介護老人保健施設□介護医療院
◆要支援者への介護予防サービス等
　前記の○と※のサービスが提供されます。なお、訪問介護と通所介護は、平成29年度から、各市区町村が行う新しい介護予防・日常生活支援総合事業の訪問型サービス・通所型サービスに、完全移行しています。

■ケアプランの作成等

　要介護者が介護サービスを受けるときは、介護支援専門員（ケアマネジャー）が介護サービス計画（ケアプラン）を作成します。要支援者の介護予防サービスのケアマネジメントは、地域包括支援センターが行います。

法第3条第2項被保険者

健康保険の適用事業所に使用される人のうち、日々雇い入れられる人などは、法第3条第2項被保険者として健康保険に加入し、保険料や保険給付の面で一般の被保険者と異なった取扱いとなります。

■被保険者の範囲

❶臨時に使用される人のうち、①日々雇い入れられる人で使用期間が1カ月を超えない人、②2カ月以内の期間を定めて使用される人で、その所定期間を超えない人
❷季節的業務（4カ月以内）や臨時的事業（6カ月以内）の事業所に使用される人

■必要な手続

◆事業主が行う手続

事業主は、「健康保険印紙購入通帳交付申請書」を提出し、「健康保険印紙購入通帳」の交付を受け、郵便局で印紙を購入します。印紙には、介護保険第2号被保険者である法第3条第2項被保険者用（介護用）とそれ以外の法第3条第2項被保険者用（一般用）の2種類があります。

なお、各被保険者が介護保険第2号被保険者かどうかについては、一般の被保険者と同様の取扱いです。

◆被保険者が行う手続

はじめて被保険者になったときは、本人が、5日以内に「健康保険日雇特例被保険者手帳交付申請書」に住民票を添えて、住所地の年金事務所等または指定市区町村に提出して、介護用あるいは一般の「健康保険日雇特例被保険者手帳」の交付を受けます。

■標準賃金日額と保険料

被保険者に支払われる賃金日額に基づく標準賃金日額により、保険料や給付の額が計算されます。

(令和6年4月現在)

等級	標準賃金日額	賃金日額（以上～未満）		保険料額（被保険者／事業主）
1	3,000	以上 ～	未満 3,500	390 (150/ 240) 440 (170/ 270)
2	4,400	3,500～	5,000	570 (220/ 350) 660 (255/ 405)
3	5,750	5,000～	6,500	740 (285/ 455) 860 (330/ 530)
4	7,250	6,500～	8,000	940 (360/ 580) 1,100 (420/ 680)
5	8,750	8,000～	9,500	1,140 (435/ 705) 1,320 (505/ 815)
6	10,750	9,500～	12,000	1,400 (535/ 865) 1,620 (620/1,000)
7	13,250	12,000～	14,500	1,730 (660/1,070) 2,000 (765/1,235)
8	15,750	14,500～	17,000	2,050 (785/1,265) 2,380 (910/1,470)
9	18,250	17,000～	19,500	2,380 (910/1,470) 2,760 (1,055/1,705)
10	21,250	19,500～	23,000	2,770 (1,060/1,710) 3,220 (1,230/1,990)
11	24,750	23,000～		3,230 (1,235/1,995) 3,760 (1,435/2,325)

※ 保険料額の下段は介護保険第2号被保険者　　　（単位：円）

事業主は、被保険者を使用する日ごとに手帳の提出をもとめ、該当欄に介護用あるいは一般用の健康保険印紙をはり、これに消印する方法で保険料を納付します。事業主は、被保険者負担分の保険料を賃金から控除できます。
※ 賞与（上限40万円）については、一般の被保険者と同様のしくみで保険料が徴収されます。

■保険給付

保険給付を受けるには、給付月の前2カ月間に26日分以上または前6カ月間に78日分以上（本人の出産給付は出産月前4カ月間に26日分以上）の保険料の納付が必要です（保険料納付要件）。

◆療養の給付・家族療養費・入院時食事療養費など

病気・けがをしたときは、受給資格者票（保険料納付要件を満たせば、申請により協会けんぽまたは委託市区町村長から交付されます）により、原則1年の範囲内で必要な医療を受けられます。また、入院時食事療養費・入院時生活療養費、保険外併用療養費なども一般の被保険者と同様です。

はじめて手帳の交付を受けた場合などで保険料納付要件を満たしていない場合は、「特別療養費受給票」により、手帳交付月の初日から3カ月（初日交付の場合2カ月）の範囲内で必要な医療を受けられます（特別療養費）。また、一般の健康保険の被保険者が退職し、法第3条第2項被保険者・被扶養者となったときは、一定の場合は退職時に受けていた療養を引き続き一般の健康保険から6カ月を限度に受けられます（特別療養給付）。

一部負担金等は一般の被保険者・被扶養者と同様です。なお、高齢受給者の定率負担は一律2割となります。

◆傷病手当金

被保険者が傷病により仕事につけない（その傷病について療養の給付を受けた）ときは、3日間の待期期間をおいて休業4日目から、1日につき、初診月前2カ月または6カ月で最も標準賃金日額の総額（以下「日額総額」）が多かった月の標準賃金日額の合計額の45分の1が支給されます。支給期間は、支給開始日から6カ月間（結核性疾病の場合は1年6カ月間）です。

◆出産育児一時金・家族出産育児一時金

被保険者または被扶養者が出産したときは、500,000円（在胎週数が22週に達していないなど、産科医療補償制度加算対象出産でない場合は、488,000円）が支給されます。直接支払制度・受取代理制度については、一般の被保険者と同様です。

◆出産手当金

出産育児一時金を受けられる被保険者が出産で仕事につかないときは、1日につき、出産の月前4カ月で最も日額総額の多かった月の標準賃金日額の合計額の45分の1が支給されます。支給期間は一般の被保険者と同様です。

◆埋葬料（費）・家族埋葬料

被保険者の死亡には埋葬料（費）50,000円が、被扶養者の死亡には家族埋葬料50,000円が支給されます。

労働保険のしくみ

労働保険とは労働者災害補償保険（労災保険）と雇用保険とを総称した言葉であり、保険給付は別個に行われますが、保険料の納付等については、原則的に一体のものとして取り扱われます。労働保険は、農林水産事業の一部を除き、労働者を一人でも雇っていれば適用事業となり、その事業主は保険関係成立の手続を行い、労働保険料を納付しなければなりません。

■適用事業と被保険者

労災保険、雇用保険ともに、労働者（船員を含む）を使用するすべての事業が強制適用となります。

労災保険は強制加入となる労働者以外にも、中小企業の事業主や一人親方等も申請すれば特別加入できます。

雇用保険では、①1週間の所定労働時間が20時間以上で、②31日以上の雇用見込みのある人は、原則、被保険者（65歳以上の労働者は高年齢被保険者）となります。

■労働保険の保険料

労働保険の保険料は、事業主が労働者に支払う賃金総額に保険料率（労災保険率＋雇用保険料率）を乗じて得た額です。このうち、労災保険分は全額事業主が負担し、雇用保険分は事業主と被保険者の双方で負担します。

労災保険率は、事業の種類により賃金総額に対して設定されています（アスベスト健康被害救済のための一般拠出金も負担）。また、雇用保険料率と事業主・被保険者の負担割合について、令和6年度は下表のとおりとなっています。なお、事業主には労働保険料を納付する義務があり、事業主負担分と雇用保険の被保険者負担分をあわせて納付します。このとき、事業主は、被保険者負担分を賃金から控除できます。

●令和6年度の雇用保険料率

雇用保険料率	合計	被保険者負担	事業主負担
一般の事業	15.5／1000	6／1000	9.5／1000
農林水産 清酒製造の事業	17.5／1000	7／1000	10.5／1000
建設の事業	18.5／1000	7／1000	11.5／1000

◆保険料の納め方

労働保険の保険料は、その年度の賃金総額の見込額に保険料率を掛けた額（概算保険料）を原則6月1日〜7月10日の間に申告・納付し、同時に前年度の確定額（確定保険料）を申告して過不足を精算するしくみです。また、年度途中に、事業の拡大等により賃金総額の見込額が当初の申告額を大幅に上回った場合も、増加額に基づいた増加概算保険料を申告・納付することになります。

■健康保険、厚生年金保険との調整

一般に通勤途上の事故が原因の傷病、死亡については労災保険の給付が行われますが、通勤災害とみなされないケースでは健康保険の給付対象となります。また、厚生年金保険等から障害や遺族に関する給付が行われる場合は、労災保険の給付が調整されることになります。

■労働保険の主な給付

種類	労災保険の給付内容	手続
病気・けがをしたとき 療養補償給付 （療養給付）	必要な医療等（健康保険の入院時食事療養等・指定訪問看護を含む）は無料で受けられる。健康保険の一部負担金（標準負担額・基本利用料）に相当するものはない。	【労災病院等】「療養（補償）給付たる療養の給付請求書」を治療を受ける医療機関を経由して労働基準監督署に提出。 【その他の医療機関】「療養（補償）給付たる療養の費用請求書」に、事業主と医師の証明を受け、労働基準監督署に提出。
欠勤したとき 休業補償給付 （休業給付）	休業4日目から1日につき給付基礎日額の60％。このほかに1日20％の休業特別支給金も支給（通勤災害は原則として一部負担金200円を控除）。	「休業（補償）給付支給請求書」等に事業主と医師の証明を受け、労働基準監督署に提出。
長期療養をするとき 傷病補償年金 （傷病年金）	障害の程度に応じて、給付基礎日額の313日〜245日分を支給〔特別年金・支給金も支給〕。	「傷病の状態等に関する届」に医師の診断書を添えて、労働基準監督署に提出。
障害が残ったとき 障害補償給付 （障害給付）	障害の程度に応じ年金（給付基礎日額の313日〜131日分）、一時金（同503日〜56日分）を支給〔障害等級に応じ特別支給金、特別年金・一時金も支給〕	「障害（補償）給付支給請求書」等に医師の診断書・資料を添えて、労働基準監督署に提出。
死亡したとき 遺族補償給付 （遺族給付）	年金は、受給資格者の数に応じて、給付基礎日額の245日〜153日分、一時金は、原則、給付基礎日額の1,000日分を支給〔遺族特別支給金、遺族特別年金・一時金も支給〕	「遺族（補償）年金（一時金）支給請求書」等に死亡診断書（死体検案書）、受給資格者全員の戸籍謄本（抄本）を添えて、労働基準監督署に提出。
葬祭を行ったとき 葬祭料 （葬祭給付）	一定額に給付基礎日額の30日分を加えた額か給付基礎日額の60日分のいずれか高い額。	「葬祭料（葬祭給付）請求書」に死亡診断書を添えて、労働基準監督署に提出。

※ 種類欄の（　）内は通勤災害に関する給付

※ このほか業務災害等により被災し、常時介護または随時介護を受けている方に対して、その介護費用の実費補填として支給する介護補償給付（介護給付）や、複数業務要因災害に関する給付などがある

※ 給付基礎日額——原則として、災害発生の日または医師の診断によって疾病の発生が確定した日以前3カ月間に支払われた賃金の総額を、その期間の総日数で割って算出

●求職者給付（雇用保険）

種類	給付の内容
基本手当	①定年・自己都合退職で失業した場合は離職の日以前2年間に被保険者期間が通算して12カ月以上、②65歳以上が失業した場合、倒産・解雇等により失業した場合（特定受給資格者）、有期契約労働者の労働契約が更新されなかったため失業した場合や正当な理由のある自己都合退職の場合（特定理由離職者）は離職の日以前1年間に被保険者期間が通算して6カ月以上あるときに支給。

●所定給付日数（失業8日目から支給）

被保険者として雇用された期間→		1年未満	1年以上5年未満	5年以上10年未満	10年以上20年未満	20年以上
下記以外	定年退職・自己都合退職などの場合*1	—	90日	90日	120日	150日
	特定受給資格者・雇止めにより離職した特定理由離職者の場合*2　30歳未満	90日	90日	120日	180日	—
	30歳以上35歳未満	90日	120日	180日	210日	240日
	35歳以上45歳未満	90日	150日	180日	240日	270日
	45歳以上60歳未満	90日	180日	240日	270日	330日
	60歳以上65歳未満	90日	150日	180日	210日	240日
身障者等の就職困難者	45歳未満	150日	300日			
	45歳以上65歳未満	150日	360日			

＊1 自己都合退職などの場合は、1〜3月の給付制限あり。

＊2 雇止めで離職した特定理由離職者の取り扱いは、離職日が平成21年3月31日〜令和9年3月31日の場合に限る。また、災害等により離職した特定受給資格者等には、一定の要件を満たすと所定給付日数を超えて基本手当が支給される個別延長給付、雇用情勢が悪い地域に居住する人には、令和9年3月31日まで所定給付日数が60日延長される地域延長給付などがある。

種類	給付の内容
高年齢求職者給付金	高年齢被保険者、マルチ高年齢被保険者が失業した場合に支給（一時金）。

被保険者期間	高年齢求職者給付金
1年未満	基本手当30日分
1年以上	〃　50日分

●就職促進給付（雇用保険）

種類	給付の内容
就業促進手当	①常用雇用等以外の形態で就業した人に基本手当の支給残日数が所定給付日数の3分の1以上かつ45日以上ある場合には就業日ごとに就業手当を、②安定した職業に就いた人に基本手当の支給残日数が所定給付日数の3分の1以上ある場合には、再就職手当をそれぞれ支給。 ①就業手当の額＝基本手当日額×30% ②再就職手当の額＝基本手当日額×基本手当の支給残日数×60%〔支給残日数が所定給付日数の3分の2以上の場合は70%〕 ※離職前賃金と比べて再就職後賃金が低下した場合には、6カ月間職場に定着することを条件に、基本手当の支給残日数の40%を上限に、低下した賃金の6カ月分を一時金として再就職手当に追加的に支給する（就業促進定着手当）。

●雇用継続給付（雇用保険）

種類	給付の内容
高年齢雇用継続給付	被保険者として雇用された期間が5年以上の被保険者が、60歳到達時点または基本手当の基礎となった賃金に比べて低い賃金で就労しているときに、60歳以降基本手当を受給しないで雇用が継続している場合は〈高年齢雇用継続基本給付金〉として、基本手当受給後に再就職した場合は〈高年齢再就職給付金〉として支給。 (1)賃金が60歳到達時点または基本手当の基礎となった賃金の61%以下の場合——賃金の15%相当額 (2)賃金が60歳到達時点または基本手当の基礎となった賃金の61%超75%未満の場合——賃金に15%から一定の割合で逓減する率を乗じた額 ※給付額と賃金額の合計の上限・下限あり。 ※令和7年4月から支給率が最大10%とされる。 〈高年齢雇用継続基本給付金〉 60歳到達月から65歳到達月まで。 〈高年齢再就職給付金〉 基本手当の支給残日数が200日以上のとき2年間、100日以上200日未満のとき1年間を限度に65歳到達まで。
介護休業給付	〈介護休業給付金〉 配偶者、父母、子、配偶者の父母、祖父母、兄弟姉妹、孫の介護を行うために休業した被保険者について、介護休業開始前2年間にみなし被保険者期間が12月以上あるときに、休業開始時賃金日額の67%相当額に支給日数を掛けた額を支給（対象家族1人につき最大3回・計93日を限度）。休業期間中に一定の賃金を受けるときは、減額または支給されない。

●育児休業給付（雇用保険）

〈育児休業給付金〉
1歳または1歳2カ月（支給対象期間の延長に該当する場合は1歳6カ月または2歳）未満の子を養育するため育児休業をした被保険者について、育児休業（または産前産後休業）開始前2年間にみなし被保険者期間が12月以上あるときに、休業開始時賃金日額の67%（休業開始6カ月経過後は50%）相当額に支給日数を掛けた額を支給。休業期間中に一定の賃金を受けるときは、減額または支給されない。令和4年10月から、同一の子に原則2回（延長時は3回）まで育児休業給付金を支給する。

〈出生時育児休業給付金〉
出生日等から8週間を経過する日の翌日までの期間内に、4週間（28日）以内の産後パパ育休（2回まで）をした被保険者に、育児休業給付金と同様の給付を支給。

●教育訓練給付（雇用保険）

〈教育訓練給付金〉
厚生労働大臣の指定する教育訓練を開始した日またはその前1年間に雇用保険の被保険者であった人が、その教育訓練を修了し、支給要件期間が1年以上（2回目以降は3年以上）ある場合に支給。給付金の額は、実施者により証明された教育訓練費用の20%（給付上限10万円）または40%（給付上限20万円）。2年以上（2回目以降は3年以上）被保険者期間がある人が、厚生労働大臣が指定する専門実践教育訓練講座を受ける場合は50%（就職に結びついた場合は20%を追加）を最大4年間支給（年間の給付上限56万円）。

以上の他に、技能習得手当、寄宿手当、傷病手当、移転費、広域求職活動費、短期訓練受講費、求職活動関係役務利用費、教育訓練支援給付金などがある。

年金
給付

年金制度

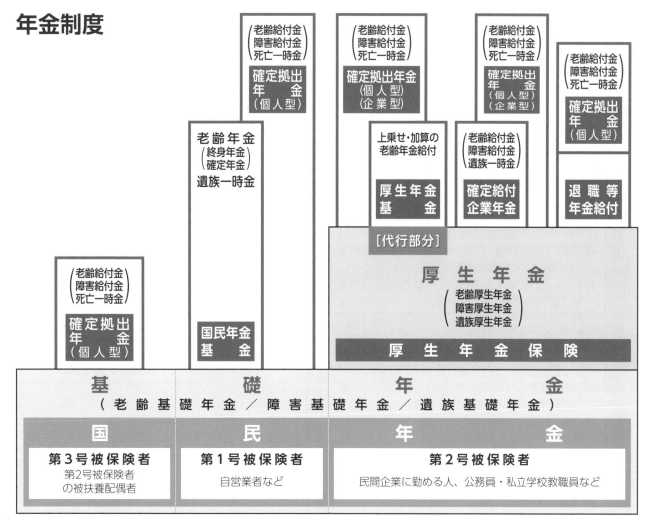

- 国の年金制度には、日本に住むすべての人を対象とする国民年金と、被用者が加入する厚生年金保険があります。国民年金からは加入期間に応じた基礎年金が、厚生年金保険からはそれに上乗せする報酬比例の厚生年金が支給されます。

- 日本年金機構（年金事務所）は、厚生労働大臣の直接的な監督のもとで、国民年金と厚生年金保険（第1号厚生年金被保険者）について一連の業務運営を行っています。

- 共済年金は平成27年10月から厚生年金保険に一元化され、共済組合等に加入する公務員等も厚生年金を受けることになりました（職域部分は廃止され、退職等年金給付が創設されました）。

- 公的年金制度のほかに、法人や事業主が運営の主体になっている企業年金等があります。

年金給付一覧

国民年金からの給付

厚生年金保険からの給付

高齢になったとき（老齢給付）

老齢基礎年金

次の資格期間を満たした人に65歳以後支給。
- ■ 国民年金の保険料納付済期間・免除期間が「10年以上」ある人
- ※ 国民年金の保険料納付済期間・免除期間のほか、厚生年金保険の被保険者期間、カラ期間などを含む。平成29年8月から「10年以上」に短縮されている。
- ※ 付加保険料納付済期間がある場合には、付加年金が加算される（第1号被保険者の独自給付）。
- ※ 受給資格期間が「25年以上」だった際の資格期間短縮の特例（①昭和26年4月1日以前生まれで40歳（女子、坑内員・船員は35歳）以後の厚生年金保険の被保険者期間が19年～15年、②昭和31年4月1日以前生まれで厚生年金保険の被保険者期間、共済組合等の加入期間が24年～20年）は、遺族年金の受給資格期間には適用される。

老齢厚生年金（65歳以後）

厚生年金保険に加入した人が、65歳以後老齢基礎年金を受けるとき、上乗せする形で支給。
- ※ 在職中（被保険者・70歳以上で適用事業所勤務）の場合は、年金額と総報酬月額相当額の合計が一定額を超えるときに一部または全額支給停止。

特別支給の老齢厚生年金（60歳台前半）

男子昭和36年4月1日・女子昭和41年4月1日以前生まれで、厚生年金保険の被保険者期間が1年以上あり、老齢基礎年金の資格期間を満たしている人に、生年月日に応じ60歳～64歳（坑内員・船員は55歳～64歳）から65歳になるまで支給。
- ※ 在職中（被保険者）の場合は、年金額と総報酬月額相当額の合計が一定額を超えるときに一部または全額支給停止。また、雇用保険からの給付がある場合は、全額または一部支給停止。

障害があるとき（障害給付）

障害基礎年金

初診日前に国民年金の保険料納付済期間（第2号・第3号被保険者期間などを含む）・免除期間が加入期間の3分の2以上ある被保険者（であった人）が、次のいずれかに該当する場合に支給。
1. 国民年金被保険者期間に初診日のある病気・けがで1級または2級の障害の状態になったとき
2. 60歳以上65歳未満の病気・けがで1級または2級の障害の状態になったとき

障害厚生年金

厚生年金保険の被保険者期間中に初診日のある病気・けがで、障害基礎年金に該当する障害が生じたときに、障害基礎年金に上乗せする形で支給。
- ※ 障害基礎年金に該当しないが一定以上の障害がある場合は、厚生年金保険独自の障害厚生年金（3級）・障害手当金（一時金）を支給（この場合には、障害基礎年金は支給されない）。

死亡したとき（遺族給付）

遺族基礎年金

死亡日前に国民年金の保険料納付済期間（第2号・第3号被保険者期間などを含む）・免除期間が加入期間の3分の2以上ある被保険者や老齢基礎年金の受給権者（保険料納付済期間・免除期間等を合算して25年以上ある人に限る）または老齢基礎年金の資格期間を満たした人（保険料納付済期間・免除期間等を合算して25年以上ある人に限る）が死亡したときに、次の遺族に支給。
1. 子のある配偶者（妻または夫）
2. 子
- ※ 上記のほかに、死亡した人の第1号被保険者期間が所定の要件を満たす場合に遺族に支給される寡婦年金・死亡一時金がある。

遺族厚生年金

厚生年金保険の被保険者期間中に死亡したとき、被保険者期間中に初診日のある病気・けががもとで初診日から5年以内に死亡したとき、あるいは1級・2級の障害厚生年金を受けられる人・老齢厚生年金の受給権者または資格期間を満たした人（保険料納付済期間・免除期間等を合算して25年以上ある人に限る）が死亡したときに、次のいずれかの遺族に支給。
1. 遺族基礎年金の支給対象となる遺族（配偶者のうち夫は55歳以上に限る）
2. 子のない妻（30歳未満の場合は有期）
3. 55歳以上の子のない夫・父母・祖父母（支給開始は60歳から）、孫
- ※ 1の遺族がいない場合、23の遺族に遺族厚生年金のみを支給。

注1 被保険者期間とは、被保険者資格の取得月から喪失月の前月までの期間（月単位）で、資格喪失後に再び資格を取得する場合には前後の期間が合算されます。なお、資格を取得したのと同じ月にその資格を喪失した場合には、その月は1カ月として被保険者期間に算入されます。

注2 遺族給付の支給対象となる子・孫とは、■18歳に達する日以後の最初の3月31日までの間にある（18歳到達年度の末日までの）子・孫、または■20歳未満で1級・2級に該当する障害の状態にある子・孫を指します。老齢厚生年金の加給年金額、障害基礎年金・遺族基礎年金の子の加算額の対象となる子も同様です。

注3 平成29年8月からは、老齢基礎年金の資格期間が25年から10年に短縮されています。ただし、遺族基礎年金・遺族厚生年金では、老齢年金の受給権者が死亡した場合は保険料納付済期間、保険料免除期間、カラ期間を合算して25年以上あることが必要となります。

1 老齢年金の受給要件

老齢基礎年金

国の年金の加入期間（国民年金の保険料免除期間・合算対象期間（カラ期間）を含む）が10年以上ありますか

はい → 老齢基礎年金（老齢厚生年金）の資格期間を満たしています → 厚生年金保険の被保険者期間がある場合（次頁）

いいえ ↓

このままでは老齢基礎年金（老齢厚生年金）を受けられません

◆ 受給資格期間の短縮の特例

　老齢基礎年金の受給資格期間は、平成29年8月から従来の「25年」以上が「10年」以上に短縮されました。「25年」の受給資格期間については、次のような生年月日に応じて期間短縮の特例措置が設けられていますが、平成29年8月からの受給資格期間の短縮に伴って、これらの特例措置のほとんどは、老齢基礎年金の受給資格期間短縮の特例として適用されることがなくなりました。

　しかし、遺族基礎年金・遺族厚生年金の受給要件については、従来どおり「25年」以上の資格期間が必要とされているため、これらの老齢基礎年金の受給資格期間短縮の特例措置は、遺族基礎年金等についてはそのまま適用されることになります。

特例1	国民年金を含めた加入期間が生年月日に応じて右の期間以上ありますか	昭2.4.1 以前	21年
		昭2.4.2 ～ 昭3.4.1	22年
		昭3.4.2 ～ 昭4.4.1	23年
		昭4.4.2 ～ 昭5.4.1	24年

特例2	厚生年金保険・共済組合等の加入期間が生年月日に応じて右の期間以上ありますか	昭27.4.1 以前	20年
		昭27.4.2 ～ 昭28.4.1	21年
		昭28.4.2 ～ 昭29.4.1	22年
		昭29.4.2 ～ 昭30.4.1	23年
		昭30.4.2 ～ 昭31.4.1	24年

特例3	男子は40歳以後、女子と坑内員・船員は35歳以後の厚生年金保険の被保険者期間（第1号厚生年金被保険者期間）が生年月日に応じて右の期間以上ありますか*	昭22.4.1 以前	15年
		昭22.4.2 ～ 昭23.4.1	16年
		昭23.4.2 ～ 昭24.4.1	17年
		昭24.4.2 ～ 昭25.4.1	18年
		昭25.4.2 ～ 昭26.4.1	19年

＊ 特例3の期間のうち、7年6カ月以上の期間が、第4種被保険者または船員任意継続被保険者以外の期間であること等が必要です。

| 特例4 | 右の特例のいずれかに該当しますか | (1) 昭和29年4月以前から引き続く15年間に坑内員として実際に12年以上加入した
(2) 昭和61年3月31日までに漁船員の特例（実期間11年3カ月以上）を満たした（昭和27.4.1以前生まれの人）
(3) 退職共済年金の特例受給の資格期間を満たした
(4) 恩給などの旧制度で老齢（退職）給付を受けられる |

老齢厚生年金 (老齢基礎年金の資格期間を満たすとき)

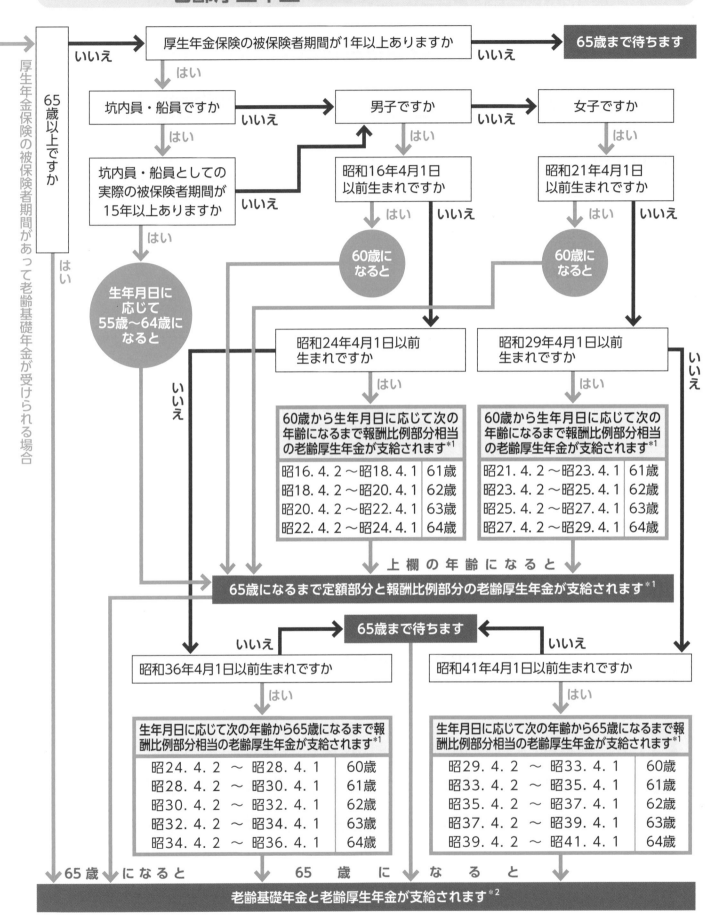

厚生年金保険の被保険者期間があって老齢基礎年金が受けられる場合

65歳以上ですか → はい

いいえ → 厚生年金保険の被保険者期間が1年以上ありますか → いいえ → **65歳まで待ちます**

はい

坑内員・船員ですか → いいえ → 男子ですか → いいえ → 女子ですか

はい

坑内員・船員としての実際の被保険者期間が15年以上ありますか → いいえ

はい

男子ですか → はい → 昭和16年4月1日以前生まれですか

女子ですか → はい → 昭和21年4月1日以前生まれですか

生年月日に応じて55歳〜64歳になると

60歳になると

60歳になると

昭和16年4月1日以前生まれですか → はい → **60歳になると** / いいえ

昭和21年4月1日以前生まれですか → はい → **60歳になると** / いいえ

いいえ → 昭和24年4月1日以前生まれですか → はい

昭和29年4月1日以前生まれですか → はい / いいえ

60歳から生年月日に応じて次の年齢になるまで報酬比例部分相当の老齢厚生年金が支給されます[*1]

昭16.4.2〜昭18.4.1	61歳
昭18.4.2〜昭20.4.1	62歳
昭20.4.2〜昭22.4.1	63歳
昭22.4.2〜昭24.4.1	64歳

60歳から生年月日に応じて次の年齢になるまで報酬比例部分相当の老齢厚生年金が支給されます[*1]

昭21.4.2〜昭23.4.1	61歳
昭23.4.2〜昭25.4.1	62歳
昭25.4.2〜昭27.4.1	63歳
昭27.4.2〜昭29.4.1	64歳

上欄の年齢になると

65歳になるまで定額部分と報酬比例部分の老齢厚生年金が支給されます[*1]

いいえ → **65歳まで待ちます** ← いいえ

昭和36年4月1日以前生まれですか → はい

昭和41年4月1日以前生まれですか → はい

生年月日に応じて次の年齢から65歳になるまで報酬比例部分相当の老齢厚生年金が支給されます[*1]

昭24.4.2 〜 昭28.4.1	60歳
昭28.4.2 〜 昭30.4.1	61歳
昭30.4.2 〜 昭32.4.1	62歳
昭32.4.2 〜 昭34.4.1	63歳
昭34.4.2 〜 昭36.4.1	64歳

生年月日に応じて次の年齢から65歳になるまで報酬比例部分相当の老齢厚生年金が支給されます[*1]

昭29.4.2 〜 昭33.4.1	60歳
昭33.4.2 〜 昭35.4.1	61歳
昭35.4.2 〜 昭37.4.1	62歳
昭37.4.2 〜 昭39.4.1	63歳
昭39.4.2 〜 昭41.4.1	64歳

65歳になると

老齢基礎年金と老齢厚生年金が支給されます[*2]

*1 雇用保険の基本手当受給期間は老齢厚生年金は全額支給停止されます。在職中の場合は、年金額と総報酬月額相当額に応じて（一部）支給停止の場合があり、さらに雇用保険の高年齢雇用継続給付受給期間の（一部）支給停止があります。

*2 在職中の場合は、老齢基礎年金は全額支給されますが、老齢厚生年金については、年金額と総報酬月額相当額に応じて（一部）支給停止の場合があります。

2 60歳台前半の老齢厚生年金

厚生年金被保険者期間1年以上、資格期間10年以上で

特別支給の老齢厚生年金（60歳台前半の老齢厚生年金）は、次の条件に該当した人に、65歳になるまで支給されます。65歳からは、老齢基礎年金と老齢厚生年金が支給されます。

❶ 男子は昭和36年4月1日以前生まれ、女子は昭和41年4月1日以前生まれ*1

❷ 厚生年金保険の被保険者期間が1年以上で、国民年金の老齢基礎年金の資格期間（公的年金に10年*2以上の加入）を満たしている

❸ 男女別の生年月日に応じた60歳〜64歳の支給開始年齢に達している（坑内員・船員については特例あり）

ただし、雇用保険の給付を受けられる場合には、年金支給額の調整が行われます（96頁参照）。

*1 この場合の女子とは、第1号厚生年金被保険者の女子または第1号厚生年金被保険者期間を有する女子となります。

*2 平成29年8月から、資格期間が10年に短縮されています。

資格期間は被保険者期間＋国年加入期間＋カラ期間

老齢基礎年金の資格期間は、公的年金に10年以上加入していれば満たされます。具体的には、厚生年金保険の被保険者期間、国民年金だけに加入した期間（保険料納付済期間と免除期間）、合算対象期間（年金額には反映されないが資格期間には算入される、いわゆるカラ期間）など、下記に該当する期間を合算して10年以上あればよいことになります。

昭和61年3月以前の被保険者期間は国民年金の保険料納付済期間

昭和36年4月〜昭和61年3月の厚生年金保険・船員保険の被保険者期間のうち、20歳以上60歳未満の期間（脱退手当金を受けた期間を除く）は、国民年金の保険料納付済期間とみなします。

厚生年金保険・船員保険の被保険者期間のうち、20歳未満、60歳以上および昭和36年3月以前の期間は、老齢基礎年金では合算対象期間となり、資格期間には算入されますが年金額計算の対象にはなりません。しかし、老齢厚生年金では、年金額計算の対象になります。

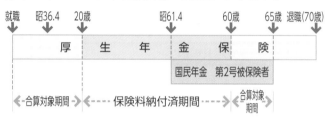

資格期間短縮の特例…遺族年金に適用

資格期間が「25年」のときは、厚生年金保険などの加入期間がある人について、資格期間が24年以下でもよい特例がありましたが、この特例は遺族基礎年金・遺族厚生年金の資格期間に適用されます。

◇ 昭和31年4月1日以前生まれの人

厚生年金保険などの被用者年金の加入期間が、下表のように20年〜24年あれば資格期間を満たします。

生　年　月　日	期　間
昭和27年4月1日以前	20年
昭和27年4月2日〜昭和28年4月1日	21年
昭和28年4月2日〜昭和29年4月1日	22年
昭和29年4月2日〜昭和30年4月1日	23年
昭和30年4月2日〜昭和31年4月1日	24年

老齢基礎年金額計算の対象となる期間

❶ 厚生年金保険（船員保険を含む）の被保険者期間
❷ 各共済組合等の組合員期間・加入者期間
❸ 国民年金の保険料納付済期間
❹ 国民年金の保険料免除期間（平成14年4月以後の保険料半額免除期間や平成18年7月以後の保険料4分の1免除期間・保険料4分の3免除期間を含む）のうち、保険料を追納しなかった期間
❺ 国民年金の第3号被保険者期間（昭和61年4月以後）

合算対象期間（年金額計算の対象外）

❻ 被用者年金加入者の配偶者が国民年金に任意加入しなかった期間（昭和61年3月以前）
❼ 被用者年金受給者やその配偶者が国民年金に任意加入しなかった期間（昭和61年3月以前）
❽ 学生（平成3年3月以前）、海外在住者等が国民年金に任意加入しなかった期間
❾ 厚生年金保険等の脱退手当金を受けた期間（昭和61年4月以後の公的年金の加入期間がある場合）
❿ 平成12年4月以後の学生納付特例制度および平成17年4月〜令和12年6月の納付猶予制度により保険料の納付猶予を受けた期間のうち、保険料を追納しなかった期間

※ ❻〜❽は20歳以上60歳未満の期間に限ります（❻については配偶者が実際に被用者年金加入者であったかどうかを判断するための年金加入期間確認請求書などが必要となります）。なお、❶と❷のうち、20歳未満、60歳以上および昭和36年3月以前の期間は、老齢基礎年金の年金額計算の対象外となる期間（合算対象期間）です。

※ ❻〜❽とは別に、平成26年4月から、任意加入しながら保険料未納となった期間についても、合算対象期間として扱われています。

男子の場合は40歳以後、女子および坑内員・船員の場合は35歳以後の厚生年金保険の被保険者期間が、下表のように15年～19年あれば資格期間を満たします（中高齢者の特例）。

生　年　月　日	期　間
昭和22年4月1日以前	15年
昭和22年4月2日～昭和23年4月1日	16年
昭和23年4月2日～昭和24年4月1日	17年
昭和24年4月2日～昭和25年4月1日	18年
昭和25年4月2日～昭和26年4月1日	19年

◆坑内員・船員の被保険者期間の特例

厚生年金保険の第3種被保険者である坑内員・船員の被保険者期間（昭和61年3月31日以前の船員保険の被保険者期間も第3種被保険者期間とみなされます）には、次の特例があります。

❶昭和61年3月までの期間は、実際の加入期間を3分の4倍して計算します。

❷昭和61年4月から平成3年3月までの期間は、実際の加入期間を5分の6倍して計算します。なお、平成3年4月以後の期間は、一般と同様に実際の期間で計算します。

3 支給開始年齢と繰上げ支給

支給開始年齢の引き上げ

特別支給の老齢厚生年金（60歳台前半の老齢厚生年金）の年金額は、平成13年度（女子は平成18年度）以後に60歳になる人については、段階的に定額部分の支給開始年齢が引き上げられ、報酬比例部分相当のみの年金に切り替えられてきました。

◆報酬比例部分の支給開始年齢も引き上げ

そして、定額部分の支給開始年齢引き上げが完了した平成25年度（女子は平成30年度）以後に60歳になる人については、段階的に報酬比例部分の支給開始年齢が引き上げられ、最終的には60歳台前半の老齢厚生年金は受けられなくなります（男子は昭和36年4月2日以後生まれ、女子は昭和41年4月2日以後生まれから）。

生年月日	受けられる年金						老齢厚生年金の繰上げ請求可能年齢	老齢基礎年金の繰上げ請求可能年齢
	60歳	61歳	62歳	63歳	64歳	65歳		
①男子 昭16.4.1以前 女子 昭21.4.1以前	報酬比例部分					老齢厚生年金	請求不可	60歳から
	定額部分					老齢基礎年金		
②男子 昭16.4.2～昭18.4.1 女子 昭21.4.2～昭23.4.1	報酬比例部分					老齢厚生年金		・一部繰上げは60歳から定額部分の支給開始年齢になるまで ・全部繰上げは60歳から
		定額部分				老齢基礎年金		
③男子 昭18.4.2～昭20.4.1 女子 昭23.4.2～昭25.4.1	報酬比例部分					老齢厚生年金		
			定額部分			老齢基礎年金		
④男子 昭20.4.2～昭22.4.1 女子 昭25.4.2～昭27.4.1	報酬比例部分					老齢厚生年金		
				定額部分		老齢基礎年金		
⑤男子 昭22.4.2～昭24.4.1 女子 昭27.4.2～昭29.4.1	報酬比例部分					老齢厚生年金		
					定額部分	老齢基礎年金		
⑥男子 昭24.4.2～昭28.4.1 女子 昭29.4.2～昭33.4.1	報酬比例部分					老齢厚生年金		60歳から
						老齢基礎年金		
⑦男子 昭28.4.2～昭30.4.1 女子 昭33.4.2～昭35.4.1		報酬比例部分				老齢厚生年金	60歳から報酬比例部分の支給開始年齢になるまで	・厚生年金と同時は60歳から報酬比例部分の支給開始年齢になるまで ・基礎年金のみは報酬比例部分の支給開始年齢から
						老齢基礎年金		
⑧男子 昭30.4.2～昭32.4.1 女子 昭35.4.2～昭37.4.1			報酬比例部分			老齢厚生年金		
						老齢基礎年金		
⑨男子 昭32.4.2～昭34.4.1 女子 昭37.4.2～昭39.4.1				報酬比例部分		老齢厚生年金		
						老齢基礎年金		
⑩男子 昭34.4.2～昭36.4.1 女子 昭39.4.2～昭41.4.1					報酬比例部分	老齢厚生年金		
						老齢基礎年金		
⑪男子 昭36.4.2以後 女子 昭41.4.2以後						老齢厚生年金	60歳から	60歳から
						老齢基礎年金		

◆━━━━━ 60歳台前半の老齢厚生年金 ━━━━━▶

注1 昭和15年4月1日以前生まれの女子で、厚生年金保険の被保険者期間が20年以上または35歳以後15年以上ある人は、生年月日に応じて55歳～59歳から、定額部分＋報酬比例部分の年金を受けています。

注2 上図で報酬比例部分のみ支給される期間について、退職していて、①障害認定日相当日以後3級以上の障害の状態にある（本人の請求が必要）か、②厚生年金保険の被保険者期間が44年（528月）以上あれば、定額部分＋報酬比例部分が支給されます。

注3 上記の①障害認定日相当日以後3級以上の障害の状態にある障害年金受給者については、平成26年4月から、本人の請求時以降ではなく、障害の状態にあると診断されるときにさかのぼって、定額部分＋報酬比例部分が支給されることになっています。

注4 この場合の女子とは、第1号厚生年金被保険者の女子または第1号厚生年金被保険者期間を有する女子となります。

支給開始年齢前から年金を受けるとき

特別支給の老齢厚生年金（60歳台前半の老齢厚生年金）の支給開始年齢引き上げに応じて、昭和16年（女子は21年）4月2日以後生まれの人については、次のように老齢基礎年金を繰り上げて受けられるしくみが設けられています（国民年金の任意加入者を除きます）。

■昭16.4.2～24.4.1生まれの男子
■昭21.4.2～29.4.1生まれの女子

60歳から65歳になるまでの間に請求することで、請求時から65歳到達時までの月数に応じて減額された繰上げ支給の老齢基礎年金（全部繰上げ）を受けられます。この場合、定額部分のうち基礎年金相当部分は支給停止され、経過的加算相当額が支給されます（加給年金額は、定額部分の支給開始年齢から加算）。

また、60歳から定額部分の支給開始年齢到達月の前月までの間に老齢基礎年金と定額部分とを一緒に繰り上げることができます（一部繰上げの老齢基礎年金）。この場合、老齢基礎年金と定額部分は一体で繰り上げられるため、それぞれが減額され（定額部分は減額されて繰上げ調整額として支給）、65歳以後は繰上げ調整額は支給されなくなるため、代わりに老齢基礎年金の加算が行われます。

■昭24.4.2～28.4.1生まれの男子
■昭29.4.2～33.4.1生まれの女子

60歳から65歳になるまでの間に請求することで、繰上げ支給の老齢基礎年金（全部繰上げと同様）を受けられます（加給年金額は65歳から）。

全部繰上げの減額された老齢基礎年金額
　＝老齢基礎年金額×（1−0.005＊×繰上げ請求月から
　　65歳到達月の前月までの月数）

60歳　　　　繰上げ請求　　　　65歳

| 報　酬　比　例　部　分 | 老齢厚生年金 |

繰上げ支給の老齢基礎年金（減額）

■昭28.4.2～36.4.1生まれの男子
■昭33.4.2～41.4.1生まれの女子

60歳から報酬比例部分の支給開始年齢になるまでの間に、経過的な繰上げ支給の老齢厚生年金を請求できます。この繰上げ請求は、繰上げ支給の老齢基礎年金と同時に行います。請求により、減額された老齢基礎年金＋減額された老齢厚生年金が支給されます（加給年金額は65歳から）。

また、障害者・長期加入者および坑内員・船員が、60歳から報酬比例部分の支給開始年齢になるまでの間に繰上げ請求を行う場合には一部繰上げとなり、報酬比例部分のほかに繰上げ調整額が加算されます。

なお、報酬比例部分の支給開始年齢到達後65歳になるまでの間は、老齢基礎年金のみ支給繰上げを請求することができます。

■昭36.4.2以後生まれの男子
■昭41.4.2以後生まれの女子

60歳から65歳になるまでの間に、繰上げ支給の老齢厚生年金を請求できます。この繰上げ請求は、繰上げ支給の老齢基礎年金と同時に行います。請求により、減額された老齢基礎年金＋減額された老齢厚生年金が支給されます（加給年金額は65歳から）。

＊ 昭和37年4月2日以後生まれの人の繰上げの減額率は「0.004」となりました。

離婚後の厚生年金の分割

平成19年4月以後に離婚した夫婦について、一方が婚姻期間中に厚生年金保険の被保険者期間をもつ場合、その一方の婚姻期間中の各月の標準報酬（標準報酬月額および標準賞与額）のうち一定割合を他方に移し替える形で、両方の標準報酬を改定または決定できます。なお、離婚後2年以内に両方の合意等に基づくどちらかの請求が必要です。

また、離婚した夫婦の一方が厚生年金保険の被保険者（特定被保険者）、他方が被扶養配偶者（国民年金の第3号被保険者）であった場合、第3号被保険者期間のうち平成20年4月以後の期間（特定期間）中の各月について、特定被保険者の標準報酬の2分の1を被扶養配偶者だった人に移し替える形で、両方の標準報酬を改定および決定できます（被扶養配偶者だった人が離婚成立後2年以内に請求）。

改定・決定後の標準報酬は、年金額の計算の基礎となる標準報酬として用いられますが、年金受給資格期間等には算入されません。

社会保障協定締結の推進

年金制度への二重加入の防止を目的とした社会保障協定は、ドイツ、イギリス、韓国、アメリカ、ベルギー、フランス、カナダ、オーストラリア、オランダ、チェコ、スペイン、アイルランド、ブラジル、スイス、ハンガリー、インド、ルクセンブルク、フィリピン、スロバキア、中国、フィンランド、スウェーデン、イタリアと締結されており、就労国の制度のみに加入するのが原則とされています。また、イギリス、韓国、中国、イタリア以外の国との協定では、日本と相手国の年金加入期間を相互に通算することで年金受給権を獲得できるようになっています。

4 60歳台前半の年金額の計算

定額部分と報酬比例部分

　特別支給の老齢厚生年金（60歳台前半の老齢厚生年金）は、男子・女子ごとに生年月日に応じて、①定額部分と報酬比例部分（および加給年金額）を合算した額、または②報酬比例部分のみの額となります（92頁参照）。

定額部分の計算方法

　定額部分は厚生年金保険の被保険者期間等に応じた給付で、定額単価に給付乗率等を乗じて計算します。

定額部分の計算式

①定額単価 1,701円	×	②生年月日に応じて 1.875～1	×	③被保険者期間の 月数

※ ①の定額単価は、1,628円×改定率（50銭未満の端数は切り捨て、50銭以上1円未満の端数は1円に切り上げ）で計算されますが、令和6年度の改定率は1.045であるため1,701円（69歳以上の人の改定率は1.042で1,696円）となります。

※ ②の乗率は、100頁の表「G」欄のとおりです。

※ ③の被保険者期間の月数の上限は、下表のとおり、生年月日に応じて定められており、昭和21年4月2日以後生まれの人で480月（40年）となっています。

※ ③の被保険者期間の月数は、中高齢者の資格期間短縮の特例、昭和29年4月以前に坑内員であった人の特例（89頁の特例4の(1)）、昭和61年3月31日までに漁船に乗り組んだ期間の特例（89頁の特例4の(2)）などに該当し被保険者期間の月数が240月（20年）未満である場合には、240月となります。

生年月日	上限
昭4.4.1以前	420月（35年）
昭4.4.2～昭9.4.1	432月（36年）
昭9.4.2～昭19.4.1	444月（37年）
昭19.4.2～昭20.4.1	456月（38年）
昭20.4.2～昭21.4.1	468月（39年）
昭21.4.2以後	480月（40年）

報酬比例部分のしくみ（本来水準の年金額と従前額保障年金額）

　報酬比例部分は、厚生年金保険の被保険者期間中の給与（保険料納付額）等に応じた部分で、平均給与に給付乗率等を乗じて計算します。

　報酬比例部分については、A. 本来水準の年金額（平成16年改正後年金額）とB. 従前額保障年金額（平成12年改正前の給付水準を保障するための旧給付乗率による額）が設定されています。そして、報酬比例部分は、本来水準の年金額と従前額保障年金額のうちどちらか高い方が支給されます。

加給年金額と特別加算額

　加給年金額は、定額部分と報酬比例部分を合算した老齢厚生年金を受けられるようになったときに、受給権者が65歳未満の配偶者、18歳到達年度の末日までの子または20歳未満で1級・2級の障害の子の生計を維持している場合に加算されます。ただし、厚生年金保険の被保険者期間が20年（中高齢者の特例15年～19年に該当する人はその年数）以上ある場合に限ります（110頁参照）。

　なお、昭和9年4月2日以後生まれの受給権者が受ける配偶者加給年金額には、特別加算が行われます。

	令和6年度の加給年金額
配偶者	234,800円（月額19,566円）
1人目・2人目の子	各234,800円（月額19,566円）
3人目以降の子	各 78,300円（月額 6,525円）

受給権者の生年月日	令和6年度の特別加算額（合計）
昭9.4.2～昭15.4.1	34,700円（269,500円）
昭15.4.2～昭16.4.1	69,300円（304,100円）
昭16.4.2～昭17.4.1	104,000円（338,800円）
昭17.4.2～昭18.4.1	138,600円（373,400円）
昭18.4.2以後	173,300円（408,100円）

※ 配偶者加給年金額は、配偶者が65歳になると支給が打ち切られます。その後は、配偶者が昭和41年4月1日以前生まれの場合は、配偶者自身の老齢基礎年金に振替加算が行われます（97頁参照）。
　なお、配偶者が老齢厚生年金（厚生年金保険の被保険者期間が20年または中高齢者の特例の年数以上の場合）、障害厚生年金などを受ける権利がある場合は、配偶者加給年金額は支給停止となります。

A. 本来水準の年金額の計算式

①平成15年3月以前の期間の平均標準報酬月額	×	②生年月日に応じて $\frac{9.5}{1000}$～$\frac{7.125}{1000}$	×	③平成15年3月以前の 被保険者期間の月数
＋ ④平成15年4月以後の期間の平均標準報酬額	×	⑤生年月日に応じて $\frac{7.308}{1000}$～$\frac{5.481}{1000}$	×	⑥平成15年4月以後の 被保険者期間の月数

※ ①④：生年月日に応じて最近の賃金水準に再評価した額
※ ②⑤：5％適正化後（平成12年改正後）の給付乗率→100頁の表「H」「J」
※ ③⑥：実際の被保険者期間の月数

B. 従前額保障年金額の計算式

（①平成15年3月以前の期間の平均標準報酬月額	×	②生年月日に応じて $\frac{10}{1000}$～$\frac{7.5}{1000}$	×	③平成15年3月以前の 被保険者期間の月数
＋ ④平成15年4月以後の期間の平均標準報酬額	×	⑤生年月日に応じて $\frac{7.692}{1000}$～$\frac{5.769}{1000}$	×	⑥平成15年4月以後の 被保険者期間の月数）

× ⑦従前額改定率

※ ①④：平成6年当時の賃金水準に再評価した額
※ ②⑤：5％適正化前（平成12年改正前）の旧給付乗率→100頁の表「I」「K」
※ ③⑥：実際の被保険者期間の月数
※ ⑦：毎年度、既裁定者の再評価率の改定（物価スライドを基本）と同様の方法で改定

5 60歳台前半の在職老齢年金

受給権者が在職中の場合は在職老齢年金

特別支給の老齢厚生年金（60歳台前半の老齢厚生年金）の受給権者が、在職中（厚生年金保険の被保険者）の場合は、退職するまで、または65歳になるまでの間、60歳台前半の在職老齢年金を受けます。特例で55歳〜59歳から老齢厚生年金を受けられる坑内員・船員が、支給開始年齢に達して在職中の場合も同様です。

在職老齢年金は、賃金の増加に応じて賃金と年金の合計収入が増加するしくみで、令和6年4月以後の支給停止額（月額）は次のように計算します。

❶総報酬月額相当額（標準報酬月額とその月以前1年間の標準賞与額の総額を12で割って得た額との合計額）と基本月額との合計額が50万円以下の場合

> 支給停止なし

❷総報酬月額と基本月額の合計額が50万円を超える場合は、超える額の2分の1相当額（月額）が支給停止されます。支給停止額が基本月額を超えると全額が支給停止されます。

$$
\begin{array}{l}
支給停止額 \\
（月額）
\end{array}
=
\left(
\begin{array}{l}
基本 \\
月額
\end{array}
+
\begin{array}{l}
総報酬月額 \\
相当額
\end{array}
-
50万円
\right)
\times 1/2
$$

※ 上記の「50万円」は、令和6年度の支給停止調整額です。支給停止調整額は名目賃金変動率を基準にして、1万円単位で改定されます。

※ 令和4年3月までの60歳台前半の在職老齢年金は、①総報酬月額相当額と年金月額との合計額が28万円以下の場合は支給停止が行われず、②総報酬月額相当額と年金月額との合計額が28万円を超えた場合は、年金月額と総報酬月額相当額に応じて支給停止額が計算されました。それが、令和4年4月以後は、従来の65歳以上の在職老齢年金と同じしくみになりました。

※ 短時間労働者に対する適用拡大の基準のうち、従業員数「101人以上」の企業規模要件が、令和6年10月から「51人以上」に拡大されます。

※ 厚生年金基金の加入員であった人の場合、支給停止額が国から支給される年金を超える場合には基金から支給される年金も支給停止されることがあります。基金から支給される年金の支給停止については、各基金の規約で定められています。

◇加給年金額がある場合

在職による支給停止が行われる60歳台前半の老齢厚生年金に加給年金額が加算されている場合には、加給年金額分を除いて左記の計算を行って、支給停止額が決まります。その結果、年金が一部支給停止ならば、加給年金額は全額が支給され、年金が全額支給停止ならば、加給年金額も全額支給停止となります。

受給権者の再就職などによる支給額の変更と退職時改定

退職していた60歳台前半の老齢厚生年金の受給権者が、再就職して被保険者になり、再就職後の総報酬月額相当額と基本月額との合計が50万円を超える場合には、再就職月の翌月分から年金額の一部または全額が支給停止となります。

◇総報酬月額相当額が変わったとき

在職老齢年金の受給権者の総報酬月額相当額が変わると、年金額の調整も変わります（支給停止の開始、支給停止額の変更、支給停止の解除）。

◇退職したとき（退職時改定）

60歳台前半の在職老齢年金の受給権者が退職して被保険者資格を失い、被保険者とならずに1カ月が経過すると、支給停止がなくなり、在職中の被保険者期間を加えて年金額が再計算・改定されます。在職中に加給年金額の加算に必要な被保険者期間（原則20年）を満たした人は、退職時に対象者がいれば、新たに加給年金額が加算されます（受ける年金が定額部分と報酬比例部分を合算

年金の繰上げ支給を受け在職中の場合

● 老齢基礎年金の繰上げ支給を請求した人

全部繰上げの老齢基礎年金を請求した人（93頁参照）が在職中の場合は、報酬比例部分＋経過的加算相当額（97頁参照）について、上記の方法で調整が行われます（老齢基礎年金については支給停止は行われません）。

一部繰上げの老齢基礎年金を請求した人（93頁参照）が在職中の場合は、報酬比例部分について、上記の方法で調整が行われます（繰上げ調整額は支給停止されますが、老齢基礎年金については支給停止は行われません）。

なお、加給年金額が加算されている場合は、上記の調整が行われる部分が一部支給停止または全額支給ならば加給年金額は全額が支給され、全額支給停止ならば加給年金額も全額支給停止になります。

● 老齢厚生年金の繰上げ支給を請求した人

経過的な繰上げ支給の老齢厚生年金を請求した人（93頁参照）が在職中の場合は、老齢厚生年金について、65歳到達後も上記の方法で調整が行われます（老齢基礎年金については支給停止が行われません）。

繰上げ支給の老齢厚生年金を請求した人（93頁参照）が在職中の場合は、老齢厚生年金について、65歳到達後も上記の方法で調整が行われます（老齢基礎年金については支給停止は行われません）。

した老齢厚生年金である場合）。

　1カ月が経過した日とは、たとえば3月31日に退職した場合には、その日から起算して1カ月を経過した日は4月30日となり、4月から年金額が改定されます。また、4月1日に退職すると1カ月を経過した日は5月1日となり、5月から年金額が改定されます。

図：支給開始年齢（在職中）／退職後1カ月／65歳

一部または全額支給停止 → 年金額改定（全額支給） → 老齢厚生年金 老齢基礎年金

60歳台前半の老齢厚生年金

6 雇用保険の給付との調整

特別支給の老齢厚生年金と調整

　特別支給の老齢厚生年金（60歳台前半の老齢厚生年金）の受給権者が、雇用保険の基本手当や高年齢雇用継続給付（高年齢雇用継続基本給付金または高年齢再就職給付金）を受けられる場合は、年金の全額または一部が支給停止となる調整が行われます。

※ 雇用保険からの給付を受ける場合、従来は届出が必要でしたが、年金請求時などに日本年金機構へ雇用保険被保険者番号を届け出ていれば、①年金を受ける権利が発生したとき、②ハローワークに求職申し込みをしたとき、③高年齢雇用継続給付を受けられるときについて、届出は原則不要となっています。

基本手当受給期間は年金が全額支給停止

　基本手当を受ける場合は、基本手当が優先し、その間の老齢厚生年金は全額支給停止となります。

図：求職の申し込み／受給期間または所定給付日数経過

雇用保険：基本手当受給

調整対象期間

基本手当を受給している間は、60歳台前半の老齢厚生年金は全額支給停止されます。

年金：60歳台前半の老齢厚生年金 支給停止 → 支給 → 老齢厚生年金 老齢基礎年金（65歳）

◇求職申込月の翌月から支給停止

　支給停止の期間は、求職の申し込みを行った月の翌月から基本手当の受給期間または所定給付日数が経過した月までの間（調整対象期間）です。

　この期間中でも、基本手当の支給対象日が1日もない月については老齢厚生年金が支給されます。

図：求職の申し込み／基本手当受給期間経過

1月 2月 3月 ～ 10月 11月 12月

老齢厚生年金支給停止（調整対象期間）

高年齢雇用継続給付受給中は一部支給停止

　60歳台前半の在職老齢年金の受給権者が雇用保険の高年齢雇用継続給付を受ける間は、次のような調整が行われます。

❶60歳台前半の在職老齢年金のしくみ（95頁参照）により、年金額の調整が行われます（全額支給停止になる場合は、❷の調整は行われません）。

❷さらに、標準報酬月額の賃金月額（60歳到達時または離職時）に対する割合に応じた調整額（最高で標準報酬月額の6％相当額）が支給停止されます。

❸❶、❷による支給停止額が、加給年金額を除いた年金額以上である場合は、加給年金額を含めて全額が支給停止になります。

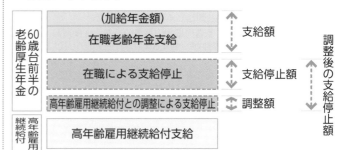

基本手当受給による支給停止の事後精算

　調整対象期間中は、基本手当を1日でも受けると、その月は年金が支給停止されます。このため、同じ日数分の基本手当を受けても、人によって支給停止月数が異なる場合があります。そこで、基本手当の受給期間または所定給付日数の経過後、精算が行われます。

　具体的には、受給期間または所定給付日数が経過した時点で、次の式で計算した支給停止解除月数が1以上の場合には、その月数分の支給停止が解除され、直近の支給停止月分から順次さかのぼって老齢厚生年金が支給されます。

$$
\text{支給停止解除月数} = \text{支給停止月数} - \left[\frac{\text{基本手当支給対象の日数}}{\div 30\ (1未満切り上げ)} \right]
$$

7 65歳からの老齢年金

老齢基礎年金と老齢厚生年金

　老齢基礎年金の資格期間を満たした人には65歳以後、老齢基礎年金が支給され、さらに厚生年金保険の被保険者期間が1カ月以上ある場合には、上乗せして老齢厚生年金が支給されます。特別支給の老齢厚生年金（60歳台前半の老齢厚生年金）の受給権者も、65歳からは老齢基礎年金と老齢厚生年金の支給となります。

60〜64歳（生年月日などに応じ）　　65歳

| 60歳台前半の
老齢厚生年金 | （報酬比例部分） | 老齢厚生年金 |
| | （定額部分） | （経過的加算額）
老齢基礎年金 |

※ 老齢基礎年金は、66歳以後の希望するときから、繰り下げた期間に応じて増額することができて受けることができます（繰下げ支給）。また、65歳からの老齢厚生年金の受給権がある人は、同様に老齢厚生年金の繰下げ支給を受けることができます。なお、繰下げ支給は、①老齢基礎年金単独、②老齢厚生年金単独、③老齢基礎年金と老齢厚生年金同時、のいずれでも受けることができます。

※ 昭和27年4月2日以後生まれの人または平成29年4月1日以後に老齢基礎（厚生）年金の受給権が発生している人は、繰下げ支給の上限年齢が75歳に引き上げられています。繰下げ増額率は1月当たり0.7％のため、75歳受給の場合の増額率は84％になります。また、70歳に達した日後に、65歳からの年金をさかのぼって受ける場合は、請求の5年前の日時点で繰下げ受給の申出があったものとみなされて増額した年金を一括して受け取ることになります。

老齢基礎年金は40年加入で満額

　令和6年度の老齢基礎年金の額は816,000円（月額68,000円）です。この年金額は、20歳以上60歳未満の40年間がすべて保険料納付済期間である人に支給される額（満額）です。なお、昭和16年4月1日以前生まれの人は、昭和36年4月から60歳に達するまでの期間（加入可能年数→100頁の表「C」）がすべて保険料納付済期間であれば、満額の老齢基礎年金が支給されます。

◆ 保険料納付済期間が不足する場合

　保険料納付済期間の月数が480月（40年）または加入

老齢基礎年金額の計算式

$$816{,}000円 \times \frac{保険料納付済期間の月数*}{加入可能年数 \times 12}$$

※ 816,000円は68歳以下の人の年金額で、69歳以上の人は813,700円（月額67,808円）となります。

可能年数の12倍に満たない場合は、不足する期間に応じて減額され、次の式で計算した額が支給されます。

老齢厚生年金は報酬比例の年金額と経過的加算額

　老齢厚生年金の年金額は、報酬比例の年金額に加給年金額を加算した額です。報酬比例の年金額は、60歳台前半の報酬比例部分と同じ方法（94頁参照）で計算した額に、経過的加算額を加算した額となります。

◆ 定額部分との差額は経過的加算で

　65歳からの年金では、60歳台前半の老齢厚生年金の定額部分に相当するものは老齢基礎年金として支給されるしくみです。

　しかし、厚生年金保険の被保険者期間の一部（20歳前や60歳以後の期間など）が老齢基礎年金の年金額に反映されないため、当面は、定額部分が老齢基礎年金の年金額のうち厚生年金保険の被保険者期間について支給される部分より高くなる場合があります。

　そこで、当分の間、次の式により計算された差額が加算されます（経過的加算）。

60歳台前半の老齢厚生年金の定額部分の計算式
$-\ \begin{matrix}満額の老齢\\基礎年金額\end{matrix} \times \dfrac{昭36.4以後で20歳以上60歳未満の厚生年金保険の被保険者期間の月数}{加入可能年数 \times 12}$

※ 60歳台前半の老齢厚生年金の定額部分の計算式は94頁参照。
※ 定額部分を受けられない人も経過的加算は行われます。

◆ 配偶者と子についての加給年金額

　60歳台前半の老齢厚生年金に加算される場合と同様です（94頁参照）。ただし、加給年金額が加算された60歳台前半の老齢厚生年金の受給権者であった人は、その加給年金額が加算された当時から引き続いて、対象者との生計維持関係が必要です。

＊ 保険料免除期間がある場合に次の月数が加算されます（学生納付特例期間・納付猶予期間は全額免除期間に含まれません）。

保険料免除期間	平21.4以後	平21.3以前
1／4免除期間	その月数の7／8	その月数の5／6
半額免除期間	その月数の3／4	その月数の2／3
3／4免除期間	その月数の5／8	その月数の1／2
全額免除期間	その月数の1／2	その月数の1／3

配偶者加給年金額と振替加算

　老齢厚生年金や1級・2級の障害厚生年金には、配偶者加給年金額が加算されます。配偶者加給年金額は、配偶者が65歳になると加算されなくなります。ただし、昭和41年4月1日以前生まれの配偶者には、加給年金額にかわって、配偶者自身が受ける老齢基礎年金に加算（振替加算）が行われます。

　振替加算の額は、老齢基礎年金を受ける人の生年月日に応じて100頁の表「D」の額です。

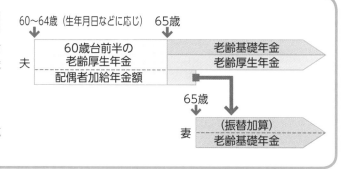

65歳以上で在職中の場合の在職老齢年金

65歳からの老齢厚生年金の受給権者が在職中の場合は、退職するまでの間、60歳台前半の在職老齢年金と同じしくみ（95頁参照）で年金額が調整されます（老齢基礎年金は全額支給されます）。

※「在職中」の人とは、①65歳以上70歳未満で厚生年金保険の被保険者である人、②70歳以上で厚生年金保険の適用事業所で使用される人をいいます。

※ 昭和12年4月1日以前生まれの老齢厚生年金の受給権者については、平成27年10月からは、在職中は一定の激変緩和措置を設けたうえで、在職老齢年金が適用されています。

加給年金額は、支給停止額（月額）が基本月額に満たない場合は全額が支給され、支給停止額（月額）が基本月額以上である場合は全額支給停止です。いずれの場合でも経過的加算額および繰下げ支給による加算額は支給停止されません。

再就職等による支給額の変更と退職時等改定

退職して65歳からの老齢厚生年金の受給権者となっている人が、再就職して「在職中」となったときは、再就職月の翌月分から、65歳からの在職老齢年金として年金額の一部または全額が支給停止になる場合があります。

❶ 在職老齢年金の受給権者の総報酬月額相当額が変わると、年金額の調整も変わります（支給停止の開始、支給停止額の変更、支給停止の解除）。

❷ 65歳以後も在職中の場合、令和4年4月から、年に一度9月1日を基準日として直近1年間の標準報酬を反映して年金額が見直され、毎年10月分から改定された年金額が受けられるようになりました。これを「在職定時改定」といいます。

※ 年金額が変わると、①と同様に年金額の調整も変わります。

❸ 70歳未満の在職老齢年金の受給権者が退職して被保険者資格を失った場合、直近の計算から退職までの期間を反映して年金額が計算され、退職日の属する月の翌月分から年金額が改定されます。

❹ 在職中に70歳になり被保険者資格を失った場合は、次の基準日である9月1日を待たずに年金額が計算し直されます。

❺ 70歳以上の在職老齢年金の受給権者が退職して1カ月が経過すると、支給停止がなくなります。

以上の支給（停止額）の変更・年金額の改定は、事業主が提出する届書に基づいて行われますので、本人からの届出は必要ありません。

● 70歳以上の被用者の届出

在職老齢年金のしくみ（老齢厚生年金の支給停止）は、70歳以上の在職者にも適用されます。そのため事業主は、新たに70歳以上の人を雇用した場合は「70歳以上被用者該当届」を提出します。在職中の人が継続雇用で70歳に達したときは「70歳到達届」を提出します。ただし、70歳以後も標準報酬月額が変わらない場合は、この届を省略できます。また、定時決定・随時改定・賞与支払については、それぞれ70歳未満の場合と統合されている届出様式で届け出ます。

企業年金などのしくみ

国民年金や厚生年金保険のほかに、事業主が従業員のために実施する企業年金や、自営業者等の老齢基礎年金に上乗せ給付を行う国民年金基金があります。

■企業年金の種類

法律で定められている企業年金には、①確定給付企業年金、②確定拠出年金、③厚生年金基金、の3種類があります。

■確定給付企業年金

厚生年金保険の適用事業所の事業主が実施し、従業員（原則として厚生年金保険の被保険者）とあらかじめ取り決めた給付を従業員が高齢になって受ける年金制度です。

確定給付企業年金には、事業所とは別法人の企業年金基金で資金の積み立てや給付の支給が行われる基金型と、企業年金基金を設立しない規約型の2種類があります。

■確定拠出年金

拠出した資金の運用を個人が自己の責任で指図し、一定の年齢になってその結果に基づいた給付を受けることができる年金制度で、厚生年金保険の適用事業所の事業主が実施する企業型年金と、国民年金基金連合会が実施する個人型年金（iDeCo）の2種類があります。平成29年1月から、個人型年金については、国民年金の第3号被保険者や第2号被保険者で企業型掛金拠出者等、そして公務員等の共済等加入者も加入できるようになっています。

■厚生年金基金

老齢厚生年金の一部を代行して支給し、さらに個々の基金の実態に応じた独自の年金を上積みし、老齢厚生年金より手厚い給付（老齢年金給付）を行います。

平成26年4月以後、今後は基金の新設は行わない、上乗せ給付の保全のため他の企業年金等への移行の特例を設けるなど、制度の見直しが行われています。

■国民年金基金

国民年金の第1号被保険者（保険料の免除者・納付猶予者等、農業者年金の被保険者を除き、日本に住んでいる60歳以上65歳未満の国民年金の任意加入被保険者を含む）の老齢基礎年金に上乗せ給付を行う年金制度です。

第1号被保険者は、基金に申し出て加入員になることができます。加入員は、国民年金本体の保険料とは別に、掛金を基金に納めます。そして、老齢基礎年金の受給権が発生すると、基金からの年金も支給されます。

国民年金基金には、都道府県単位の地域型と、全国単位の同業者などによる職能型の2種類があります。平成31年4月1日に47都道府県の地域型と22の職能型が合併し、全国国民年金基金が設立されました。現在も職能型が3基金あります。

年金額の計算例（老齢厚生年金・老齢基礎年金）

●物価スライドの特例による年金額は廃止されています。以下は本来水準の年金額の計算例（すでに年金を受けている人の令和6年度額）です。

昭和35年4月2日生まれ、厚生年金保険の被保険者期間480月、平成15年3月以前の期間の平均標準報酬月額が316,720円、平成15年4月以後の期間の平均標準報酬額が411,736円の夫（設例として「60歳以降は厚生年金保険の被保険者期間がない」と仮定）に、昭和38年4月2日生まれで、勤めたことも国民年金に任意加入したこともない妻がいる場合。

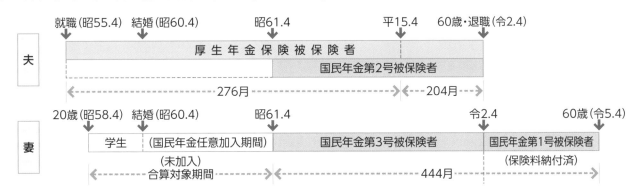

夫の64歳から65歳になるまでの老齢厚生年金

■報酬比例部分＝(316,720円×$\frac{7.125}{1000}$×276月＋411,736円×$\frac{5.481}{1000}$×204月)＝1,083,202円

生年月日が昭和34年4月2日から昭和36年4月1日までの男子が64歳から65歳になるまでに受ける老齢厚生年金は報酬比例部分のみのため、支給額は**1,083,202円（月額90,266円）**となります。なお、この夫の場合、60歳から64歳になるまでの間に、老齢厚生年金と老齢基礎年金の繰上げ支給を請求することができます。

夫の65歳からの老齢基礎年金と老齢厚生年金

■老齢基礎年金＝816,000円（満額）

■老齢厚生年金＝1,083,202円＋(1,701円×1.000×480月−816,000円)＝1,083,682円

■配偶者加給年金額（妻が65歳になるまで支給）＝234,800円＋173,300円＝408,100円

65歳になると、老齢基礎年金が支給され、老齢厚生年金（報酬比例部分と同様に計算）に経過的加算額が加算されます。また、配偶者加給年金額も加算されます。この結果、支給額は**2,307,782円（月額192,315円）**になります。

妻の65歳からの老齢基礎年金と振替加算

妻の老齢基礎年金は、加入可能年数40年中昭和61年4月以後の第3号被保険者および第1号被保険者の期間が37年あるので、次のように計算され、これに振替加算が加算されます。なお、妻が65歳になったときに、夫の老齢厚生年金の配偶者加給年金額は支給打ち切りとなります。

■老齢基礎年金＝816,000円×$\frac{444月}{40×12月}$＝754,800円

■振替加算＝15,732円

合計＝770,532円（月額64,211円）

妻65歳以後の夫婦の年金

■夫の老齢基礎年金＝816,000円（満額）

■夫の老齢厚生年金＝1,083,682円

■妻の老齢基礎年金＝754,800円

■妻の振替加算＝15,732円

夫が受ける老齢基礎年金と老齢厚生年金の合計額は1,899,682円（月額158,306円）、妻が受ける老齢基礎年金と振替加算の合計額は770,532円（月額64,211円）です。これにより、夫婦が受ける年金の合計額は**2,670,214円（月額は158,306円＋64,211円＝222,517円）**となります。

年金額の端数処理

❶報酬比例部分と定額部分は、計算途中の処理をせず、最後に1円で四捨五入して算出します。

❷報酬比例部分のみの特別支給の老齢厚生年金の年金額は、❶の報酬比例部分を1円で四捨五入して算出します。

❸報酬比例部分と定額部分を合わせた特別支給の老齢厚生年金の年金額は、❶の報酬比例部分と定額部分を合計した額を1円で四捨五入して算出します。

❹経過的加算は、❶の定額部分から、計算途中の処理をせず、最後に1円で四捨五入して算出した「基礎年金相当部分」を差し引いて得た1円未満の端数のない額となります。

❺65歳からの老齢厚生年金の年金額（加給年金額を除いた額）は、❶の報酬比例部分と❹の経過的加算を合計した額を1円で四捨五入して算出します。

❻老齢基礎年金の年金額は、計算途中の端数処理をせず、最後に1円で四捨五入して算出します。

※ 被用者年金の一元化によって、平成27年10月以後に裁定または改定される年金額は、満額の老齢基礎年金や配偶者加給年金額のように定額で支給されるものを除き、1円で四捨五入して端数処理をすることになっています。

経過措置早見表（老齢厚生年金・老齢基礎年金）

生年月日	必要な加入年数 A 厚年・共済を合わせた期間	必要な加入年数 B 厚生年金の中高齢者の特例	老齢基礎年金 C 加入可能年数	老齢基礎年金 D 振替加算額（年額）	老齢厚生年金 E 男子の支給開始年齢	老齢厚生年金 F 女子の支給開始年齢	老齢厚生年金 G 定額部分の読替率（乗率）	報酬比例部分の乗率 平均標準報酬月額にかける乗率 H 5%適正化後	I 5%適正化前	報酬比例部分の乗率 平均標準報酬額にかける乗率 J 5%適正化後	K 5%適正化前	L 配偶者加給年金額（年額）	遺族厚生年金 M 経過的寡婦加算（年額）
大正15年4月1日以前	旧制度の老齢年金または通算老齢年金が支給されます。												
大正15年4月2日～昭和2年4月1日	20年	15年	25年	234,100円	60歳	55歳	1.875	千分の9.5	千分の10	千分の7.308	千分の7.692	234,800円	610,300円
昭和2年4月2日～昭和3年4月1日	〃	〃	26年	227,779円	〃	〃	1.817	9.367	9.86	7.205	7.585	〃	579,004円
昭和3年4月2日～昭和4年4月1日	〃	〃	27年	221,693円	〃	〃	1.761	9.234	9.72	7.103	7.477	〃	550,026円
昭和4年4月2日～昭和5年4月1日	〃	〃	28年	215,372円	〃	〃	1.707	9.101	9.58	7.001	7.369	〃	523,118円
昭和5年4月2日～昭和6年4月1日	〃	〃	29年	209,051円	〃	〃	1.654	8.968	9.44	6.898	7.262	〃	498,066円
昭和6年4月2日～昭和7年4月1日	〃	〃	30年	202,965円	〃	〃	1.603	8.845	9.31	6.804	7.162	〃	474,683円
昭和7年4月2日～昭和8年4月1日	〃	〃	31年	196,644円	〃	56歳	1.553	8.712	9.17	6.702	7.054	〃	452,810円
昭和8年4月2日～昭和9年4月1日	〃	〃	32年	190,323円	〃	〃	1.505	8.588	9.04	6.606	6.954	〃	432,303円
昭和9年4月2日～昭和10年4月1日	〃	〃	33年	184,237円	〃	57歳	1.458	8.465	8.91	6.512	6.854	269,500円	413,039円
昭和10年4月2日～昭和11年4月1日	〃	〃	34年	177,916円	〃	〃	1.413	8.351	8.79	6.424	6.762	〃	394,909円
昭和11年4月2日～昭和12年4月1日	〃	〃	35年	171,595円	〃	58歳	1.369	8.227	8.66	6.328	6.662	〃	377,814円
昭和12年4月2日～昭和13年4月1日	〃	〃	36年	165,509円	〃	〃	1.327	8.113	8.54	6.241	6.569	〃	361,669円
昭和13年4月2日～昭和14年4月1日	〃	〃	37年	159,188円	〃	59歳	1.286	7.990	8.41	6.146	6.469	〃	346,397円
昭和14年4月2日～昭和15年4月1日	〃	〃	38年	152,867円	〃	〃	1.246	7.876	8.29	6.058	6.377	〃	331,929円
昭和15年4月2日～昭和16年4月1日	〃	〃	39年	146,781円	〃	60歳	1.208	7.771	8.18	5.978	6.292	304,100円	318,203円
昭和16年4月2日～昭和17年4月1日	〃	〃	40年	140,460円	61歳	〃	1.170	7.657	8.06	5.890	6.200	338,800円	305,162円
昭和17年4月2日～昭和18年4月1日	〃	〃	〃	134,139円	〃	〃	1.134	7.543	7.94	5.802	6.108	373,400円	284,820円
昭和18年4月2日～昭和19年4月1日	〃	〃	〃	128,053円	62歳	〃	1.099	7.439	7.83	5.722	6.023	408,100円	264,477円
昭和19年4月2日～昭和20年4月1日	〃	〃	〃	121,732円	〃	〃	1.065	7.334	7.72	5.642	5.938	〃	244,135円
昭和20年4月2日～昭和21年4月1日	〃	〃	〃	115,411円	63歳	〃	1.032	7.230	7.61	5.562	5.854	〃	223,792円
昭和21年4月2日～昭和22年4月1日	〃	〃	〃	109,325円	〃	61歳	1.000	7.125	7.50	5.481	5.769	〃	203,450円
昭和22年4月2日～昭和23年4月1日	〃	16年	〃	103,004円	64歳	〃	〃	〃	〃	〃	〃	〃	183,107円
昭和23年4月2日～昭和24年4月1日	〃	17年	〃	96,683円	〃	62歳	〃	〃	〃	〃	〃	〃	162,765円
昭和24年4月2日～昭和25年4月1日	〃	18年	〃	90,597円	60歳	〃	〃	〃	〃	〃	〃	〃	142,422円
昭和25年4月2日～昭和26年4月1日	〃	19年	〃	84,276円	〃	63歳	〃	〃	〃	〃	〃	〃	122,080円
昭和26年4月2日～昭和27年4月1日	〃	—	〃	77,955円	〃	〃	〃	〃	〃	〃	〃	〃	101,737円
昭和27年4月2日～昭和28年4月1日	21年	—	〃	71,869円	〃	64歳	〃	〃	〃	〃	〃	〃	81,395円
昭和28年4月2日～昭和29年4月1日	22年	—	〃	65,548円	61歳	〃	〃	〃	〃	〃	〃	〃	61,052円
昭和29年4月2日～昭和30年4月1日	23年	—	〃	59,227円	〃	60歳	〃	〃	〃	〃	〃	〃	40,710円
昭和30年4月2日～昭和31年4月1日	24年	—	〃	53,141円	62歳	〃	〃	〃	〃	〃	〃	〃	20,367円
昭和31年4月2日～昭和32年4月1日	—	—	〃	46,960円	〃	〃	〃	〃	〃	〃	〃	〃	—
昭和32年4月2日～昭和33年4月1日	—	—	〃	40,620円	63歳	〃	〃	〃	〃	〃	〃	〃	—
昭和33年4月2日～昭和34年4月1日	—	—	〃	34,516円	〃	61歳	〃	〃	〃	〃	〃	〃	—
昭和34年4月2日～昭和35年4月1日	—	—	〃	28,176円	64歳	〃	〃	〃	〃	〃	〃	〃	—
昭和35年4月2日～昭和36年4月1日	—	—	〃	21,836円	〃	62歳	〃	〃	〃	〃	〃	〃	—
昭和36年4月2日～昭和37年4月1日	—	—	〃	15,732円	—	〃	〃	〃	〃	〃	〃	〃	—
昭和37年4月2日～昭和38年4月1日	—	—	〃	15,732円	—	63歳	〃	〃	〃	〃	〃	〃	—
昭和38年4月2日～昭和39年4月1日	—	—	〃	15,732円	—	〃	〃	〃	〃	〃	〃	〃	—
昭和39年4月2日～昭和40年4月1日	—	—	〃	15,732円	—	64歳	〃	〃	〃	〃	〃	〃	—
昭和40年4月2日～昭和41年4月1日	—	—	〃	15,732円	—	〃	〃	〃	〃	〃	〃	〃	—
昭和41年4月2日以後	—	—	〃	15,732円	—	—	〃	〃	〃	〃	〃	〃	—

注(1) A欄・B欄では、坑内員・船員の期間のうち、昭和61年3月以前の期間は実際の被保険者期間を3分の4倍し、昭和61年4月～平成3年3月の期間は5分の6倍して計算します。

(2) B欄は男子は40歳から、女子と坑内員・船員は35歳からの厚生年金保険・船員保険の被保険者期間です。

(3) D欄は老齢基礎年金を受ける妻（配偶者）の生年月日で、L欄は老齢厚生年金を受ける本人の生年月日で見てください。

(4) E欄の男子の支給開始年齢のうち、生年月日昭和24.4.1以前は定額部分＋報酬比例部分の老齢厚生年金の支給開始年齢、生年月日昭和24.4.2以後は報酬比例部分のみの老齢厚生年金の支給開始年齢です。F欄の女子の支給開始年齢のうち、生年月日昭和29.4.1以前は定額部分＋報酬比例部分の老齢厚生年金の支給開始年齢、生年月日昭和29.4.2以後は報酬比例部分のみの老齢厚生年金の支給開始年齢です。なお、F欄の生年月日昭和15.4.1以前の支給開始年齢は、厚生年金保険の被保険者期間が20年（中高齢者の特例で受けるときは35歳以後15年）以上ある人に限られます。

8 障害厚生年金・障害基礎年金

在職中の病気・けがには障害厚生年金

障害厚生年金は、初診日に厚生年金保険の被保険者である人が、その病気・けがで障害認定日（初診日から1年6カ月を経過した日。ただし、その期間内に治った日または症状が固定した日があれば、その日）に1級～3級の障害の状態にある場合に支給されます。

初診日に厚生年金保険の被保険者である人の病気・けがが5年以内に治り、3級よりやや軽い障害の状態にある場合は、障害手当金（一時金）が支給されます。

◇1級・2級障害は障害基礎年金も

初診日に国民年金の被保険者である人が、その病気・けがで障害認定日に1級または2級の障害の状態にある場合は、障害基礎年金が支給されます。

厚生年金保険の被保険者（老齢基礎年金等の受給権を有する65歳以上の人を除く）は同時に国民年金の第2号被保険者ですので、1級・2級の場合は障害厚生年金に加えて障害基礎年金が支給されることになります。

1級障害の場合	2級障害の場合	3級障害の場合	3級より軽い場合
1級障害厚生年金	2級障害厚生年金	3級障害厚生年金	障害手当金
1級障害基礎年金	2級障害基礎年金		

※ 65歳以上の人が障害基礎年金の受給権と老齢厚生年金または遺族厚生年金の受給権とをもつ場合、上の図とは別に組み合わせることができます。

◇障害基礎年金の保険料納付要件

障害給付を受けるには、初診日の前日に、障害基礎年金の保険料納付要件を満たしていることが必要です。

保険料納付要件は、初診日の属する月の前々月までの、国民年金の保険料を納めなければならない期間のうち、❶滞納した期間が3分の1を超えていないか、❷直近1年間に滞納がない（初診日が令和8年3月31日以前で、初診日に65歳未満の場合）ことです。

※ 厚生年金保険の被保険者期間とサラリーマンの妻などの期間（国民年金の第2号・第3号被保険者期間）は国民年金の保険料納付済期間となり、滞納期間にはなりません。

障害の程度や給料などに応じ年金額を計算

障害厚生年金の年金額は、障害の程度に応じて、報酬比例の年金額に一定の率を掛けた額です。また、1級・2級の障害厚生年金には、65歳未満の配偶者がいるときに配偶者加給年金額が加算されます。

障害基礎年金の額は、令和6年度は1級が1,020,000円（月額85,000円）・2級が816,000円（月額68,000円）です。また、子（18歳到達年度末日までの子または20歳未満で1級・2級障害の子）がいるときは、子の加算額が加算されます。

1級障害の場合
報酬比例の年金額×1.25 ＋ 配偶者加給年金額 ＋ 障害基礎年金 ＋ 子の加算額

2級障害の場合
報酬比例の年金額 ＋ 配偶者加給年金額 ＋ 障害基礎年金 ＋ 子の加算額

3級障害の場合
報酬比例の年金額

3級より軽い場合（障害手当金＝一時金）
報酬比例の年金額×2.0（最低額保障あり）

◇報酬比例の年金額の計算方法

60歳台前半の老齢厚生年金の報酬比例部分と同じ方法で計算され、本来水準年金額と従前額保障年金額のうち高い方が支給されます（94頁参照）。ただし、平均標準報酬月額・平均標準報酬額に掛ける乗率は、受給権者の生年月日に関係なく、100頁の表「H・I・J・K」欄の昭和21年4月2日以後生まれの乗率になります。

なお、障害認定日の属する月後の被保険者期間は年金額の計算の基礎とされません。また、年金額の計算の基礎となる被保険者期間の月数が300月に満たないときは、300をその月数で割った数を94頁の計算式に掛けて計算し、全体を300月分に増額（保障）します。

障害認定日後に障害の状態が変わった場合

● 障害が重くなったとき（事後重症制度）

障害認定日に1級～3級の障害の状態になかった人が、その後その障害が悪化し、65歳になるまでの間に1級～3級の障害の状態になった場合は、請求月の翌月分から障害厚生年金が支給されます。1級・2級の障害の状態になった場合は、障害基礎年金も支給されます。

● 併合してはじめて2級に該当するとき

障害認定日に1級・2級の障害の状態になかった人が、厚生年金保険の被保険者である間に新たな別の病気・けが（基準傷病）で初診を受け、65歳になるまでの間に、基準傷病による障害と前の障害を併合してはじめて1級・2級の障害の状態になった場合は、請求月の翌月分から障害基礎年金と障害厚生年金が支給されます。

● 障害年金額の改定請求のための待期期間の緩和

障害年金の受給者は、障害の程度が増進した場合には障害年金額の改定請求を行うことができます。

この改定請求を行う場合、1年間の待期期間が設けられていましたが、平成26年4月からは、障害の程度が増進したことが明らかに確認できる場合には、待期期間を必要としないこととされています。

◇障害厚生年金の年金額の最低保障

◇障害厚生年金の年金額の最低保障

同一の病気・けがによる障害について障害基礎年金を受けることができない場合の障害厚生年金では、「報酬比例の年金額」（1級障害の場合は「報酬比例の年金額×1.25」）が、612,000円に満たないときは、後者の額が支給されます。

◇配偶者加給年金額と子の加算額

障害厚生年金に加算される配偶者加給年金額は、60歳台前半の老齢厚生年金の配偶者の加給年金額（特別加算額を除く）と同額で、障害基礎年金に加算される子の加算額は、60歳台前半の老齢厚生年金の子の加給年金額と同額です（94頁参照）。

配偶者加給年金額は、配偶者が65歳になると支給が打ち切られます。その後は、昭和41年4月1日以前生まれの配偶者については、本人の老齢基礎年金に振替加算が行われます。

報酬比例の年金額（本来水準）の計算式

①平成15年3月以前の期間の平均標準報酬月額	×	②$\frac{7.125}{1000}$	×	③平成15年3月以前の被保険者期間の月数
＋ ④平成15年4月以後の期間の平均標準報酬額	×	⑤$\frac{5.481}{1000}$	×	⑥平成15年4月以後の被保険者期間の月数

※ ①④：生年月日に応じて最近の賃金水準に再評価した額
※ ②⑤：5％適正化後（平成12年改正後）の給付乗率
※ ③⑥：実際の被保険者期間の月数

9 遺族厚生年金・遺族基礎年金

在職中などの死亡については遺族厚生年金

遺族厚生年金は、次のいずれかの場合に、その遺族に支給されます。
(1)厚生年金保険の被保険者が死亡したとき
(2)厚生年金保険の被保険者であった人が、被保険者期間中に初診日のある病気・けががもとで初診日から5年以内に死亡したとき
(3)1級・2級の障害厚生年金の受給権者が死亡したとき
(4)老齢厚生年金の受給権者か受給資格期間を満たした人が死亡したとき[*1]

*1 保険料納付済期間と保険料免除期間等を合算して25年以上あることが必要です。

上の(1)から(3)までに該当したときを短期の遺族厚生年金、(4)に該当したときを長期の遺族厚生年金といい、年金額の計算などで扱いが異なります。なお、短期と長期のいずれにも該当したときには、短期に該当したものとされますが、年金請求の際に遺族が申し出れば長期の遺族厚生年金とされます。

◇受けられる遺族

遺族厚生年金を受けられる遺族の範囲は、死亡した人に生計を維持されていた❶子のある配偶者（妻または55歳以上の夫）または子、❷子のない妻、❸55歳以上の子のない夫・父母・祖父母（支給開始は60歳から）、❹孫です。なお、子と孫は、18歳到達年度の末日までの人、または20歳未満で1級または2級の障害のある人をいい、現に結婚していない場合に限られます。

なお、子のない30歳未満の妻が受ける遺族厚生年金は、夫が死亡した日から5年を経過すると支給されなくなります。

◇子のある配偶者や子には遺族基礎年金

国民年金の被保険者が死亡したとき、被保険者であった人で日本国内に住んでいる60歳以上65歳未満の人が死亡したとき、老齢基礎年金の受給権者か受給資格期間を満たした人[*2]が死亡したときは、子のある配偶者（妻または夫）または子に遺族基礎年金が支給されます。

*2 保険料納付済期間と保険料免除期間等を合算して25年以上あることが必要です。

※ 夫が遺族基礎年金を受ける場合とは、妻の死亡日が平成26年4月1日以後のときに限ります。

したがって、遺族厚生年金を受ける遺族が子のある配偶者（妻または55歳以上の夫）または子のときは、遺族厚生年金に加えて遺族基礎年金が支給されます。

なお、子のある妻が子のない妻になった場合（子が18歳到達年度末を経過するなどした場合）は遺族厚生年金のみを受けることになりますが、30歳前に子のない妻になった場合の遺族厚生年金は、その後5年間が経過すると支給されなくなります。

子のある配偶者が受ける場合[*3]	子が受ける場合	子のない中高齢の妻が受ける場合	その他の遺族が受ける場合
遺族厚生年金	遺族厚生年金	遺族厚生年金	遺族厚生年金
遺族基礎年金	遺族基礎年金	中高齢の加算	

*3 子のある配偶者が55歳未満の夫である場合は、55歳になるまで遺族基礎年金のみが支給されます。

◇遺族基礎年金の保険料納付要件

上記(1)、(2)の場合に遺族厚生年金を受けるには、死亡日の前日に、遺族基礎年金の保険料納付要件を満たしていることが必要です。保険料納付要件は、死亡した日の属する月の前々月までについて、障害基礎年金の保険料納付要件（101頁参照）と同様になっています。この場合、「初診日」を「死亡日」と読み替えます。

※ 厚生年金保険の被保険者期間とサラリーマンの妻などの期間（国民年金の第2号・第3号被保険者期間）は国民年金の保険料納付済期間となり、滞納期間にはなりません。

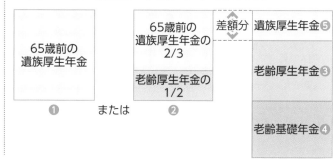

遺族により受けられる年金額と加算額

　遺族厚生年金の額は、死亡した人の報酬比例の年金額の4分の3に相当する額です。遺族基礎年金の額は、令和6年度は816,000円（月額68,000円）で、配偶者に支給されるとき、または子が2人以上いるときは、子の加算額が加算されます。子の加算額は、特別支給の老齢厚生年金の子の加給年金額と同額です（94頁参照）。

子のある配偶者が受ける場合

報酬比例の年金額 × 3/4	＋	遺族基礎年金	＋	子の加算額

※ 子のある配偶者が55歳未満の夫である場合は、55歳になるまで遺族基礎年金＋子の加算額のみが支給されます。

子が受ける場合（2人以上のときは、人数で割った額）

報酬比例の年金額 × 3/4	＋	遺族基礎年金	＋	2人目以降の子の加算額

子のない中高齢の妻が受ける場合

報酬比例の年金額 × 3/4	＋	中高齢の加算

その他の遺族が受ける場合（2人以上のときは、人数で割った額）

報酬比例の年金額 × 3/4

◆報酬比例の年金額の計算方法

　60歳台前半の老齢厚生年金の報酬比例部分と同じ方法で計算され、本来水準年金額と従前額保障年金額のうち高い方が支給されます（94頁参照）。

　ただし、短期の遺族厚生年金（前頁(1)～(3)）では、平均標準報酬月額・平均標準報酬額に掛ける乗率は、死亡した人の生年月日に関係なく、100頁の表「H・I・J・K」欄の昭和21年4月2日以後生まれの乗率になります。また、年金額の計算の基礎となる被保険者の月数が300月に満たないときは、障害厚生年金の場合と同様に全体を300月分に増額（保障）します。

　長期の遺族厚生年金（前頁(4)）では、平均標準報酬月額・平均標準報酬額に掛ける乗率は、死亡した人の生年月日に応じて100頁の表「H・I・J・K」欄の乗率となります。なお、年金額の計算の基礎となる被保険者期間の月数は実際の月数を用います（300月分の保障なし）。

◆子のない妻の中高齢の加算

　子のない妻（遺族基礎年金を受けられない妻）が受ける遺族厚生年金には、夫の死亡当時、妻が40歳以上であれば、妻が65歳になるまでの間、中高齢の加算が行われます。また、妻が40歳になった当時、子がいるため遺族

基礎年金を受けていた場合は、子が年齢要件等を満たさなくなり遺族基礎年金を受けられなくなってから、妻が65歳になるまでの間、中高齢の加算が行われます。なお、長期の遺族厚生年金では、夫の厚生年金保険の被保険者期間が20年以上または中高齢者の特例の15年～19年以上（92頁参照）である場合に限ります。

　中高齢の加算額は612,000円（令和6年度）です。

65歳からの妻の遺族厚生年金

◆中高齢の加算が経過的寡婦加算に

　中高齢の加算の対象となっている妻が65歳になると、中高齢の加算は打ち切られますが、昭和31年4月1日以前に生まれた配偶者には65歳以後、遺族厚生年金に生年月日に応じた額が加算されます（経過的寡婦加算）。

　65歳以上で遺族厚生年金を受け始める配偶者にも経過的寡婦加算が行われますが、長期の遺族厚生年金では、中高齢の加算と同じ夫の被保険者期間の条件があります。

※ 経過的寡婦加算額は、「中高齢の加算額－（満額の老齢基礎年金額×生年月日ごとの乗率）」で計算されます（100頁の表「M」欄参照）。

妻65歳
↓

遺　族　厚　生　年　金	遺　族　厚　生　年　金
中　高　齢　の　加　算	（経過的寡婦加算）
	老　齢　基　礎　年　金

◆遺族厚生年金と老齢厚生年金

　遺族厚生年金と60歳台前半の老齢厚生年金の2つの受給権がある場合は、どちらか一方を選択します。65歳以後は、次のとおり支給されます。

(1)老齢基礎年金と老齢厚生年金が全額支給されます（下図の❸・❹）。

(2)老齢厚生年金の額（下図の❸）が、「65歳前の遺族厚生年金*の全額」（下図の❶）または「老齢厚生年金の1/2＋65歳前の遺族厚生年金*の2/3」（下図の❷）のうちどちらか高い方の額より少ない場合は、その差額が遺族厚生年金（下図の❺）として支給されます。

* 「死亡した人の報酬比例の年金額×3/4」のことです。

65歳前の遺族厚生年金		65歳前の遺族厚生年金の2/3	差額分	遺族厚生年金❺
		老齢厚生年金の1/2		老齢厚生年金❸
❶	または	❷		老齢基礎年金❹

報酬比例の年金額（本来水準）の計算式（長期の遺族厚生年金の場合）

①平成15年3月以前の期間の平均標準報酬月額	× $\frac{9.5}{1000} \sim \frac{7.125}{1000}$ ②生年月日に応じて	× ③平成15年3月以前の被保険者期間の月数
＋ ④平成15年4月以後の期間の平均標準報酬額	× $\frac{7.308}{1000} \sim \frac{5.481}{1000}$ ⑤生年月日に応じて	× ⑥平成15年4月以後の被保険者期間の月数

※ ①④：生年月日に応じて最近の賃金水準に再評価した額
※ ②⑤：5％適正化後（平成12年改正後）の給付乗率→100頁の表「H」「J」
※ ③⑥：実際の被保険者期間の月数

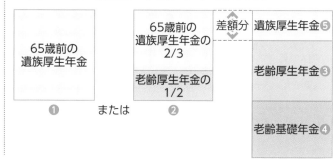

10 年金の請求

受給要件を満たしたら年金請求の手続

年金や手当金を受ける権利は、資格期間や年齢などの受給要件を満たせば発生しますが、保険者による確認が必要です。そこで、受給要件を満たした人は、「年金請求書」を提出し、権利を確定します（受給権の裁定）。

年金請求の手続を行わずに5年が過ぎると、時効により5年を過ぎた分の年金が受け取れなくなります（年金加入記録の訂正による年金は、5年を過ぎた分を含め

て、本人または遺族が受け取れます）。

※ 日本年金機構で管理する年金加入記録で老齢年金の受給要件を満たすことが確認できる人には、基礎年金番号・氏名・生年月日・性別・住所・年金加入記録を印字した年金請求書が支給開始年齢または65歳に到達する3カ月前に日本年金機構から郵送されます。

※ 年金請求書（国民年金・厚生年金保険老齢給付）は、日本年金機構「ねんきんネット」の画面上で作成できます（電子申請ではありませんので、請求書は印刷して提出します）。

請求は、同一の支給事由の基礎年金と厚生年金を一体として行います。請求の相談は、お近くの年金事務所または街角の年金相談センターで受け付けています。

【年金請求書の種類と主な添付書類】

給　付	請求書		主　な　添　付　書　類
老齢基礎年金 老齢厚生年金	年金請求書（老齢給付）	すべての人に必要な添付書類	❶戸籍謄本・戸籍抄本・戸籍の記載事項証明・住民票・住民票の記載事項証明書のいずれか、❷受取先金融機関の通帳等（本人名義）
		本人（請求者）の厚生年金の加入期間が20年以上かつ配偶者または18歳到達年度末までの子（20歳未満で障害の状態にある子）がいる人	❶戸籍謄本（記載事項証明書）、❷世帯全員の住民票の写し、❸配偶者の収入が確認できる書類、❹子の収入が確認できる書類
		本人（請求者）の厚生年金の加入期間が20年未満で、配偶者の厚生年金（共済）の加入期間が20年以上の人	❶戸籍謄本（記載事項証明書）、❷世帯全員の住民票、❸請求者の収入が確認できる書類
		その他　本人の状況によって必要な書類	❶基礎年金番号通知書*、❷雇用保険被保険者証、❸年金加入期間確認通知書、❹年金証書、❺医師または歯科医師の診断書、❻合算対象期間が確認できる書類
障害基礎年金 障害厚生年金 障害手当金	年金請求書（障害給付）	必ず必要な書類	❶基礎年金番号通知書*、❷戸籍謄本・戸籍抄本・戸籍の記載事項証明・住民票・住民票の記載事項証明書のいずれか、❸医師の診断書、❹受診状況等証明書、❺病歴・就労状況等申立書、❻受取先金融機関の通帳等（本人名義）
		配偶者または18歳到達年度末までの子（20歳未満で障害の状態にある子を含む）がいる人	❶戸籍謄本（記載事項証明書）、❷世帯全員の住民票の写し、❸配偶者の収入が確認できる書類、❹子の収入が確認できる書類、❺医師または歯科医師の診断書
		障害の原因が第三者行為の場合に必要な書類	❶第三者行為事故状況届、❷交通事故証明または事故が確認できる書類、❸確認書、❹被害者に被扶養者がいる場合、扶養していたことがわかる書類、❺損害賠償金の算定書、❻損害保険会社等への照会に係る「同意書」
		その他　本人の状況によって必要な書類	❶年金加入期間確認通知書、❷年金証書、❸身体障害者手帳・療育手帳、❹合算対象期間が確認できる書類
遺族基礎年金 遺族厚生年金	年金請求書（遺族給付）	必ず必要な書類	❶基礎年金番号通知書*、❷戸籍謄本（記載事項証明書）、❸世帯全員の住民票の写し、❹死亡者の住民票の除票、❺請求者の収入が確認できる書類、❻子の収入が確認できる書類、❼市区町村長に提出した死亡診断書（死体検案書等）のコピーまたは死亡届の記載事項証明書、❽受取先金融機関の通帳等（本人名義）
		死亡の原因が第三者行為の場合に必要な書類	❶第三者行為事故状況届、❷交通事故証明または事故が確認できる書類、❸確認書、❹被害者に被扶養者がいる場合、扶養していたことがわかる書類、❺損害賠償金の算定書
		その他　状況によって必要な書類	❶年金証書、❷合算対象期間が確認できる書類

* または年金手帳など基礎年金番号を明らかにすることができる書類

※ 個人番号（マイナンバー）を記入した場合、生年月日に関する書類（住民票等）の添付を原則として省略することができます。
なお、個人番号（マイナンバー）を記入した場合は、請求者の番号確認と本人確認のため、マイナンバーカードか、または通知カードか住民票（マイナンバー付き）などの提示が必要になります。

年金決定通知書と年金証書を送付

年金請求書を提出すると、老齢年金・遺族年金については2カ月（加入状況の再確認を要しない場合は1カ月）以内、障害年金については3カ月半以内で裁定（支給の決定）が行われます。

裁定が行われると、年金額などを記載した年金決定通知書と年金証書が送られてきます。年金証書に記載されている基礎年金番号は基礎年金番号通知書（年金手帳）の基礎年金番号と同一の10桁の番号で、年金コードは年

金の種類ごとに決められた4桁の番号です。年金証書は大切に保管しておきます。

◆偶数月ごとに指定の受取先に年金を支払い

年金の支給期間は、支給事由の生じた日の属する月の翌月から、権利の消滅した日の属する月までです。この間、年6回に分けて、偶数月ごとに前の2カ

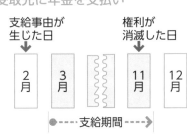

月分ずつが支払われます。

裁定後は、最初の支払期（偶数月とは限りません）に受給権発生後の年金がまとめて支払われます。年金は、一般には銀行（ゆうちょ銀行を含む）など金融機関の預貯金口座に入金され、振込通知書が送られてきます。

老齢厚生年金の65歳時の諸変更裁定

特別支給の老齢厚生年金（60歳台前半の老齢厚生年金）の受給権者が65歳になると、いままでの老齢厚生年金の受給権がなくなり、新たに老齢基礎年金と老齢厚生年金の受給権が発生します。

このときの年金請求の手続は、65歳到達月の初め（1日生まれは前月の初め）頃に日本年金機構から発送される年金請求書に必要事項を記入し、65歳到達月の末日まで（1日生まれは前月の末日まで）に返送するという簡単なものになっています（諸変更裁定）。

◇諸変更裁定に関する通知と年金額

諸変更裁定が行われた受給権者に対しては、「国民年金・厚生年金保険裁定通知書・支給額変更通知書」によって、特別支給の老齢厚生年金が消滅した旨、および老齢基礎年金・老齢厚生年金の裁定が行われた旨が通知されます。

諸変更裁定を行った受給権者に対しては、老齢基礎年金・老齢厚生年金を合算した額の年金が支払われることになります。なお、諸変更裁定を行った受給権者に対して新たな年金証書は発行されず、従前の年金証書がそのまま引き継がれることになっています。

また、年金請求書を日本年金機構に提出しなかった人については、前記の通知書によって特別支給の老齢厚生年金の受給権が消滅した旨の通知が行われることになっています。

◇繰下げ支給を希望する場合

①特別支給の老齢厚生年金の決定を受けていた人の場合

特別支給の老齢厚生年金の決定を受けていた人に送付される年金請求書には、「受取方法欄」が設けられています。希望する年金の受取方法について、いずれかをチェックすることになっています。

老齢基礎年金または老齢厚生年金の支給の繰下げを希望する場合には、支給の繰下げを請求する際に「老齢基礎・厚生年金裁定請求書／支給繰下げ請求書」を提出します。

また、同時あるいは異なった時期に老齢基礎年金および老齢厚生年金の支給の繰下げを希望する場合には、この年金請求書の提出は不要ですが、支給の繰下げを請求する際に「老齢基礎・厚生年金裁定請求書／支給繰下げ請求書」を提出します。

②繰上げ支給の老齢基礎年金の決定を受けている人の場合

特別支給の老齢厚生年金の決定を受けていた人で、繰上げ支給の老齢基礎年金の決定を受けている人に送付される年金請求書には、「受取方法欄」が設けられていません。

老齢厚生年金の支給の繰下げを希望する人については、年金請求書の提出は不要ですが、支給の繰下げを請求する際に「老齢基礎・厚生年金裁定請求書／支給繰下げ請求書」を提出します。

なお、特別支給の老齢厚生年金には繰下げ支給の制度はありません。

③共済組合等から支給される老齢厚生年金（退職共済年金）がある場合

共済組合等から支給される老齢厚生年金（退職共済年金）を65歳から受給している場合は、日本年金機構から支給される老齢厚生年金の繰下げ請求はできません。

また、繰下げ請求を行う場合は、共済組合等と日本年金機構のどちらか先に繰下げ申し出を行った日で両方の老齢厚生年金を繰下げすることとなります。

年金の併給調整

2つ以上の年金（同一支給事由による基礎年金と厚生年金は1年金とみなす）を受けられるときは、本人の選択によって、そのうち1つの年金が支給され、他の年金は支給停止となります。ただし、障害基礎年金（101頁）や遺族厚生年金（102頁）には特別の併給調整があります。

たとえば、65歳以上の障害基礎年金の受給権者の場合、障害基礎年金と老齢厚生年金の併給や障害基礎年金と遺族厚生年金の併給ができます。

未支給の年金

年金や手当金の受給権者が年金請求をしないまま死亡して、あるいは年金受給中に死亡して、まだ受け取っていない年金が残っている場合は、遺族（死亡した人と生計を同じくしていた❶配偶者、❷子、❸父母、❹孫、❺祖父母、❻兄弟姉妹、❼甥・姪、❽子の配偶者、❾おじ・おば、❿曾孫・曾祖父母などの3親等以内の親族）が請求すると、その年金は一時金の形で支給されます（上記❼❽❾❿の3親等の親族は平成26年4月から適用）。

老齢給付年金請求書（1）

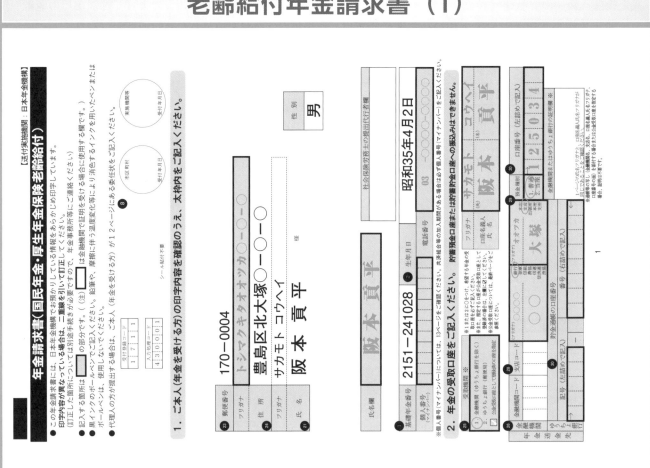

年金請求書（国民年金・厚生年金保険老齢給付）

- この年金請求書には、日本年金機構でお預かりしている情報をあらかじめ印字しています。
  印字内容が異なっている場合は、二重線を引いて訂正してください。
  （訂正した箇所については別途手続きが必要な場合もありますので、年金事務所等にご連絡ください）
- 記入する箇所の□□□の部分です。(注)□□□は金融機関で証明を受ける場合に使用する欄です。
- 黒インクのボールペンでご記入ください。鉛筆や、摩擦に伴う温度変化により消色するインクを用いたペンまたは
  ボールペンは、使用しないでください。
- 代理人の方が提出する場合は、ご本人（年金を受ける方）が12ページにある委任状にご記入ください。

1. ご本人（年金を受ける方）の印字内容をご確認のうえ、太枠内をご記入ください。

郵便番号 170－0004

フリガナ トシマクキタオオツカ○－○－○
住所 豊島区北大塚○－○－○

フリガナ サカモト コウヘイ
氏名 阪本 貢平

性別 **男**

氏名欄 阪本 貢平

基礎年金番号 2151－241028
生年月日 昭和35年4月2日
電話番号 03 －○○○○－○○○○

2. 年金の受取口座をご記入ください。

フリガナ サカモト コウヘイ
口座名義人氏名 阪本 貢平
金融機関 大塚

口座番号（右詰めで記入）
1 2 5 0 3 4

※ 老齢給付年金請求書について、本書では事前送付用を抜粋して記載例を示しています（スミ文字は印字されて送付）。
※ 年金請求時の押印は原則廃止されています。

年金請求書の提出先について

この年金請求書は、提出先をご確認のうえ、郵送または窓口へご持参ください（添付書類が揃っていることをご確認ください）。

- 詳細は同封の「老齢年金の請求手続きのご案内」をご確認ください。
- 窓口での手続きには、予約相談をご利用ください。お申し込みはねんきんダイヤルへ！

最後に加入していた年金制度

国民年金 または 共済組合等	→	①全ての加入期間が国民年 金第1号被保険者（自営業 者など）期間の方	市（区）役所または 町村役場の国民年金 の担当窓口
厚生年金保険	→	②①以外の方（国民年金第3 号被保険者・厚生年金保 険や共済組合等の加入期 間がある方※など）	お近くの年金事務所

年金請求書の提出先

※共済組合等の加入期間がある方については、年金事務所に年金請求書（日本年金機構より送付したもの）を提出することで、共済組合等に加入していた期間の年金を請求することが可能です。

※国民年金第1号被保険者とは、全国どこの市町村役場および街角の年金相談センターでも承っております。
* 国民年金第1号被保険者とは、日本国内に住所のある20歳以上60歳未満の自営業者・農業者とその家族、学生、無職の方などです。
* 国民年金第3号被保険者とは、厚生年金保険の被保険者（民間会社員等）や共済組合員（公務員等）に扶養されている20歳以上60歳未満の配偶者（年収が130万円未満の方）です。

「公金受取口座」について（年金受取口座として公金受取口座を利用する場合）

○公金受取口座登録制度とは
- 公金受取口座登録制度とは、国民の皆さまが金融機関にお持ちの預貯金口座について、一人一口座、給付金等の受取のための口座として、国（デジタル庁）に任意で登録していただく制度です。
- 公金口座の登録、登録状況の確認や登録口座の変更、登録の抹消を行う場合は、マイナポータルからお手続きください。
- 詳しくは、デジタル庁のホームページの公金受取口座に関するページをご確認ください。

○年金受取口座として公金受取口座を利用する場合の注意点
- 年金受取口座として公金受取口座を利用しても、年金の受取口座は変更されません。
- 公金受取口座の登録口座を変更しても、公金受取口座の変更手続きとは別に「年金受取機関変更届」の提出が必要です。
- また、公金受取口座での年金受取をやめ、別の口座を年金受取口座として指定する場合も「年金受給権者受取機関変更届」の提出が必要です。

老齢給付年金請求書（2）

3. これまでの年金の加入状況についてご確認ください。

（　　令和○年○月　　現在の年金加入記録を(2)に印字しています。）

(1)次の年金制度の被保険者または組合員となったことがある場合は、枠内の該当する記号を○で囲んでください。

ア．国民年金法
イ．厚生年金保険法
ウ．船員保険法（昭和61年4月以後を除く）
エ．国家公務員共済組合法、地方公務員等共済組合法
オ．地方公務員等共済組合法

カ．私立学校教職員共済法
キ．廃止前の農林漁業団体職員共済組合法
ク．恩給法
ケ．地方公務員の退職年金に関する条例
コ．旧市町村職員共済組合法

(2)下記の年金加入記録をご確認のうえ、印字内容が異なっているところは二重線を引いて訂正してください。
訂正した場合には「事業所（船舶所有者）の所在地または国民年金加入当時の住所」欄を記入ください。

	事業所名称（支店名等）、船舶所有者名称または共済組合名称等	勤務期間(※)または国民年金の加入期間	年金制度	事業所（船舶所有者）の所在地または国民年金加入当時の住所	備考
1		（自）昭和55.04.01 （至）昭和56.04.01	国年	豊島区池袋○-○-○	
2	板橋建設工業㈱	（自）昭和56.04.01 （至）昭和59.04.01	厚年	板橋区板橋○-○-○	板いの1△
3	㈱豊島総合建設	（自）昭和59.04.01 （至）平成14.04.01	厚年	豊島区西巣鴨○-○-○	
4	赤羽都市建設	（自）平成14.04.01	厚年	北区赤羽○-○-○	

（※）厚年・船保・共済の（至）年月日については、退職日等の翌日を表示しています。

（※）滞受給待機期間とは、年金の受取りに必要な期間のことです。

（※）滞受給格期間欄は※※※と表示されている場合は、直近時期が近い方ので、年金事務所でご確認ください。

（※）(2)年金制度が「国年」と表示されている場合は、左欄の月数は、国民年金の任意加入期間のうち、保険料を納付された月数を含まない場合があるため、年金事務所でご確認ください。

※		
お客様の受給待機期間		

ご注意ください！

複数の年金手帳番号をお持ちの方は、一部の年金記録が基礎年金番号に反映されていない場合があります。

3

3ページ（続紙を含む）の見方および訂正方法

勤務した会社名などを表示していますが、会社名や船舶所有者名が日本年金機構に登録されていない場合には、「厚生年金保険」または「船員保険」と表示しています。国家公務員共済組合、地方公務員共済組合については、「公務員共済」、私立学校教職員共済組合などは、「公務員共済」と表示しています。また、国民年金等共済組合員の場合は、「国民年金加入」と表示しています。

「加入した年金制度」を表示しています。
「国年」…国民年金（第1号被保険者・第3号被保険者）
「厚年」…厚生年金保険法
「船保」…船員保険法
「共済」…国家公務員等共済組合法、地方公務員等共済組合法、私立学校教職員共済法など
※基金加入期間の有無については表示しません。

「年金制度に加入した期間（自・至）を表示しています。現在加入中である場合には、（至）は空欄となっています。」

事業所名称（支店名等）、船舶所有者名称または共済組合名称等	勤務期間(※)または国民年金の加入期間	年金制度	事業所（船舶所有者）の所在地または国民年金加入当時の住所	備考
1 厚生年金保険	（自）昭和41. 4. 1	厚年		
2 国民年金	（自）昭和48.10. 1 （至）昭和50.10. 1	国年		
3 ○○株式会社	（自）平成 2. 4. 1 （至）平成 5. 4. 1	厚年		
4 公務員共済	（自）平成 5. 4. 1 （至）平成15. 8. 1	共済		
5 国民年金	（自）平成15. 8. 1 （至）平成17. 3. 1①	国年	② ××市○○町 1－1－1	#
6 ○○商事㈱	（自）平成17. 3. 1 （至）平成17. 8. 1③	厚年	□□市◇◇町 3－2－1	#

「# 」表示のある方は、複数の被保険者期間が重複している板橋保険者期間の記録をお持ちです。このため、記録を整備する必要があります。この年金請求書を提出される前にお近くの年金事務所等へ記録の整備をお申し出ください。

年金加入記録欄の訂正方法

①印字されている年金加入記録欄が異なっている場合は、二重線を引いて訂正してください。

②年金加入記録を訂正した場合は、「事業所（船舶所有者）の所在地または国民年金加入当時の住所」欄もご記入ください。

③現在加入中（至）が空欄の方が、年金を請求するまでの間に退職などをされた場合は、退職日などの翌日を「勤務期間」または国民年金加入期間」欄にご記入ください。

◆厚生年金基金に加入していた方へ
　この年金請求書とは別に手続きが必要です。
　基金に加入している（加入していた）期間については、厚生年金基金にお問い合わせください。
　加入していた厚生年金基金の加入期間が10年未満で脱退された場合および加入していた厚生年金基金が解散している場合は企業年金連合会にお問い合わせください。

《企業年金連合会のお問い合わせ先》
電話番号：0570-02-2666
＊IP電話からは 03-5777-2666

◆国民年金基金に加入していた方へ
　この年金請求書とは別に手続きが必要です。
　基金に加入している（加入していた）期間については、国民年金基金にお問い合わせください。
　ただし、15年以上基金に加入していた方、中途脱退者（60歳になる前に基金を脱退した方、国民年金基金連合会にお問い合わせください。

《国民年金基金連合会のお問い合わせ先》
電話番号：03-5411-0211

2

老齢給付年金請求書（3）

4. 現在の年金の受給状況等および雇用保険の加入状況についてご記入ください。

(1) 現在、左の6ページ（表1）のいずれかの制度の年金を受けていますか。 該当する番号を○で囲んでください。 ① 受けている（全額支給停止の場合を含む） ② 受けていない ③ 請求中

① 「1 受けている」を○で囲んだ方
添付書類については、同封の「年金の請求手続きのご案内」の5ページの記号Aをご覧ください。

公的年金制度名（表1より記号を選択）	年金の種類	年	月	年証記号番号等 または基礎年金番号等
	・老齢または退職 ・障害 ・遺族	昭和 平成 令和	年　　月	
	・老齢または退職 ・障害 ・遺族	昭和 平成 令和	年　　月	
	・老齢または退職 ・障害 ・遺族	昭和 平成 令和	年　　月	

＊65歳になるまでの老齢厚生年金（特別支給の老齢厚生年金）を請求される方は、次の(2)、(3)をご記入してください。

② 「3 請求中」を○で囲んだ方

公的年金制度名（表1より記号を選択）	年金の種類
	・老齢または退職 ・障害 ・遺族

(2) 雇用保険に加入したことがありますか。 「はい」または「いいえ」を○で囲み、「事由書」をご記入ください。

はい　・　いいえ

① 「はい」を○で囲んだ方
雇用保険被保険者番号（10桁または11桁）を詰めてご記入ください。
添付書類は、年金の請求手続きのご案内の5ページの記号Dをご覧ください。
最後に雇用保険の被保険者でなくなった日から7年以上経過している方は
下の「事由書」の「ウ」にて○で囲み、氏名をご記入ください。

㉒ 雇用保険
被保険者番号
2	1	3	7	6	5	0	4	8	9	3

② 「いいえ」を○で囲んだ方
下の「事由書」の「ア」または「イ」を○で囲み、氏名をご記入ください。

事由書

私は以下の理由により、雇用保険被保険者等を添付できません。

ア. 雇用保険の被保険者から除外されていたため。
イ. 雇用保険に加入していない事業所に勤めていたため。
ウ. 最後に雇用保険の被保険者でなくなった日から7年以上経過したため。

氏名　　　　　　　　　　　　　　　　

(3) 60歳から65歳になるまでの間に、雇用保険の基本手当（船員保険の場合は失業給付）または高年齢雇用継続給付を受けていますか。または受けたことがありますか。 「はい」または「いいえ」を○で囲んでください。

はい　・　いいえ

＊これから受ける予定のある方は、年金事務所にお問い合わせください。

6

右の6ページを記入する際の注意事項

●「年金」とは、老齢または退職年金、障害年金、遺族年金をいいます。
●「受けている」には、全額支給停止になっている年金がある場合も含みます。

表1　公的年金制度等

ア. 国民年金法
イ. 厚生年金保険法
ウ. 船員保険法
エ. 国家公務員共済組合法（JT、JR、NTTの三制度を含む）
オ. 地方公務員等共済組合法（昭和61年4月前の長期給付に関する施行法を含む）
カ. 私立学校教職員共済法
キ. 廃止前の農林漁業団体職員共済法
ク. 恩給法
ケ. 地方公務員の退職年金に関する条例
コ. 日本製鉄八幡共済組合
サ. 改正前の執行官法附則第13条
シ. 旧令による共済組合等からの年金受給者のための特別措置法
ス. 戦傷病者戦没者遺族等援護法

(1)で、「1 受けている」または「3 請求中」を○で囲んだ方は、
・「公的年金制度名」…表1から該当する公的年金制度等の記号を選択し、ご記入ください。
・「年金の種類」………該当するものを○で囲んでください。
・「（自）年　月」……年金を受けることとなった年月をご記入ください。

＊2以上の年金を受ける権利がある場合は、原則として、どちらか一方の年金を選択することにより、もう一方の年金は支給停止となります。どちらか選択する際には、「年金受給選択申出書」の提出が必要です。
詳しくは、「ねんきんダイヤル」または最寄りの年金事務所にお問い合わせください。

●雇用保険に加入したことがある方（資格喪失後7年未満）で、現在雇用保険に加入中の方は、雇用保険被保険者証等をお持ちの方は、直近に交付された雇用保険被保険者証に記載されている被保険者番号をご記入のうえ、番号が確認できる書類の写しを添付してください。

●直近に交付された雇用保険被保険者証等を○で囲み、氏名をご記入ください。

●最後に雇用保険の被保険者でなくなってから7年以上経過している方は被保険者番号を記入する必要はありませんので、下の「事由書」の「ウ」に○で囲んで、氏名をご記入ください。

●被保険者番号について、ご不明な点がありましたら、勤務先またはハローワークにお問い合わせください。

5

108

老齢給付年金請求書（4）

5. 配偶者・子について記入ください。

配偶者は　はい　・　いいえ
いますか。

「はい」または「いいえ」を○で囲んでください。
「はい」の場合は(1)をご記入ください。

(1) 配偶者の氏名、生年月日、個人番号（基礎年金番号）、性別についてご記入ください。

※配偶者の氏名、生年月日または基礎年金番号、性別については、年金の請求手続きのご案内の3ページの番号2をご覧ください。

㉛ 氏名	(フリガナ) サカモト	キヨミ	④ 生年月日	大正 昭和 平成	45 年 3 月 20 日
	阪本	清美	性別		1. 男 ②. 女

㉟ 個人番号※
（または
基礎年金番号）
1 1 1 7 3 1 0 2 5 6 3

※個人番号（マイナンバー）については、13ページをご確認ください。
※基礎年金番号（10桁）で届出する場合は左詰めでご記入ください。

郵便番号　　　—

住所　（フリガナ）

建物名

②配偶者の住所が、ご本人（年金を受ける方）の住所と異なる場合、配偶者の住所をご記入ください。

③配偶者は現在、左の７ページの表１に記載されている年金を受けています。該当するものを○で囲んでください。

1. 老齢・退職の年金を受けている
2. 障害の年金を受けている
3. いずれも受けていない

1. または2. を○で囲んだ方

3. を○で囲んだ方

㊹ 公的年金制度名 （7ページ表1 より記号を選択）	年金の種類	年金証書の年金コード（4桁） または記号番号等
	・老齢または退職 ・障害	

請求中の公的年金制度名
（7ページ表1より記号を選択）
・老齢または退職
・障害

4. を○で囲んだ方

下の(2)へお進みください。

添付書類は、年金の請求手続きのご案内の5ページの記号Aをご覧ください。

(2) 左の7ページ「子の年齢要件a またはb」に該当する子がいる場合には、氏名、生年月日、個人番号（マイナンバー）および（障害の状態にある子）については、年金の請求手続きのご案内の3ページの番号2および5ページの記号Aをご覧ください。

㉜ 子の氏名	(フリガナ) サカモト	ヒロシ	生年月日	昭和 平成 令和	18 年 6 月 3 日	障害の状態	ある ・ ⑫ ない
	阪本	弘志					
㉝ 子の氏名	(フリガナ)		生年月日	昭和 平成 令和	年 月 日	障害の状態	ある ・ ない
個人番号							

8

右の8ページを記入する際の注意事項

（配偶者または子がいる方は、以下の点に留意してご記入ください。）

配偶者と子について

● 配偶者とは、夫または妻のことをいいます。また、婚姻の届け出はしていなくても、事実上ご本人（年金を受ける方）と「婚姻関係と同様の状態（内縁関係）にある方」を含みます。

● 子の年齢要件は、次のいずれかになります。
　a：18歳になった後の3月31日まで
　b：国民年金法施行令別表に定める障害等級1級・2級の障害の状態にある場合は20歳未満

（例）a の場合

4月1日	18歳の誕生日	3月31日

3月31日までは加給年金額の加算対象となります。

＊ ご本人（年金を受ける方）によって、生計を維持されている配偶者または子がいる場合
　⇒加給年金額が加算されることがあります（詳しくは、9ページをご確認ください）。

＊ ご本人（年金を受ける方）が配偶者によって生計を維持されている場合
　⇒振替加算が加算されることがあります（詳しくは、15ページをご確認ください）。

③について、以下の点に留意してご記入ください。

・「公的年金制度名」は、次（表1）に該当する公的年金制度等の記号を選択し、ご記入ください。
・「年金の種類」は、該当するものを○で囲んでください。
・「（自）年 月」には、該当することとなった年月をご記入ください。

＊「年金」とは、老齢または退職年金、障害年金をいいます。
＊「受けている」には、全額支給停止になっている年金を含む場合もあります。

③

表1　公的年金制度等

ア．国民年金法
イ．厚生年金保険法
ウ．船員保険法（昭和61年4月以後を除く）
エ．国家公務員共済組合法
　（IT、JR、NTTの三共済を含む）
オ．地方公務員等共済組合法
　（昭和61年4月前の長期給付を含む）
カ．私立学校教職員共済法

キ．廃止前の農林漁業団体職員共済組合法
ク．恩給法
ケ．地方公務員の退職年金に関する条例
コ．日本製鉄八幡共済組合
サ．改正前の執行官法附則第13条
シ．地方公務員共済組合等からの年金受給者
　のための特別措置法
ス．戦傷病者戦没者遺族等援護法

7

109

老齢給付年金請求書（5）

6. 加給年金額に関する生計維持の申し立てについてご記入ください。

8ページで記入した配偶者または子と生計を同じくしていることを申し立てる。

請求者 氏名　　**阪本 貢平**

【生計維持とは】
以下の2つの要件を満たしているとき、「生計維持されている」といいます。
① 生計同一関係があること
　例）・住民票上、同一世帯である。
　　　・単身赴任、就学、病気療養等で、住所が住民票上は異なっているが、生活費を共にしている。
② 配偶者または子が収入要件を満たしていること
　　年収850万円（所得655.5万円）を将来にわたって有しないことが認められる。

ご本人（年金を受ける方）によって、生計維持されている配偶者または子がいる場合

（1）該当するものを◯で囲んでください（3人目以降の子の年収は、850万円未満ですか。余白を使用してご記入ください。）

	機構確認欄
配偶者について	はい ・ いいえ　（　）印
子（名：**弘志**）について	はい ・ いいえ　（　）印
子（名：　）について	はい ・ いいえ　（　）印

「はい」を◯で囲んだ方は、添付書類について、年金の請求手続きのご案内の3ページの番号4をご覧ください。

（2）（1）で配偶者または子の年収について「いいえ」と答えた方は、配偶者または子の年収がこの年以内にこの年金の受給権（年金を受け取る権利）が発生したときから、おおむね5年以内に850万円（所得655.5万円）未満となる見込みがありますか。

はい ・ いいえ　　機構確認欄（　）印

「はい」を◯で囲んだ方は、添付書類が必要です。年金の請求手続きのご案内の3ページの番号4をご覧ください。

令和 **6** 年 **4** 月 **20** 日　提出

10

右の10ページを記入する際の注意事項

ご本人（年金を受ける方）によって生計を維持されている配偶者または子がいる方は、以下の点に留意してご記入ください。

加給年金額について

加給年金額とは、ご本人（年金を受ける方）によって、生計を維持されている配偶者または子がいる方に、加算される額です。

● 厚生年金保険の被保険者期間が20年※以上ある方が、65歳到達時点（または定額部分の支給開始年齢に到達した時点）で、その方に生計を維持されている下記の配偶者または子がいるときに加算されます。

● 65歳到達後、被保険者期間が20年※以上となった場合は、退職改定時または在職定時改定時に生計を維持されている下記の配偶者または子がいるときに加算されます。

※中高齢の資格期間の短縮の特例を受ける方は、厚生年金保険（一般）の被保険者期間が15～19年。

対象者	年齢制限
配偶者	65歳未満であること（大正15年4月1日以前に生まれた配偶者には年齢制限はありません。）
子	・18歳になった後の最初の3月31日まで ・国民年金法施行令別表に定める障害等級1級・2級の障害の状態にある場合は20歳未満

配偶者が老齢年金や退職年金（厚生年金保険等の加入期間が20年以上（中高齢者等の資格期間の短縮の場合の短縮の年数））あるもの）の受給権を有したとき、または、障害年金を受けているとき、下記ホームページをご覧になるか、年金事務所にお問い合わせください。該当する方は「加給年金支給停止事由該当届」の提出が必要となる場合がありますので、下記ホームページをご覧になるか、年金事務所にお問い合わせください。

加給年金の詳しい説明は、日本年金機構ホームページ（https://www.nenkin.go.jp/）に掲載しています。ぜひご利用ください。

9

110

老齢給付年金請求書（6）

機構独自項目

入力処理コード	年金コード	作成原因	進達番号
4 3 0 0 1	1 1 5 0	⑥ 0 1	⑦

1. ご本人（年金を受ける方）について、ご記入ください。

(1)印字されている基礎年金番号と異なる記号番号の年金手帳等をお持ちの場合は、その年金手帳の記号番号をすべて記入ください。添付書類については、年金の請求手続きのご案内の5ページの記号番号Cをご覧ください。

厚生年金
国民年金 の手帳記号番号： 2 1 5 1 － 2 4 1 0 2 8

(2)個人番号（マイナンバー）の登録の有無について下の表示において、「1」となっている方は、すでに日本年金機構でマイナンバーの登録がされています。

マイナンバーが登録済の方 ：1
マイナンバーが未登録の方 ：0または空欄

※(2)において「0」または空欄となっている方は、1ページに個人番号（マイナンバー）をご記入ください。マイナンバーをご記入いただくことにより、生年月日に関する書類（住民票等）の添付が不要になります。（同封の年金の請求手続きのご案内の2ページをご覧ください。）

(3)次の項目に該当しますか。「はい」または「いいえ」を○で囲んでください。

| 1 | 国民年金、厚生年金、または共済組合等の障害年金の受給権者で国民年金の任意加入をした方は、その期間について特別一時金を受けたことがありますか。 | はい ・ いいえ |
| 2 | 昭和36年4月1日から昭和47年5月14日までに沖縄に住んでいたことがありますか。 | はい ・ いいえ |

2. 配偶者についてご記入ください。

配偶者について、基礎年金番号と異なる記号番号の年金手帳等をお持ちの場合は、その年金手帳の記号番号をすべてご記入ください。添付書類については、年金の請求手続きのご案内の5ページの記号番号Cをご覧ください。

厚生年金
国民年金 の手帳記号番号 ： ｜ ｜ － ｜ ｜

14

右の14ページを記入する際の注意事項

「沖縄特例措置」について

●昭和25年4月1日以前生まれの方はご記入ください。なお、沖縄特例措置の手続きがお済みの場合や、生年月日によって添付の必要がない場合があります。詳しくはお近くの年金事務所にお問い合わせください。

← 1.(3)2

「個人番号（マイナンバー）」について

●ご記入いただいていない場合であっても、ご提供いただいた住民票情報等を基に、マイナンバー法に基づき、マイナンバーを登録させていただきます。マイナンバーの登録後は、年1回の現況の確認（現況届）や住所変更の届出が原則不要になります。

●ご記入されたマイナンバーは、マイナンバーが正しい番号であることの確認（番号確認）および提出する方が番号の正しい持ち主であることの確認（身元（実存）確認）が必要なため、以下の書類をご提出ください。

例）マイナンバーカード（個人番号カード）、個人番号の表示がある住民票の写し、通知カード（氏名、住所等が住民票の記載と一致する場合に限る）

【窓口で提出される場合】
上記の原本をご提示ください。
【郵送で提出される場合】
上記のコピーを添付してください（マイナンバーカードの場合、個人番号の記載面のコピーが必要になります）。

※身元（実存）確認は当請求書で確認します。

＊配偶者・子および共養親族の番号確認・身元（実存）確認書類の提出は必要ありません。

13

老齢給付年金請求書（7）

3. 振替加算に関する生計維持の申し立てについてご記入ください。

8ページでご記入した配偶者と生計を同じくしていることを申し立てる。

請求者
氏名

【生計維持とは】
以下の2つの要件を満たしていることを「生計維持」といいます。

① 生計同一関係があること。
例）・住民票上、同一世帯である。
　　・単身赴任、就学、病気療養等で、住所が住民票上は異なっているが、生活費を共にしている。

② ご本人(年金を受ける方)が収入要件を満たしていること
年収850万円(所得655.5万円)を将来にわたって有しないことが認められる。

ご本人(年金を受ける方)が配偶者によって生計維持されている場合

該当するものを○で囲んでください。

(1) ご本人(年金を受ける方)の年収は850万円(所得655.5万円)未満ですか。

はい　・　いいえ　　　機構確認欄　（　　）印

「はい」を○で囲んだ方は、添付書類は不要です。

(2) (1)で「いいえ」を○で囲んだ方は、ご本人の年収について、年金の受給権(年金を受け取る権利)が発生したときから、おおむね5年以内に850万円(所得655.5万円)未満となる見込みがありますか。

はい　・　いいえ　　　機構確認欄　（　　）印

「はい」を○で囲んだ方は、添付書類が必要です。年金の請求手続きのご案内の3ページの番号5をご覧ください。

年金事務所等の確認事項
ア．健保等被扶養者(第3号被保険者)
イ．加給額または加給年金額対象者
ウ．国民年金保険料免除世帯
エ．義務教育終了前
オ．高等学校等在学中
カ．源泉徴収票・所得証明書

令和　　年　　月　　日　提出

16

右の16ページを記入する際の注意事項

ご本人(年金を受ける方)が配偶者によって生計を維持されている場合は、以下の点にご留意してご記入ください。

振替加算について

振替加算は、ご本人(年金を受ける方)が配偶者によって生計を維持されている場合に、ご本人(年金を受ける方)の年金に加算されます。

● 配偶者の「特別支給の老齢厚生年金」や「老齢厚生年金」に加算される加給年金は、ご本人(年金を受ける方)が65歳になると自分の老齢基礎年金を受けられるため、加算されなくなります。このとき、ご本人(年金を受ける方)が配偶者によって生計を維持されている場合に、ご本人(年金を受ける方)の老齢基礎年金の額に加算されます。これを振替加算といいます。

● ご本人(年金を受ける方)の被保険者期間が20年以上※の老齢厚生年金や退職共済年金等の受給権者であるときは、加算されません。

※中高齢の資格期間の短縮の特例を受ける方は、厚生年金保険(一般)の被保険者期間が15～19年。

【配偶者】
夫(妻)　60歳　　　報酬比例部分　　65歳
加給年金額
老齢厚生年金
老齢基礎年金
振替加算
65歳

【ご本人】
生計を維持されている　妻(夫)

振替加算の詳しい説明は、日本年金機構ホームページ(https://www.nenkin.go.jp/)に掲載しています。ぜひご利用ください。

15

老齢給付年金請求書（8）

「公的年金等の受給者の扶養親族等申告書」の記入方法（18ページを記入する前にお読みください。）

- 老齢年金は、所得税法の規定により、その支払いを受ける際に源泉徴収が行われます。
そのため、配偶者控除等各種控除を受けるためには、原則として18ページの「公的年金等の受給者の扶養親族等申告書」(以下「申告書」という)を提出する必要があります。印字されているカナ氏名、生年月日、住所、基礎年金番号をご確認のうえ、氏名を記入し、下の「記入上の注意事項」をお読みいただいてから、必要事項をご記入ください。
- この申告書に記入した扶養親族等の状況に応じて所得控除を行い、源泉徴収税額の計算を行うことになります。
また、所得税法の規定により、**扶養親族等の個人番号（マイナンバー）をご記入ください。**
なお、**国民年金の老齢基礎年金のみの請求をする方は、源泉徴収等が不要な年金額のため記入する必要はありません。**
- 老齢年金から源泉徴収される所得税は、給与所得のように年末調整が行われないことから、その年に納付すべき税額との差額は確定申告により精算する必要があります（その年中の公的年金等の収入金額が400万円以下であり、かつ、その公的年金等の全部が源泉徴収の対象となる場合において、その年分の公的年金等に係る雑所得以外の所得金額が20万円以下であるときは、その年分の所得税について確定申告は要しません。）。詳しくは、国税庁のホームページをご確認いただくか、お近くの税務署にお尋ねください。
- 給与等の所得のある方が、その給与等の支払者に提出した「給与所得者の扶養控除等(異動)申告書」に記入した扶養親族等と同じ扶養親族等をこの申告書に記入した場合には、双方の所得について重複して所得控除が行われることになるため、確定申告により所得税額を納付することになる場合があります。

記入上の注意事項

あ 『源泉控除対象配偶者または障害者に該当する同一生計配偶者』欄は、下記(注)を参照し、該当する場合のみ、配偶者の氏名等を記入してください。
配偶者が「配偶者の区分」に記載されている年金収入に該当する場合は、「配偶者の区分」に○をつけてください。
12月31日現在で70歳以上の方については、『老人』を○で囲んでください。

(注)この欄に記入する配偶者は、請求者本人と生計を一にする配偶者で、配偶者の収入が「配偶者の区分」の記載に該当するか、合計所得金額が95万円以下となる方です。婚姻届を提出していない方は対象にはなりませんのでご注意ください。
また、配偶者の収入が「配偶者の区分」の記載を超えるか、合計所得金額が48万円を超える場合は、障害者控除、老人控除は受けることができません。

い 「控除対象扶養親族(16歳以上)」欄は、扶養親族のうち、年金を請求する年の12月31日現在で16歳以上の方をご記入ください。
・12月31日現在で19歳以上23歳未満の方については「特定扶養親族」に該当しますので、『特定』を○で囲んでください。
・12月31日現在で70歳以上の方については「老人扶養親族」に該当しますので、『老人』を○で囲んでください。
「扶養親族(16歳未満)」欄は、扶養親族のうち、年金を請求する年の12月31日現在で16歳未満の方をご記入ください。
・16歳未満の扶養親族については、扶養控除の対象外となりますが、障害者に該当する場合は障害者控除が適用されます。

「控除対象扶養親族(16歳以上)」欄および「扶養親族(16歳未満)」欄に記入する『扶養親族』とは、年金を受ける方と生計を同じくする配偶者以外の親族で、合計所得金額が48万円以下の方のことをいいます。

う 「障害」欄および「本人障害」欄は、普通障害者の場合は『普通障害』、特別障害者の場合は『特別障害』を○で囲んでください。
また、障害者に該当する方がいる場合は、「摘要」欄に、氏名、身体障害者手帳等の種類と交付年月日、障害の程度(等級など)をご記入ください。

『特別障害』とは、身体障害者等級が1級または2級に該当するか、重度の精神障害等をいい、『普通障害』とは、特別障害以外の障害をいいます。

え 「寡婦等」欄は、請求者本人が寡婦の場合は『寡婦』、ひとり親の場合は『ひとり親』を○で囲んでください。

・『寡婦』とは受給者ご本人で、以下の(1)または(2)のどちらかに該当する方のうち、ご本人の所得(年金を請求する年)の見積額が500万円以下である方をいいます。
(1)以下の①・②のどちらかに該当する方で、扶養親族(子以外)のある方
①夫と死別・離婚した後、婚姻していない方
②夫の生死が明らかでない方
(2)以下の①・②のどちらかに該当する方で、扶養親族のいない方
①夫と死別した後、婚姻していない方
②夫の生死が明らかでない方
・『ひとり親』とは、受給者ご本人で、以下のいずれかに該当する方のうち、生計を一にする子がいて、かつ、ご本人の所得(年金を請求する年)の見積額が500万円以下である方をいいます。
①配偶者と死別・離婚した後、婚姻していない方
②婚姻歴のない方
③配偶者の生死が明らかでない方
*『生計を一にする子』とは、他の方の同一生計配偶者または扶養親族とされておらず、所得(年金を請求する年)の見積額が48万円以下の子をいいます。
*ご本人や扶養親族の所得見積額が基準額を超える場合、退職所得を除くと基準額以下となる場合は、「寡婦等」欄の『地方税控除』を○で囲んでください。
*住民票の続柄欄に「夫(未届)」、「妻(未届)」、またはこれらと同様の記載がある方は、『寡婦』および『ひとり親』には該当しません。

お 受給者本人の合計所得額が900万円を超える場合は、○をつけてください。

か 扶養親族等の対象者で別居している方がいる場合は、区分の『別居』を○で囲み、「摘要」欄に、その方の氏名と住所をご記入ください。
また、扶養親族等の対象者と同居している場合は、区分の『同居』を○で囲んでください。

き 「所得金額」欄は、年金を請求する年の所得金額(見積額)をご記入ください。例えば、給与所得がある場合、給与の収入金額から給与所得控除額を差し引いた金額となります。

く 所得金額に退職所得が含まれている場合は、「摘要」欄にその方の氏名と退職所得がある旨、および退職所得を除いた所得金額をご記入ください。

国外にお住まいの扶養親族等がいる場合の提出方法
控除対象となる配偶者または扶養親族が非居住者（※1）の場合は、その方の「非居住」を○で囲み、「摘要」欄にその方の氏名、住所、非居住である旨を記入し、親族関係書類（※2）を申告書と一緒に提出してください。
※1「非居住者」とは、国内に住所を有せず、かつ、現在まで引き続いて1年以上国内に居所を有しない方をいいます。
※2「親族関係書類」とは、次の①または②のいずれかの書類で、その非居住者があなたの配偶者または親族であることを証するものをいいます。
なお、これらの書類が外国語により作成されている場合には、日本語での翻訳文も必要になります。
①戸籍の附票の写しその他の国または地方公共団体が発行した書類およびその配偶者または扶養親族の旅券の写し
②外国政府または外国の地方公共団体が発行した書類（その配偶者または扶養親族の氏名、生年月日および住所または居所の記載があるものに限ります。）

国外にお住まいの配偶者以外の扶養親族がいる場合の記入方法
配偶者以外の扶養親族が非居住者の場合は、その方の「非居住」を○で囲み、「摘要」欄にその方の氏名、住所、非居住である旨および、①～④のいずれかの該当する番号を記入ください。該当しない場合、控除は受けられません。親族関係書類を申告書と一緒に提出してください。
①対象者の年齢が30歳未満または70歳以上である
②対象者が①に該当せず、留学のため国内に住所を有しなくなった（留学生であることを証明する書類の添付が必要です）
③対象者が①に該当せず、障害者に該当する
④対象者が①に該当せず、年金受給者より、その年において、生活費または養育費に充てるための送金を年間38万円以上受ける見込みがある

17

4．公的年金等の受給者の扶養親族等申告書についてご記入ください。

提出年	令和 6 年	提出日	令和 6 年 4 月 20 日 提出	1150

（1）ご本人（年金を受ける方）のカナ氏名、生年月日、住所、基礎年金番号を確認し、氏名をご記入ください。
ご本人自身が障害者・寡婦等に該当しない場合は、下記事項を○で囲む必要はありません。

フリガナ	サカモト　コウヘイ	生年月日	昭和35年4月2日
氏名	阪本貢平		
住所	豊島区北大塚○－○－○		
郵便番号	170－0004	電話番号	03 －○○○○－○○○○
基礎年金番号	2151－241028		

う 本人障害	え 寡婦等	お 本人所得
1．普通障害　2．特別障害	1．寡婦　2．ひとり親／地方税控除（退職所得を除く）4．寡婦　5．ひとり親	年間所得の見積額が900万円を超える

（2）上記の提出年の扶養親族等の状況についてご記入ください。
うかきく については「摘要」欄に記入が必要な場合があります。17ページの各欄の説明をご覧ください。
（ご本人に控除対象配偶者や扶養親族がない場合は、下記事項を記入する必要はありません）

	フリガナ 氏名／個人番号(マイナンバー)	続柄	生年月日／種別	う 障害	か 同居・別居の区分／非居住者	きく 所得金額
あ 源泉控除対象配偶者または障害者に該当する同一生計配偶者	サカモト キヨミ 阪本清美／○○○○○○○○○○○○	1.夫 ②.妻	1明 3大 ⑤昭 7平 45年3月20日／2.老人	1. 普通障害 2. 特別障害	①.同居 2.別居／1.非居住	0 万円(年間)
	配偶者の区分：収入が年金のみで、以下のいずれかに該当する。1. 65歳以上の場合、年金額が158万円以下 2. 65歳未満の場合、年金額が108万円以下			機構使用欄（本人所得と配偶者所得、退職所得の有無から該当するコードを記載）		
い 控除対象扶養親族(16歳以上)	サカモト ヒロシ 阪本弘志／○○○○○○○○○○○○	次男	1明 3大 5昭 ⑦平 18年6月5日／1.特定 2.老人	1. 普通障害 2. 特別障害	①.同居 2.別居／1.非居住	0 万円(年間)
			1明 3大 5昭 7平 年 月 日／1.特定 2.老人	1. 普通障害 2. 特別障害	1.同居 2.別居／1.非居住	万円(年間)
扶養親族(16歳未満)			7平成 9令和 年 月 日	1. 普通障害 2. 特別障害	1.同居 2.別居／1.非居住	万円(年間)
			7平成 9令和 年 月 日	1. 普通障害 2. 特別障害	1.同居 2.別居／1.非居住	万円(年間)
うかきく 摘要						

＊提出年より前に年金が受けられる場合は、過去の年分の扶養親族等申告書をすべて提出していただくことになります。（申告書は年金事務所に用意してあります）
＊「扶養親族(16歳未満)」欄は、地方税法第45条の3の3および第317条の3の3の規定による「公的年金等受給者の扶養親族申告書」の記載欄を兼ねています。
＊控除対象配偶者や扶養親族の個人番号を確認する書類は提出する必要はありません。
（年金の支払者）　官署支出官　厚生労働省年金局事業企画課長　法人番号　6000012070001

18

※「公的年金等の受給者の扶養親族等申告書」は押印が必要です。

障害給付年金請求書（1）

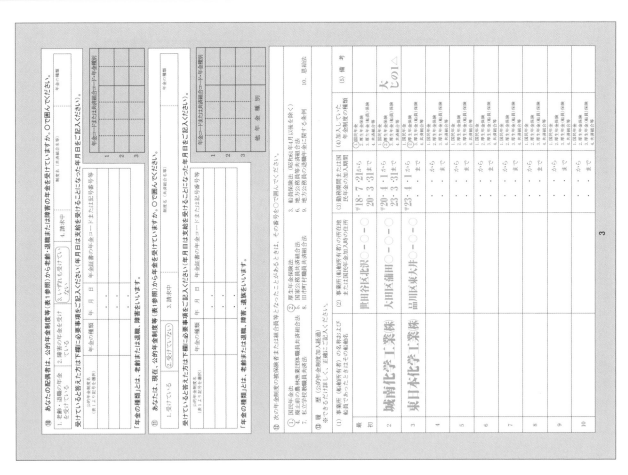

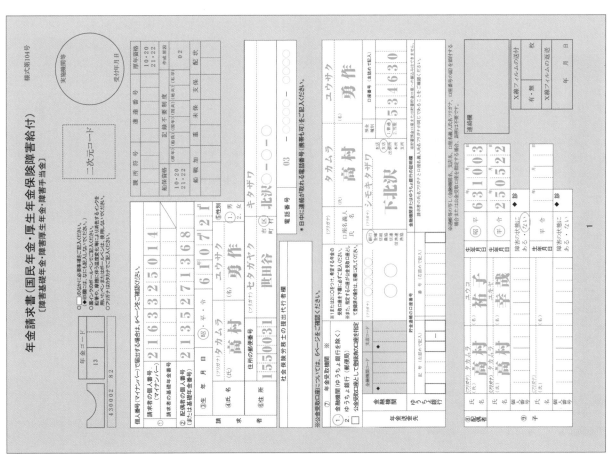

114

障害給付年金請求書（2）

「個人番号（マイナンバー）」を記入する際の注意事項

- 1ページに請求者本人のマイナンバーを記入することにより、生年月日に関する書類の添付が不要になる場合があります。また年1回の現況の確認（現況届）や住所変更等の提出が不要となります。
　ただし、住民票の住所以外にお住まいの方など、住所変更の届出が必要となる場合があります。

- 記入されたマイナンバーは、マイナンバーが正しい番号であることの確認（番号確認）および提出する方が番号の正しい持ち主であることの確認（身元（実存）確認）が必要なため、以下の(1)または(2)をご準備ください。
　※配偶者または子の番号確認・身元（実存）確認書類の提出は必要ありません。

(1)マイナンバーカード（個人番号カード）
　番号確認と身元（実存）確認できる情報の両方が記載されているため、1種類で確認が可能です。

(2)以下の2種類（⑦と⑥1種類ずつ）をご準備ください。
　⑦マイナンバーが記載されている書類から1種類
　　（マイナンバー（マイナンバー記載のもの）または住民票の写し（マイナンバー記載のもの）に限る）
　⑥身元（実存）確認のできる書類から1種類
　　運転免許証、旅券、身体障害者手帳、精神障害者保健福祉手帳、療育手帳、在留カード等

　番号確認と身元（実存）確認のできる書類については、上記⑦以外にも添付可能な書類があります。ご不明な点等は年金事務所にお問い合わせください。

【窓口で提出される場合】
　上記(1)マイナンバーカードまたは(2)の⑦と⑥1種類ずつの原本をご提示ください。

【郵送で提出される場合】
　マイナンバーカードは、両面のコピーを。また(2)の⑦と⑥1種類ずつのコピーを提出ください。

- ご記入いただいていない場合であっても、ご提出いただいた住民票等を基に、マイナンバー法に基づき、マイナンバーを登録させていただきます。マイナンバーの登録後は、年1回の現況の確認（現況届）や住所変更届の届出が原則不要になります。

「公金受取口座について（年金受取口座として公金受取口座を利用する場合）

○ 公金受取口座登録制度とは
　・公金受取口座登録制度とは、国民の皆さまが金融機関にお持ちの預貯金口座について、一人一口座、給付金等の受取のための口座として、国（デジタル庁）に任意で登録していただく制度です。
　・公金口座の登録、登録状況の確認や登録口座の変更、登録の抹消を行う場合は、マイナポータルからお手続きください。詳しくは、デジタル庁ホームページの公金受取口座に関するページをご確認ください。

○ 年金受取口座として公金受取口座を利用する場合の注意点
　・公金受取口座の登録口座を変更しても、年金の受取口座は変更されません。
　・年金の受取口座を変更する場合には、公金受取口座の変更とは別に「年金給付権者受取機関変更届」の提出が必要です。
　・また、公金受取口座での年金受取をやめ、別の口座を年金受取口座として指定する場合も「年金給付権者受取機関変更届」の提出が必要です。

生計維持申立

右の者は、請求者と生計を同じくしていることを申し立てる。

令和 6 年 4 月 24 日

請求者　住所　世田谷区北沢〇-〇-〇
　　　　氏名　高村 頑作

	氏　名	続柄
配偶者 おなまえ	高村 祐子	妻
	高村 学誠	長男

(1)子 について年収は、850万円未満ですか。　はい・いいえ
(2)子 について年収は、850万円未満ですか。　はい・いいえ
(3)子 について年収は、850万円未満ですか。　はい・いいえ
(4)上記1で「いいえ」と答えた方のうち、その方の収入は
この年金の受給権を生じたときにおいて、850万円未満ですか。　はい・いいえ

	年金事務所の確認事項	
ア	健康保険被扶養者（第三号被保険者）	印
イ	国民年金保険料免除世帯	印
ウ	義務教育終了前	印
エ	高等学校在学中	印
オ	源泉徴収・課税証明書等	

令和 6 年 4 月 24 日 提出

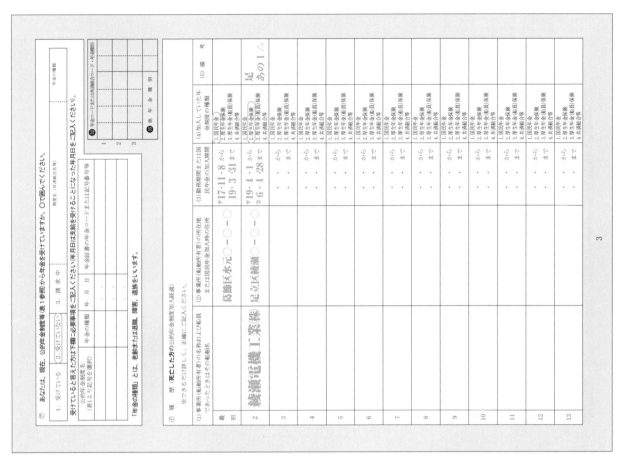

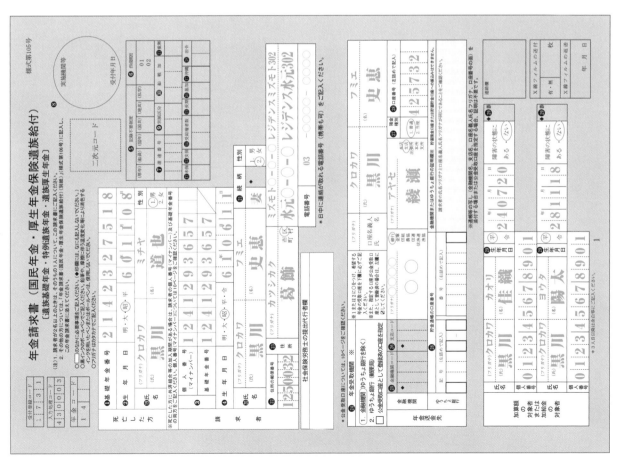

遺族給付年金請求書（2）

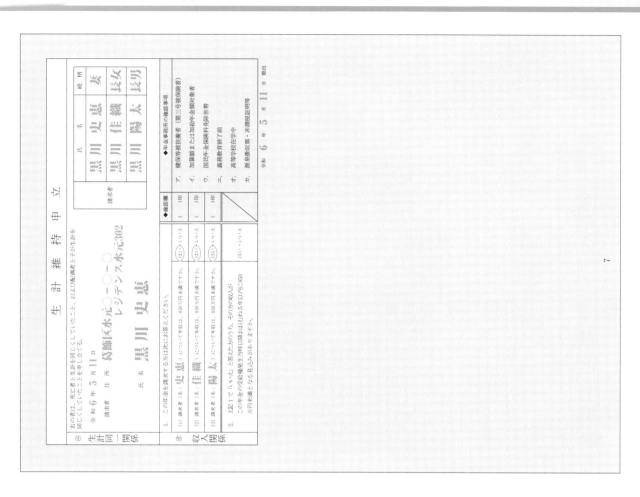

生 計 維 持 申 立

右の者は、死亡者と生計を同じくしていたこと、および配偶者と子が生計を
同じくしていたことを申し立てる。

令和 6 年 5 月 11 日

請求者 住所 葛飾区水元○─○─○
レジデンス水元302

氏名 黒川 史恵

	氏 名	続 柄
	黒川 史恵	妻
請求者	黒川 佳織	長女
	黒川 陽太	長男

◆年金事務所の確認事項 （第三号被保険者）

ア．健保等被扶養者（第三号被保険者）
イ．加算額または加給年金額対象者
ウ．国民年金保険料免除世帯
エ．義務教育終了前
オ．高等学校在学中
カ．源泉徴収票・非課税証明書等

7

必ず記入してください。

(1)死亡した方の生年月日、住所 昭和 60 年 11 月 8 日 住 所 葛飾区水元○─○─○
(2)死亡年月日 令和 6 年 1 月 28 日
(3)傷病または負傷の発生した日 令和 6 年 1 月 13 日
(4)傷病または負傷の発生した日
(5)傷病または負傷の初診日 令和 6 年 1 月 13 日
(6)死亡の原因である傷病または負傷の発生原因
(7)死亡の原因は第三者の行為によりますか。 1. はい ・ 2. いいえ
(8)死亡の原因が第三者の行為によって発生したものであるときは、その者の氏名および住所 氏 名／住 所
(10)請求する方は、死亡した方の次の年金制度の被保険者、組合員または加入者となったことがありますか。 1. はい ・ 2. いいえ
① 国民年金法 ② 厚生年金保険法 3. 船員保険法
4. 廃止前の農林漁業団体職員共済組合法 5. 国家公務員共済組合法 6. 地方公務員等共済組合法
7. 私立学校教職員共済組合法 旧市町村職員共済組合法 9. 地方公務員の退職年金に関する条例 10. 恩給法

1. はい ・ 2. いいえ

5

117

機構独自項目

死亡した方が過去に加入していた年金制度の年金手帳の記号番号で、基礎年金番号と異なる記号番号があるときは、その記号番号をご記入ください。

		厚 生 年 金 保 険		国 民 年 金
死亡した方		船 員 保 険		

請求者の●欄を記入されていない方は、次のことにお答えください。（記入した方は該当の番号を○で囲んでください。）

死亡した方と請求者は、厚生年金保険、国民年金、船員保険に加入されたことがありますか、○で囲んでください。（加入した制度の年金手帳の記号番号をご記入ください。）

		厚 生 年 金 保 険		国 民 年 金
請求者		船 員 保 険		

	ある・ない

⑫ 次の欄は、死亡した方が次のいずれかの年金を受けることができたときは、その番号を○で囲んでください。

1. 地方公務員の恩給
2. 恩給法（改正前の執行官法附則第13条に基づくものを含む）による普通恩給
3. 日本製鉄八幡共済組合の老齢年金または養老年金
4. 旧令による共済組合等からの旧陸軍共済組合の退職年金給付

（2）死亡した方が昭和61年4月1日までの国民年金に任意加入しなかった期間または任意加入していたが、保険料を納付しなかった期間について、次に該当する期間を○で囲んでください。

1. 死亡した方の配偶者が⑨ページの⑩欄（国民年金法）または⑪欄（厚生年金保険法、組合員または加入員であった期間）であった期間

2. 死亡した方または配偶者が⑨ページの⑩欄（国民年金法を除く）もしくは⑪欄に示す制度の老齢年金または退職年金の受給資格期間を満たしていた期間

3. 死亡した方または配偶者が⑨ページの⑩欄（国民年金法を除く）または⑪欄に示す制度の老齢年金または退職年金を受けることができた期間

4. 死亡した方または配偶者が障害年金または身体障害者恩給その他障害を支給事由とする年金給付を受けることができた期間

5. 死亡した方または配偶者が遺族年金その他死亡を支給事由とする年金給付を受けることができた期間

6. 死亡した方または配偶者が都道府県議会、市町村議会の議員またはその被扶養配偶者として国会議員もしくは地方公共団体の議会の議員として在職した期間

7. 死亡した方または配偶者が都道府県知事の承認を受けて国民年金の被保険者とされなかった期間

（※）死亡した方が国民年金に任意加入しなかった期間または、保険料を納付しなかった期間について、上に示す期間以外で、次に該当する期間を有していた期間

1. 死亡した方が日本国内に住所を有しなかった期間

2. 死亡した方が日本国内に住所を有していた期間であって、日本国籍を有しなかったが国民年金の被保険者とされなかった期間

3. 死亡した方が学校教育法に規定する高等学校の生徒または大学の学生であった期間

4. 死亡した方は国民年金に任意加入していた期間において、その保険料を納付しなかった期間または大学等の学生であった期間

イ 厚生年金保険法
オ 私立学校教職員共済法
ウ 恩給法
エ 国家公務員共済組合法
カ 国会議員互助年金法
キ 地方公務員等共済組合法
ク 地方公務員の退職年金に関する条例
ケ 改正前の執行官法附則第13条

（4）昭和61年4月1日までの期間に国民年金に任意加入しなかった期間について「特別一時金を受けたことがありますか。1. はい ・ 2. いいえ

（5）昭和36年4月1日から昭和61年5月1日までの間に旧陸軍制度の老齢または退職を支給事由とする年金給付を受けていたことがありますか。1. はい ・ 2. いいえ

（6）旧防衛庁等の退職給付金の支給を受けたことがありますか。1. はい ・ 2. いいえ

⑬ 死亡した方は退職後、個人で保険料を納めた第四種被保険者、船員保険の年金任意継続被保険者となったことがありますか。

			昭和 平成	年	月	日 から 昭和 平成	年	月	日
1. はい									

その保険料を納めた期間をご記入ください。

その保険料を納めた事務所（船舶所有者）の名称	
第四種被保険者（船員保険の年金任意継続被保険者）の整理記号番号をご記入ください。	（記号）（番号）

「個人番号（マイナンバー）」を記入する際の注意事項

● 死亡した方に共済組合等の年金加入期間がある場合は、1ページに請求者の個人番号（マイナンバー）をご記入ください。

● マイナンバーを記入することにより、生年月日に関する書類等の添付が不要となる場合があります。また年1回の現況の確認（現況届）や住所変更届等の提出が原則不要となるため、住民票の住所以外にお住まいの方など、住所変更の届出が必要となる場合があります。

● 記載されてマイナンバーは、マイナンバーが正しい番号であることの確認（番号確認）および提出する方が本人であることの確認（身元（実存）確認）が必要なため、以下の（1）または（2）をご記入ください。

（1）マイナンバーカード（個人番号カード）※番号確認と身元（実存）確認が可能です。
両方が記載されているため、1種類で確認が可能です。

（2）以下の2種類（アとイ）を1種類ずつを添付してください。
（マイナンバーが記載されている書類から1種類
【身元（マイナンバー記載）のもの】または通知カード（氏名、住所が住民票の記載と一致する（実存）確認できる）書類から1種類

ア身元（実存）確認のできる書類から1種類
運転免許証、旅券、身体障害者手帳、精神障害者保健福祉手帳、療育手帳、
在留カード等、※身元（実存）確認のできる書類については、上記①以外にも添付可能な書類がありますので、ご不明な点等は年金事務所にお問い合わせください。

【窓口で提出される場合】
上記（1）マイナンバーカードまたは（2）のアとイの1種類ずつの原本をご提示ください。
【郵送で提出される場合】
マイナンバーカードの両面のコピーまたは（2）のアとイの1種類ずつのコピーを添付してください。

● ご記入いただいていない場合であっても、ご提出いただいた住民票情報等を基に、マイナンバー法に基づき、マイナンバーを登録させていただきます。マイナンバーの登録後は、年1回の現況の確認（現況届）や住所変更届等の提出が原則不要となります。

「公金受取口座」について（年金受取口座を利用する場合）

○ 公金受取口座登録制度とは
● 公金受取口座登録制度とは、国民の皆さまが金融機関に持っている預貯金口座について、一人一口座、給付金等の受取のための口座として、国（デジタル庁）に任意で登録していただく制度です。
● 公金口座の登録、登録状況の確認や登録口座の変更、登録の抹消を行う場合は、マイナポータルからお手続きください。詳しくは、デジタル庁ホームページの公金受取口座に関するページをご確認ください。

○ 年金受取口座として公金受取口座を利用する場合の注意点
● 「公金受取口座」の登録を変更しても、年金の受取口座は変更されません。
● 「公金受取口座」を変更する場合には、公金受取口座の変更手続とは別に「年金受取機関変更届」の提出が必要です。
● また、公金受取口座での年金受取をやめ、別の口座を年金受取口座として指定する場合も「年金受取機関変更届」の提出が必要です。

11 年金と税金

一定額を超える老齢年金からは所得税源泉徴収

老齢基礎年金、老齢厚生年金、旧年金制度の老齢年金、通算老齢年金は、所得税法の雑所得に該当し、所得税の課税対象になります。徴収方法は、年金額が一定額以上の人を対象に、支払者である日本年金機構が支払いのつど所得税を源泉徴収し所轄の税務署に納めることになっています。

◆ 源泉徴収が行われる人

源泉徴収の対象となるのは、年金受給者全員ではなく、その年中の年金支払額（年額）が108万円（65歳以上は158万円）以上の人です。

なお、65歳以上であるかどうかは、その年の12月31日の年齢によって判定されます。したがって、令和6年に源泉徴収の対象となるかどうかを判定する際に、昭和33年1月1日以前に生まれた人が65歳以上の人として扱われることになります。

◆ 源泉徴収の際の非課税限度額

所得税には各種の控除がありますので、日本年金機構に「公的年金等の受給者の扶養親族等申告書」を提出すると、各種控除を受けられることになり、年金額が下表の非課税限度額以下の人は源泉徴収されません。

	65歳未満		65歳以上	
	単身者	70歳未満の配偶者あり	単身者	70歳未満の配偶者あり
公的年金等控除および基礎控除相当	年金月額の25％＋6.5万円または9万円のいずれか高い額		年金月額の25％＋6.5万円または13.5万円のいずれか高い額	
配偶者控除相当	——	3.25万円	——	3.25万円
非課税限度額（注）	月額9万円（年額108万円）	月額13万円（年額156万円）	月額13.5万円（年額162万円）	月額16.75万円（年額201万円）

(注) 本人65歳未満で70歳未満の配偶者ありの場合、源泉徴収されない年金月額Xは次の式により求められます。
　　X×25％＋6.5万円＋3.25万円≧X → X≦13万円（年額156万円）

支払額から控除額を差し引いた額が源泉徴収の対象

申告書を提出した人の年金額が源泉徴収の際の非課税限度額を超えると、次の額が源泉徴収されます。

源泉徴収税額＝(年金支給額－社会保険料*1－各種控除額*2)×5.105％（税率*3）

*1 社会保険料とは、年金から特別徴収（天引き）された介護保険料および国民健康保険料（または後期高齢者医療保険料）の合計額です。
*2 控除額は月割控除額の合計額に、支払額の計算の基礎となった月数を掛けて計算されます。
*3 平成25年2月以後に支払われる年金に対しては、所得税のほかに復興特別所得税（所得税の2.1％）が課される（令和19年12月まで）ため、合計税率は、5％（所得税率）×102.1％＝5.105％となります。

【源泉徴収の際の月割控除額】

対象	控除の種類	月割控除額（1カ月あたり）
受給者全員	公的年金等控除、基礎控除相当	65歳未満の人…1カ月分の年金支払額×25％＋65,000円(最低90,000円) 65歳以上の人…1カ月分の年金支払額×25％＋65,000円(最低135,000円)
控除対象配偶者がいる場合	配偶者控除 または 老人控除対象配偶者相当	32,500円 40,000円
控除対象扶養親族がいる場合（16歳以上）	扶養控除 または 特定扶養親族控除 または 老人扶養親族控除	32,500円×人数 52,500円×人数 40,000円×人数
受給者本人、生計同一配偶者、扶養親族が障害者の場合	普通障害者控除 または 特別障害者控除 または 同居特別障害者控除	22,500円×人数 35,000円×人数 62,500円×人数
受給者本人が寡婦、ひとり親の場合	寡婦控除 または ひとり親	22,500円 30,000円

※1 「控除対象扶養親族」等の「対象」の定義については、113頁の老齢給付年金請求書の注意事項を参照してください。
※2 公的年金から特別徴収される個人住民税は、所得税および復興特別所得税の控除対象とされないため、公的年金等の源泉徴収票には記載されません。

扶養親族等申告書の提出

老齢給付の年金請求書のなかに「公的年金等の受給者の扶養親族等申告書」欄がありますので、年金請求の際にこの欄に記入します。その後は、毎年9〜10月頃*に日本年金機構から「公的年金等の受給者の扶養親族等申告書」が送られてきますので、必要事項を記入して返送します。

令和元年度の税制改正によって、令和2年分以降の扶養親族等申告書については、扶養親族等申告書が提出された場合と提出されなかった場合とで、所得税率に差がなくなりました。そのため、各種控除に該当しない人（受給者本人が障害者・寡婦（ひとり親）等に該当せず、控除対象となる配偶者または扶養親族がいない人）は、扶養親族等申告書を提出する必要がありません。

* 年によって送付時期が異なることがあります。

確定申告

年金以外に給与所得がある人などは、場合によっては、確定申告を行う必要があります。また、確定申告が必要でない場合でも、源泉徴収の際に控除を受けることができずに源泉徴収税額が納めすぎとなる場合には、その還付を受けるため確定申告を行うことができます。

具体的には、公的年金等の収入金額が400万円以下で、しかも公的年金等に係る雑所得以外の所得金額が20万円以下の場合などは、確定申告は不要です。ただし、扶養親族等の人数が増加した場合や生命保険料控除や医療費控除などを受けようとする場合などは、所得税の還付を受けるために確定申告をすることができます。

くわしくは税務署にお問い合わせください。

日本年金機構・年金事務所・事務センター

◎ 「札幌東」など地名のみのものは、「札幌東年金事務所」の略です。
◎ 電話番号は原則として、2つ以上あっても1つだけ記載しました。
◎ 事務センターには封筒にセンター名と郵便番号を記載するだけで書類を郵送できます。

日本年金機構

	〒168-8505 東京都杉並区高井戸西3-5-24	03-5344-1100

■北海道

北海道　[北海道事務センター　〒003-8572]

札 幌 東	〒003-8530 札幌市白石区菊水1-3-1-1	011-832-0830
札 幌 西	〒060-8585 札幌市中央区北3条西11-2-1	011-271-1051
札 幌 北	〒001-8585 札幌市北区北24条西6-2-12	011-717-8917
新さっぽろ	〒004-8558 札幌市厚別区厚別中央2条6-4-30	011-892-1631
函 館	〒040-8555 函館市千代台町26-3	0138-31-9086
旭 川	〒070-8505 旭川市宮下通2-1954-2	0166-25-5606
釧 路	〒085-8502 釧路市栄町9-9-2	0154-25-1521
室 蘭	〒051-8585 室蘭市海岸町1-20-9	0143-24-5061
苫 小 牧	〒053-8588 苫小牧市若草町2-1-14	0144-37-3500
岩 見 沢	〒068-8585 岩見沢市9条西3	0126-25-1570
小 樽	〒047-8666 小樽市富岡1-9-6	0134-33-5026
北 見	〒090-8585 北見市高砂町2-21	0157-25-8703
帯 広	〒080-8558 帯広市西1条南1	0155-21-1511
稚 内	〒097-8510 稚内市末広4-1-28	0162-33-7011
砂 川	〒073-0192 砂川市西4条北5-1-1	0125-52-3890
留 萌	〒077-8533 留萌市大町3	0164-43-7211

■東北

青森県　[仙台広域事務センター　〒980-8461]

青 森	〒030-8554 青森市中央1-22-8 日進青森ビル1・2階	017-734-7495
む つ	〒035-0071 むつ市小川町2-7-30	0175-22-4947
八 戸	〒031-8567 八戸市城下4-10-20	0178-44-1742
弘 前	〒036-8538 弘前市外崎5-2-6	0172-27-1339

岩手県　[仙台広域事務センター　〒980-8461]

盛 岡	〒020-8511 盛岡市松尾町17-13	019-623-6211
花 巻	〒025-8503 花巻市材木町8-8	0198-23-3351
二 戸	〒028-6196 二戸市福岡字川又18-16	0195-23-4111
一 関	〒021-8502 一関市五代町8-23	0191-23-4246
宮 古	〒027-8503 宮古市太田1-7-12	0193-62-1963

宮城県　[仙台広域事務センター　〒980-8461]

仙 台 東	〒983-8558 仙台市宮城野区宮城野3-4-1	022-257-6111
仙 台 南	〒982-8531 仙台市太白区長町南1-3-1	022-246-5111
仙 台 北	〒980-8421 仙台市青葉区宮町4-3-21	022-224-0891
石 巻	〒986-8511 石巻市中里4-7-31	0225-22-5115
古 川	〒989-6195 大崎市古川駅南2-4-2	0229-23-1200
大 河 原	〒989-1245 柴田郡大河原町字新南18-3	0224-51-3111

秋田県　[仙台広域事務センター　〒980-8461]

秋 田	〒010-8565 秋田市保戸野鉄砲町5-20	018-865-2392
鷹 巣	〒018-3312 北秋田市花園町18-1	0186-62-1490
大 曲	〒014-0027 大仙市大曲通町6-26	0187-63-2296
本 荘	〒015-8505 由利本荘市表尾崎町21-2	0184-24-1111

山形県　[仙台広域事務センター　〒980-8461]

山 形	〒990-9515 山形市あかねケ丘1-10-1	023-645-5111
寒 河 江	〒991-0003 寒河江市大字西根字石川西345-1	0237-84-2551
新 庄	〒996-0001 新庄市五日町字宮内225-2	0233-22-2050
鶴 岡	〒997-8501 鶴岡市錦町21-12	0235-23-5040
米 沢	〒992-8511 米沢市金池5-4-8	0238-22-4220

福島県　[仙台広域事務センター　〒980-8461]

東北福島	〒960-8567 福島市北五老内町3-30	024-535-0141
平	〒970-8501 いわき市平字童子町3-21	0246-23-5611
相 馬	〒976-8510 相馬市中村字桜ケ丘69	0244-36-5172
郡 山	〒963-8545 郡山市桑野1-3-7	024-932-3434
白 河	〒961-8533 白河市郭内115-3	0248-27-4161
会 津 若 松	〒965-8516 会津若松市追手町5-16	0242-27-5321

■北関東・信越

茨城県　[埼玉広域事務センター　〒330-8530]

水 戸 南	〒310-0817 水戸市柳町2-5-17	029-227-3278
水 戸 北	〒310-0062 水戸市大町2-3-32	029-231-2283
土 浦	〒300-0812 土浦市下高津2-7-29	029-825-1170
下 館	〒308-8520 筑西市菅谷1720	0296-25-0829
日 立	〒317-0073 日立市幸町2-10-22	0294-24-2194

栃木県　[高崎広域事務センター　〒370-8533]

宇 都 宮 西	〒320-8555 宇都宮市下戸祭2-10-20	028-622-4281
宇 都 宮 東	〒321-8501 宇都宮市元今泉6-6-13	028-683-3211
栃 木	〒328-8533 栃木市城内町1-2-12	0282-22-4131
大 田 原	〒324-8540 大田原市本町1-2695-22	0287-22-6311
今 市	〒321-1293 日光市中央町17-3	0288-88-0082

群馬県　[高崎広域事務センター　〒370-8533]

前 橋	〒371-0033 前橋市国領町2-19-12	027-231-1719
桐 生	〒376-0023 桐生市錦町2-11-19	0277-44-2311
高 崎	〒370-8567 高崎市栄町10-1	027-322-4299
渋 川	〒377-8588 渋川市石原143-7	0279-22-1614
太 田	〒373-8642 太田市小舞木町262	0276-49-3716

埼玉県　[埼玉広域事務センター　〒330-8530]

浦 和	〒330-8580 さいたま市浦和区北浦和5-5-1	048-831-1638
大 宮	〒331-9577 さいたま市北区宮原町4-19-9	048-652-3399
熊 谷	〒360-8585 熊谷市桜木町1-93	048-522-5012
加 須 分 室	〒347-0009 加須市三俣2-1-1 加須市役所2階	0480-62-8061
川 越	〒350-1196 川越市脇田本町8-1 U_PLACE5階	049-242-2657
所 沢	〒359-8505 所沢市上安松1152-1	04-2998-0170
春 日 部	〒344-8561 春日部市中央1-52-1 春日部セントラルビル4・6階	048-737-7112
越 谷	〒343-8585 越谷市弥生町16-1 越谷ツインシティ Bシティ3階	048-960-1190
秩 父	〒368-8585 秩父市上野町13-28	0494-27-6560
川 口 分 室	〒332-0012 川口市本町4-1-8 川口センタービル13階	048-227-2362

新潟県　[埼玉広域事務センター　〒330-8530]

新 潟 東	〒950-8552 新潟市中央区新光町1-16	025-283-1013

新潟西	〒951-8558	新潟市中央区西大畑町5191-15	025-225-3008
長 岡	〒940-8540	長岡市台町2-9-17	0258-88-0006
上 越	〒943-8534	上越市西城町3-11-19	025-524-4113
柏 崎	〒945-8534	柏崎市幸町3-28	0257-38-0568
三 条	〒955-8575	三条市興野3-2-3	0256-32-2820
新発田	〒957-8540	新発田市新富町1-1-24	0254-23-2128
六日町	〒949-6692	南魚沼市六日町字北沖93-17	025-716-0008

長野県　　　[埼玉広域事務センター　〒330-8530]

長野南	〒380-8677	長野市岡田町126-10	026-227-1284
長野北	〒381-8558	長野市吉田3-6-15	026-244-4100
岡 谷	〒394-8665	岡谷市中央町1-8-7	0266-23-3661
伊 那	〒396-8601	伊那市山寺1499-3	0265-76-2301
飯 田	〒395-8655	飯田市宮の前4381-3	0265-22-3641
松 本	〒390-8702	松本市鎌田2-8-37	0263-25-8100
小 諸	〒384-8605	小諸市田町2-3-5	0267-22-1080

■南関東

東京都　　　[東京広域事務センター　〒135-8071]

新 宿	〒160-8601	新宿区新宿5-9-2 ヒューリック新宿五丁目ビル3～8階	03-3354-5048
千代田	〒102-8337	千代田区三番町22	03-3265-4381
中 央	〒104-8175	中央区明石町8-1 聖路加タワー1・16階	03-3543-1411
港	〒105-8513	港区浜松町1-10-14 住友東新橋ビル3号館1～3階	03-5401-3211
杉 並	〒166-8550	杉並区高円寺南2-54-9	03-3312-1511
中 野	〒164-8656	中野区中野2-4-25	03-3380-6111
上 野	〒110-8660	台東区池之端1-2-18 いちご池之端ビル	03-3824-2511
文 京	〒112-8617	文京区千石1-6-15	03-3945-1141
墨 田	〒130-8586	墨田区立川3-8-12	03-3631-3111
江 東	〒136-8525	江東区亀戸5-16-9	03-3683-1231
江戸川	〒132-8502	江戸川区中央3-4-24	03-3652-5106
品 川	〒141-8572	品川区大崎5-1-5 高徳ビル2階	03-3494-7831
大 田	〒144-8530	大田区南蒲田2-16-1 テクノポートカマタセンタービル3階	03-3733-4141
渋 谷	〒150-8334	渋谷区神南1-12-1	03-3462-1241
目 黒	〒153-8905	目黒区上目黒1-12-4	03-3770-6421
世田谷	〒154-8512	世田谷区世田谷1-30-12	03-6844-3871
三軒茶屋相談室	〒154-0004	世田谷区太子堂4-1-1 キャロットタワー13階	03-6805-6367
池 袋	〒171-8567	豊島区南池袋1-10-13 荒井ビル3・4階	03-3988-6011
北	〒114-8567	北区上十条1-1-10	03-3905-1011
板 橋	〒173-8608	板橋区板橋1-47-4	03-3962-1481
練 馬	〒177-8510	練馬区石神井町4-27-37	03-3904-5491
足 立	〒120-8580	足立区綾瀬2-17-9	03-3604-0111
荒 川	〒116-8904	荒川区東尾久5-11-6	03-3800-9151
葛 飾	〒124-8512	葛飾区立石3-7-3	03-3695-2181
立 川	〒190-8580	立川市錦町2-12-10	042-523-0352
青 梅	〒198-8525	青梅市新町3-3-1 宇源ビル3・4階	0428-30-3410
八王子	〒192-8506	八王子市南新町4-1	042-626-3511
武蔵野	〒180-8621	武蔵野市吉祥寺北町4-12-18	0422-56-1411
府 中	〒183-8505	府中市府中町2-12-2	042-361-1011

千葉県　　　[東京広域事務センター　〒135-8071]

千 葉	〒260-8503	千葉市中央区中央港1-17-1	043-242-6320
茂原分室	〒297-0023	茂原市千代田町1-6 茂原サンヴェルプラザ1階	0475-23-2530
幕 張	〒262-8501	千葉市花見川区幕張本郷1-4-20	043-212-8621
船 橋	〒273-8577	船橋市市場4-16-1	047-424-8811
市 川	〒272-8577	市川市市川1-3-18 京成市川ビル3階(市川グランドホテル同ビル)	047-704-1177

松 戸	〒270-8577	松戸市新松戸1-335-2	047-345-5517
木更津	〒292-8530	木更津市新田3-4-31	0438-23-7616
佐 原	〒287-8585	香取市佐原口2116-1	0478-54-1442
佐原成田分室	〒286-0033	成田市花崎町828-11 スカイタウン成田2階	0476-24-5715

神奈川県　　　[神奈川事務センター　〒220-8557]

鶴 見	〒230-8555	横浜市鶴見区鶴見中央4-33-5 TG鶴見ビル2・4階	045-521-2641
港 北	〒222-8555	横浜市港北区大豆戸町515	045-546-8888
青葉台分室	〒227-0055	横浜市青葉区つつじが丘36-10 第8進栄ビル1階	045-981-8211
横浜中	〒231-0012	横浜市中区相生町2-28	045-641-7501
横浜西	〒244-8580	横浜市戸塚区川上町87-1 ウエルストン1ビル2階	045-820-6655
横浜南	〒232-8585	横浜市南区宿町2-51	045-742-5511
川 崎	〒210-8510	川崎市川崎区宮前町12-17	044-233-0181
高 津	〒213-8567	川崎市高津区久本1-3-2	044-888-0111
平 塚	〒254-8563	平塚市八重咲町8-2	0463-22-1515
厚 木	〒243-8688	厚木市栄町1-10-3	046-223-7171
相模原	〒252-0388	相模原市南区相模大野6-6-6	042-745-8101
相模原中央分室	〒252-0231	相模原市中央区相模原6-22-9 朝日相模原ビル1階	042-851-4931
小田原	〒250-8585	小田原市浜町1-1-47	0465-22-1391
横須賀	〒238-8555	横須賀市米が浜通1-4 Flos横須賀	046-827-1251
藤 沢	〒251-8586	藤沢市藤沢1018	0466-50-1151

山梨県　　　[東京広域事務センター　〒135-8071]

甲 府	〒400-8565	甲府市塩部1-3-12	055-252-1431
竜 王	〒400-0195	甲斐市名取347-3	055-278-1100
大 月	〒401-8501	大月市大月町花咲1602-1	0554-22-3811

■中部

静岡県　　　[名古屋広域事務センター　〒460-8565]

静 岡	〒422-8668	静岡市駿河区中田2-7-5	054-203-3707
清 水	〒424-8691	静岡市清水区巴町4-1	054-353-2233
浜松東	〒435-0013	浜松市中央区天龍川町188	053-421-0192
浜松西	〒432-8015	浜松市中央区高町302-1	053-456-8511
沼 津	〒410-0032	沼津市日の出町1-40	055-921-2201
三 島	〒411-8660	三島市寿町9-44	055-973-1166
島 田	〒427-8666	島田市柳町1-1	0547-36-2211
掛 川	〒436-8653	掛川市久保1-19-8	0537-21-5524
富 士	〒416-8654	富士市横割3-5-33	0545-61-1900

愛知県　　　[名古屋広域事務センター　〒460-8565]

大曽根	〒461-8685	名古屋市東区東大曽根町28-1	052-935-3344
中 村	〒453-8653	名古屋市中村区太閤1-19-46	052-453-7200
鶴 舞	〒460-0014	名古屋市中区富士見町2-13	052-323-2553
熱 田	〒456-8567	名古屋市熱田区伝馬2-3-19	052-671-7263
笠 寺	〒457-8605	名古屋市南区柵下町3-21	052-822-2512
昭 和	〒466-8567	名古屋市昭和区桜山町5-99-6 桜山駅前ビル	052-853-1463
名古屋西	〒451-8558	名古屋市西区城西1-6-16	052-524-6855
名古屋北	〒462-8666	名古屋市北区清水5-6-25	052-912-1213
豊 橋	〒441-8603	豊橋市菰口町3-96	0532-33-4111
岡 崎	〒444-8607	岡崎市朝日町3-9	0564-23-2637
一 宮	〒491-8503	一宮市新生4-7-13	0586-45-1418
瀬 戸	〒489-8790	瀬戸市共栄通4-6	0561-83-2412
半 田	〒475-8601	半田市西新町1-1	0569-21-2375
豊 川	〒442-8605	豊川市金屋町32	0533-89-4042
刈 谷	〒448-8662	刈谷市寿町1-401	0566-21-2110
豊 田	〒471-8602	豊田市神明町3-33-2	0565-33-1123

三重県　[名古屋広域事務センター　〒460-8565]

津	〒514-8522	津市桜橋3-446-33	059-228-9112
四日市	〒510-8543	四日市市十七軒町17-23	059-353-5515
松 阪	〒515-8973	松阪市宮町17-3	0598-51-5115
伊 勢	〒516-8522	伊勢市宮後3-5-33	0596-27-3601
尾 鷲	〒519-3692	尾鷲市林町2-23	0597-22-2340

岐阜県　[名古屋広域事務センター　〒460-8565]

岐 阜 北	〒502-8502	岐阜市大福町3-10-1	058-294-6364
岐 阜 南	〒500-8381	岐阜市市橋2-1-15	058-273-6161
多 治 見	〒507-8709	多治見市小田町4-8-3	0572-22-0255
大 垣	〒503-8555	大垣市八島町114-2	0584-78-5166
美濃加茂	〒505-8601	美濃加茂市太田町2910-9	0574-25-8181
高 山	〒506-8501	高山市花岡町3-6-12	0577-32-6111

富山県　[金沢広域事務センター　〒920-8626]

富 山	〒930-8571	富山市牛島新町7-1	076-441-3926
高 岡	〒933-8585	高岡市中川園町11-20	0766-21-4180
魚 津	〒937-8503	魚津市本江1683-7	0765-24-5153
砺 波	〒939-1397	砺波市豊町2-2-12	0763-33-1725

石川県　[金沢広域事務センター　〒920-8626]

金 沢 南	〒921-8516	金沢市泉が丘2-1-18	076-245-2311
金 沢 北	〒920-8691	金沢市三社町1-43	076-233-2021
小 松	〒923-8585	小松市小馬出町3-1	0761-24-1791
七 尾	〒926-8511	七尾市藤橋町西部22-3	0767-53-6511

■近畿

大阪府　[大阪広域事務センター　〒541-8533]

大 手 前	〒541-0053	大阪市中央区本町4-3-9 本町サンケイビル10・11階	06-6271-7301
今 里	〒537-0014	大阪市東成区大今里西2-1-8	06-6972-0161
天 満	〒530-0041	大阪市北区天神橋4-1-15	06-6356-5511
淀 川	〒532-8540	大阪市淀川区西中島4-1-1 日清食品ビル2・3階	06-6305-1881
福 島	〒553-8585	大阪市福島区福島8-12-6	06-6458-1855
堀 江	〒550-0014	大阪市西区北堀江3-10-1	06-6531-5241
天 王 寺	〒543-8588	大阪市天王寺区悲田院町7-6	06-6772-7531
貝 塚	〒597-8686	貝塚市海塚305-1	072-431-1122
難 波	〒556-8585	大阪市浪速区敷津東1-6-16	06-6633-1231
城 東	〒536-8511	大阪市城東区中央1-8-19	06-6932-1161
東 大 阪	〒577-8554	東大阪市永和1-15-14	06-6722-6001
吹 田	〒564-8564	吹田市片山町2-1-18	06-6821-2401
守 口	〒570-0083	守口市京阪本通2-5-5 守口市役所内7階	06-6992-3031
市 岡	〒552-0003	大阪市港区磯路3-25-17	06-6571-5031
玉 出	〒559-8560	大阪市住之江区新北島1-2-1 オスカードリーム4階	06-6682-3311
平 野	〒547-8588	大阪市平野区喜連西6-2-78	06-6705-0331
八 尾	〒581-8501	八尾市桜ケ丘1-65	072-996-7711
豊 中	〒560-8560	豊中市岡上の町4-3-40	06-6848-6831
枚 方	〒573-1191	枚方市新町2-2-8	072-846-5011
堺 東	〒590-0078	堺市堺区南瓦町2-23	072-238-5101
堺 西	〒592-8333	堺市西区浜寺石津町西4-2-18	072-243-7900

兵庫県　[兵庫事務センター　〒651-8514]

三 宮	〒650-0033	神戸市中央区江戸町93 栄光ビル3・4階	078-332-5793
須 磨	〒654-0047	神戸市須磨区磯馴町4-2-12	078-731-4797
東 灘	〒658-0053	神戸市東灘区住吉宮町1-11-17	078-811-8475
兵 庫	〒652-0898	神戸市兵庫区駅前通1-3-1	078-577-0294
姫 路	〒670-0947	姫路市北条1-250	079-224-6382

尼 崎	〒660-0892	尼崎市東難波町2-17-55	06-6482-4591
明 石	〒673-8512	明石市鷹匠町12-12	078-912-4983
西 宮	〒663-8567	西宮市津門大塚町8-26	0798-33-2944
豊 岡	〒668-0021	豊岡市泉町4-20	0796-22-0948
加 古 川	〒675-0031	加古川市加古川町北在家2602	079-427-4740

京都府　[京都事務センター　〒600-8642]

上 京	〒603-8522	京都市北区小山西花池町1-1 サンシャインビル2・3階	075-415-1165
中 京	〒604-0902	京都市中京区土手町通竹屋町下ル鉾田町287	075-251-1165
下 京	〒600-8154	京都市下京区間之町通下珠数屋町上ル榎木町308	075-341-1165
京 都 南	〒612-8558	京都市伏見区竹田七瀬川町8-1	075-644-1165
京 都 西	〒615-8511	京都市右京区西京極南大入町81	075-323-1170
舞 鶴	〒624-8555	舞鶴市南田辺50-8	0773-78-1165

奈良県　[大阪広域事務センター　〒541-8533]

奈 良	〒630-8512	奈良市芝辻町4-9-4	0742-35-1371
大和高田	〒635-8531	大和高田市幸町5-11	0745-22-3531
桜 井	〒633-8501	桜井市大字谷88-1	0744-42-0033

福井県　[大阪広域事務センター　〒541-8533]

福 井	〒910-8506	福井市手寄2-1-34	0776-23-4518
武 生	〒915-0883	越前市新町5-2-11	0778-23-1126
敦 賀	〒914-8580	敦賀市東洋町5-54	0770-23-9904

滋賀県　[大阪広域事務センター　〒541-8533]

大 津	〒520-0806	大津市打出浜13-5	077-521-1184
草 津	〒525-0025	草津市西渋川1-16-35	077-567-1311
彦 根	〒522-8540	彦根市外町169-6	0749-23-1116

和歌山県　[大阪広域事務センター　〒541-8533]

和歌山東	〒640-8541	和歌山市太田3-3-9	073-474-1841
和歌山西	〒641-0035	和歌山市関戸2-1-43	073-447-1660
田 辺	〒646-8555	田辺市朝日ケ丘24-8	0739-24-0432
新宮分室	〒647-0016	新宮市谷王子町456-1 亀屋ビル1階	0735-22-8441

■中国

鳥取県　[岡山広域事務センター　〒700-8501]

鳥 取	〒680-0846	鳥取市扇町176	0857-27-8311
米 子	〒683-0805	米子市西福原2-1-34	0859-34-6111
倉 吉	〒682-0023	倉吉市山根619-1	0858-26-5311

島根県　[岡山広域事務センター　〒700-8501]

松 江	〒690-8511	松江市東朝日町107	0852-23-9540
出 雲	〒693-0021	出雲市塩冶町1516-2	0853-24-0045
浜 田	〒697-0017	浜田市原井町908-26	0855-22-0670

岡山県　[岡山広域事務センター　〒700-8501]

岡 山 東	〒703-8533	岡山市中区国富228	086-270-7925
岡 山 西	〒700-8572	岡山市北区昭和町12-7	086-214-2163
倉 敷 東	〒710-8567	倉敷市老松町3-14-22	086-423-6150
倉 敷 西	〒713-8555	倉敷市玉島1952-1	086-523-6395
津 山	〒708-8504	津山市田町112-5	0868-31-2360
高 梁	〒716-8668	高梁市旭町1393-5	0866-21-0570

広島県　[広島広域事務センター　〒730-8602]

広 島 東	〒730-8515	広島市中区基町1-27	082-228-3131
広 島 西	〒733-0833	広島市西区商工センター2-6-1 NTTコムウェア広島ビル1階	082-535-1505
広 島 南	〒734-0007	広島市南区皆実町1-4-35	082-253-7710
福 山	〒720-8533	福山市旭町1-6	084-924-2181
呉	〒737-8511	呉市宝町2-11	0823-22-1691
東広島分室	〒739-0015	東広島市西条栄町10-27 栄町ビル1階	082-493-6301

三　　原	〒723-8510	三原市円一町2-4-2	0848-63-4111
三　　次	〒728-8555	三次市十日市東3-16-8	0824-62-3107
備後府中	〒726-0005	府中市府中町736-2	0847-41-7421

山口県　[広島広域事務センター　〒730-8602]

山　　口	〒753-8651	山口市吉敷下東1-8-8	083-922-5660
下　　関	〒750-8607	下関市上新地町3-4-5	083-222-5587
徳　　山	〒745-8666	周南市新宿通5-1-8	0834-31-2152
宇　　部	〒755-0027	宇部市港町1-3-7	0836-33-7111
岩　　国	〒740-8686	岩国市立石町1-8-7	0827-24-2222
萩	〒758-8570	萩市江向323-1	0838-24-2158

■四国

徳島県　[高松広域事務センター　〒760-8524]

徳 島 北	〒770-8522	徳島市佐古三番町12-8	088-655-0200
徳 島 南	〒770-8054	徳島市山城西4-45	088-652-1511
阿波半田	〒779-4193	美馬郡つるぎ町貞光字馬出50-2	0883-62-5350

香川県　[高松広域事務センター　〒760-8524]

高 松 西	〒760-8553	高松市錦町2-3-3	087-822-2840
高 松 東	〒760-8543	高松市塩上町3-11-1	087-861-3866
善 通 寺	〒765-8601	善通寺市文京町2-9-1	0877-62-1662

愛媛県　[高松広域事務センター　〒760-8524]

松 山 西	〒790-8512	松山市南江戸3-4-8	089-925-5105
松 山 東	〒790-0952	松山市朝生田町1-1-23	089-946-2146
新 居 浜	〒792-8686	新居浜市庄内町1-9-7	0897-35-1300
今　　治	〒794-8515	今治市別宮町6-4-5	0898-32-6141
宇 和 島	〒798-8603	宇和島市天神町4-43	0895-22-5440

高知県　[高松広域事務センター　〒760-8524]

高 知 東	〒781-9556	高知市桟橋通4-13-3	088-831-4430
高 知 西	〒780-8530	高知市旭町3-70-1	088-875-1717
南　　国	〒783-8507	南国市大そね甲1214-6	088-864-1111
幡　　多	〒787-0023	四万十市中村東町2-4-10	0880-34-1616

■九州

福岡県　[福岡広域事務センター　〒812-8579]

博　　多	〒812-8540	福岡市博多区博多駅東3-14-1 T-Building Hakata East 4・5階	092-474-0012
東 福 岡	〒812-8657	福岡市東区馬出3-12-32	092-651-7967
中 福 岡	〒810-8668	福岡市中央区大手門2-8-25	092-751-1232
西 福 岡	〒819-8502	福岡市西区内浜1-3-7	092-883-9962
南 福 岡	〒815-8558	福岡市南区塩原3-1-27	092-552-6112
久 留 米	〒830-8501	久留米市諏訪野町2401	0942-33-6192
小 倉 南	〒800-0294	北九州市小倉南区下曽根1-8-6	093-471-8873
小 倉 北	〒803-8588	北九州市小倉北区大手町13-3	093-583-8340

直　　方	〒822-8555	直方市知古1-8-1	0949-22-0891
八　　幡	〒806-0555	北九州市八幡西区岸の浦1-5-5	093-631-7962
大 牟 田	〒836-8501	大牟田市大正町6-2-10	0944-52-5294

大分県　[福岡広域事務センター　〒812-8579]

大　　分	〒870-0997	大分市東津留2-18-15	097-552-1211
別　　府	〒874-8555	別府市西野口町2-41	0977-22-5111
佐　　伯	〒876-0823	佐伯市女島字源六分9029-5	0972-22-1970
日　　田	〒877-8585	日田市淡窓1-2-75	0973-22-6174

佐賀県　[福岡広域事務センター　〒812-8579]

佐　　賀	〒849-8503	佐賀市八丁畷町1-32	0952-31-4191
唐　　津	〒847-8501	唐津市千代田町2565	0955-72-5161
武　　雄	〒843-8588	武雄市武雄町大字昭和43-6	0954-23-0121

長崎県　[福岡広域事務センター　〒812-8579]

長 崎 南	〒850-8533	長崎市金屋町3-1	095-825-8701
長 崎 北	〒852-8502	長崎市稲佐町4-22	095-861-1354
佐 世 保	〒857-8571	佐世保市稲荷町2-37	0956-34-1189
諫　　早	〒854-8540	諫早市栄田町47-39	0957-25-1662

熊本県　[福岡広域事務センター　〒812-8579]

熊 本 西	〒860-8534	熊本市中央区千葉城町2-37	096-353-0142
熊 本 東	〒862-0901	熊本市東区東町4-6-41	096-367-2503
八　　代	〒866-8503	八代市萩原町2-11-41	0965-35-6123
本　　渡	〒863-0033	天草市東町2-21	0969-24-2112
玉　　名	〒865-8585	玉名市松木11-4	0968-74-1612

宮崎県　[福岡広域事務センター　〒812-8579]

宮　　崎	〒880-8588	宮崎市天満2-4-23	0985-52-2111
延　　岡	〒882-8503	延岡市大貫町1-2978-2	0982-21-5424
都　　城	〒885-8501	都城市一万城町71-1	0986-23-2571
高　　鍋	〒884-0004	児湯郡高鍋町大字蚊口浦5105-1	0983-23-5111

鹿児島県　[福岡広域事務センター　〒812-8579]

鹿児島北	〒892-8577	鹿児島市住吉町6-8	099-225-5311
鹿児島南	〒890-8533	鹿児島市鴨池新町5-25	099-251-3111
川　　内	〒895-0012	薩摩川内市平佐町2223	0996-22-5276
加 治 木	〒899-5292	姶良市加治木町諏訪町113	0995-62-3511
鹿　　屋	〒893-0014	鹿屋市寿3-8-19	0994-42-5121
奄美大島	〒894-0035	奄美市名瀬塩浜町3-1	0997-52-4341

沖縄県　[福岡広域事務センター　〒812-8579]

那　　覇	〒900-0025	那覇市壺川2-3-9	098-855-1111
浦　　添	〒901-2121	浦添市内間3-3-25	098-877-0343
コ　　ザ	〒904-0021	沖縄市胡屋2-2-52	098-933-2267
名　　護	〒905-0021	名護市東江1-9-19	0980-52-2522
平　　良	〒906-0013	宮古島市平良字下里791	0980-72-3650
石　　垣	〒907-0004	石垣市登野城55-3	0980-82-9211

一般的な年金相談に関するお問い合わせ

「ねんきんダイヤル」

0570-05-1165 (ナビダイヤル)

050で始まる電話でおかけになる場合は

03-6700-1165 (一般電話)

受付時間：　月　曜　日　　午前8:30〜午後7:00
　　　　　　火〜金曜日　　午前8:30〜午後5:15
　　　　　　第2土曜日　　午前9:30〜午後4:00

※月曜日が祝日の場合は、翌日以降の開所日初日に午後7:00まで相談をお受けします。
※祝日(第2土曜日を除く)、12月29日〜1月3日はご利用いただけません。

「ねんきん定期便」、「ねんきんネット」に関するお問い合わせ

「ねんきん定期便・ねんきんネット専用番号」

0570-058-555 (ナビダイヤル)

050で始まる電話でおかけになる場合は

03-6700-1144 (一般電話)

受付時間：　月　曜　日　　午前8:30〜午後7:00
　　　　　　火〜金曜日　　午前8:30〜午後5:15
　　　　　　第2土曜日　　午前9:30〜午後4:00

※月曜日が祝日の場合は、翌日以降の開所日初日に午後7:00まで相談をお受けします。
※祝日(第2土曜日を除く)、12月29日〜1月3日はご利用いただけません。

※ 予約受付専用電話 0570-05-4890　老齢年金の請求手続に関する来訪相談の予約はインターネットでも受け付けています

全国健康保険協会本部・支部

本部 〒160-8507 新宿区四谷1-6-1 YOTSUYA TOWER 6階 電話番号03（6680）8871

北 海 道	〒001-8511	札幌市北区北10条西3-23-1 THE PEAK SAPPORO 3階	011-726-0352
青 森	〒030-8552	青森市長島2-25-3 ニッセイ青森センタービル8階	017-721-2799
岩 手	〒020-8508	盛岡市中央通1-7-25 朝日生命盛岡中央通ビル2階	019-604-9009
宮 城	〒980-8561	仙台市青葉区国分町3-6-1 仙台パークビル8階	022-714-6850
秋 田	〒010-8507	秋田市旭北錦町5-50 シティビル秋田2階	018-883-1800
山 形	〒990-8587	山形市幸町18-20 JA山形市本店ビル5階	023-629-7225
福 島	〒960-8546	福島市栄町6-6 ユニックスビル8階	024-523-3915
茨 城	〒310-8502	水戸市南町3-4-57 水戸セントラルビル1階	029-303-1500
栃 木	〒320-8514	宇都宮市泉町6-20 宇都宮DIビル7階	028-616-1691
群 馬	〒371-8516	前橋市本町2-2-12 前橋本町スクエアビル4階	027-219-2100
埼 玉	〒330-8686	さいたま市大宮区錦町682-2 大宮情報文化センター（JACK大宮）16階	048-658-5919
千 葉	〒260-8645	千葉市中央区新町3-13 日本生命千葉駅前ビル2階	043-382-8311
東 京	〒164-8540	中野区中野4-10-2 中野セントラルパークサウス7階	03-6853-6111
神 奈 川	〒220-8538	横浜市西区みなとみらい4-6-2 みなとみらいグランドセントラルタワー9階	045-270-8431
新 潟	〒950-8513	新潟市中央区東大通2-4-4 日生不動産東大通ビル3階	025-242-0260
富 山	〒930-8561	富山市奥田新町8-1 ボルファートとやま6階	076-431-6155
石 川	〒920-8767	金沢市南町4-55 WAKITA金沢ビル9階	076-264-7200
福 井	〒910-8541	福井市大手3-7-1 福井繊協ビル9階	0776-27-8301
山 梨	〒400-8559	甲府市丸の内3-32-12 甲府ニッセイスカイビル7階	055-220-7750
長 野	〒380-8583	長野市南長野西後町1597-1 長野朝日八十二ビル8階	026-238-1250
岐 阜	〒500-8667	岐阜市橋本町2-8 濃飛ニッセイビル14階	058-255-5155
静 岡	〒420-8512	静岡市葵区呉服町1-1-2 静岡呉服町スクエア	054-275-2770
愛 知	〒450-6363	名古屋市中村区名駅1-1-1 JPタワー名古屋23階	052-856-1490
三 重	〒514-1195	津市栄町4-255 津栄町三交ビル	059-225-3311
滋 賀	〒520-8513	大津市梅林1-3-10 滋賀ビル3階	077-522-1099
京 都	〒600-8522	京都市下京区四条通麩屋町西入立売東町28-2 大和証券京都ビル2階	075-256-8630
大 阪	〒550-8510	大阪市西区靱本町1-11-7 信濃橋三井ビル6階	06-7711-4300
兵 庫	〒651-8512	神戸市中央区磯上通7-1-5 三宮プラザEAST	078-252-8701
奈 良	〒630-8535	奈良市大宮町7-1-33 奈良センタービル4階	0742-30-3700
和 歌 山	〒640-8516	和歌山市六番丁5 和歌山六番丁801ビル3階	073-421-3100
鳥 取	〒680-8560	鳥取市今町2-112 アクティ日ノ丸総本社ビル5階	0857-25-0050
島 根	〒690-8531	松江市殿町383 山陰中央ビル2階	0852-59-5139
岡 山	〒700-8506	岡山市北区本町6-36 第一セントラルビル1号8階	086-803-5780
広 島	〒732-8512	広島市東区光町1-10-19 日本生命広島光町ビル2階	082-568-1011
山 口	〒754-8522	山口市小郡下郷312-2 山本ビル第3	083-974-0530
徳 島	〒770-8541	徳島市八百屋町2-11 ニッセイ徳島ビル7階	088-602-0250
香 川	〒760-8564	高松市鍛冶屋町3 香川三友ビル7階	087-811-0570
愛 媛	〒790-8546	松山市千舟町4-6-3 アヴァンサ千舟1階	089-947-2100
高 知	〒780-8501	高知市本町4-1-24 高知電気ビル新館2階	088-820-6010
福 岡	〒812-8670	福岡市博多区上呉服町10-1 博多三井ビルディング9階	092-283-7621
佐 賀	〒840-8560	佐賀市駅前中央6-4 佐賀中央第一生命ビル	0952-27-0611
長 崎	〒850-8537	長崎市大黒町9-22 大久保大黒町ビル本館8階	095-829-6000
熊 本	〒860-8502	熊本市中央区辛島町5-1 日本生命熊本ビル10階	096-240-1030
大 分	〒870-8570	大分市金池南1-5-1 J:COMホルトホール大分（MNCタウン2階）	097-573-5630
宮 崎	〒880-8546	宮崎市橘通東1-7-4 第一宮銀ビル5階	0985-35-5364
鹿 児 島	〒892-8540	鹿児島市山之口町1-10 鹿児島中央ビル6階	099-219-1734
沖 縄	〒900-8512	那覇市旭町114-4 おきでん那覇ビル8階	098-951-2211

街角の年金相談センター

「街角の年金相談センター」では"対面による年金相談"を行っています。"電話による年金相談"は受け付けておりません。 ※は「オフィス」です。

◎「街角の年金相談センター」および「街角の年金相談センター（オフィス）」は、全国社会保険労務士会連合会が運営しています。オフィスはセンターより小規模で、相談窓口は原則2ブースです。

◎「街角の年金相談センター（オフィス）」では、年金証書、振込通知書等の再発行は行えません。再発行をご希望の方は後日送付となりますのであらかじめご了承ください。

◎担当者が"対面による年金相談"を行っている場合、電話に出られないことがありますので、ご了承ください。

都道府県	名称	〒・住所	電話
北海道	札幌駅前	〒060-0001 札幌市中央区北1条西2-1 札幌時計台ビル4階	011-221-2250
	麻生	〒001-0038 札幌市北区北38条西4-1-8	011-708-7087
青森県	青森※	〒030-0802 青森市本町1-3-9 ニッセイ青森本町ビル10階	017-752-6600
岩手県	盛岡	〒020-0022 盛岡市大通3-3-10 七十七日生盛岡ビル4階	019-613-3270
宮城県	仙台	〒980-0803 仙台市青葉区国分町3-6-1 仙台パークビル2階	022-262-5527
秋田県	秋田※	〒010-8506 秋田市東通仲町4-1 秋田拠点センターALVE 2階	018-893-6491
山形県	酒田	〒998-0044 酒田市中町1-13-8	0234-22-4554
福島県	福島	〒960-8131 福島市北五老内町7-5 i・s・M37(イズム37)2階	024-531-3838
茨城県	水戸	〒310-0021 水戸市南町3-4-10 水戸FFセンタービル1階	029-231-6541
	土浦	〒300-0037 土浦市桜町1-16-12 リーガル土浦ビル3階	029-825-2300
群馬県	前橋	〒379-2147 前橋市亀里町1310 群馬県JAビル3階	027-265-0023
埼玉県	大宮	〒330-0854 さいたま市大宮区桜木町2-287 大宮西口大栄ビル3階	048-647-6721
	川越※	〒350-1123 川越市脇田本町16-23 川越駅前ビル8階	049-291-2820
	草加	〒340-0022 草加市瀬崎1-9-1 谷塚コリーナ2階	048-920-7922
千葉県	千葉	〒260-0027 千葉市中央区新田町4-22 サンライトビル1階	043-241-1165
	船橋	〒273-0005 船橋市本町1-3-1 フェイスビル7階	047-424-7091
	柏	〒277-0005 柏市柏4-8-1 柏東口金子ビル1階	04-7160-3111
	市川※	〒272-0034 市川市市川1-7-6 愛愛ビル3階	047-329-3301
東京都	新宿	〒160-0023 新宿区西新宿1-7-1 松岡セントラルビル8階	03-3343-5171
	町田	〒194-0021 町田市中町1-2-4 日新町田ビル5階	042-720-2101
	立川	〒190-0012 立川市曙町2-7-16 鈴春ビル6階	042-521-1652
	国分寺	〒185-0021 国分寺市南町2-1-31 青木ビル2階	042-359-8451
	大森	〒143-0023 大田区山王2-8-26 東辰ビル5階	03-3771-6621
	八王子※	〒192-0081 八王子市横山町22-1 エフ・ティービル八王子3階	042-631-5370
	足立	〒120-0005 足立区綾瀬2-24-1 ロイヤルアヤセ2階	03-5650-5200
	江戸川	〒132-0024 江戸川区一之江8-14-1 交通会館一之江ビル3階	03-5663-7527
	練馬※	〒178-0063 練馬区東大泉6-52-1	03-5947-5670
	武蔵野	〒180-0006 武蔵野市中町1-6-4 三鷹山田ビル3階	0422-50-0475
	江東	〒136-0071 江東区亀戸2-22-17 日本生命亀戸ビル5階	03-5628-3681
神奈川県	横浜	〒220-0011 横浜市西区高島2-19-12 スカイビル18階	045-451-5712
	戸塚	〒244-0816 横浜市戸塚区上倉田町498-11 第5吉本ビル3階	045-861-7744
	溝ノ口	〒213-0001 川崎市高津区溝口1-3-1 ノクティプラザ1 10階	044-850-2133
	相模大野	〒252-0303 相模原市南区相模大野3-8-1 小田急相模大野ステーションスクエア1階	042-701-8515
	藤沢※	〒251-0052 藤沢市藤沢496 藤沢森井ビル6階	0466-55-2280
	厚木	〒243-0018 厚木市中町3-11-18 Flos厚木6階	046-297-3481
	新横浜	〒222-0033 横浜市港北区新横浜2-5-10 楓第2ビル3階	045-620-9741
新潟県	新潟	〒950-0087 新潟市中央区東大通2-3-26 プレイス新潟6階	025-244-9246
富山県	富山	〒930-0010 富山市稲荷元町2-11-1 アピアショッピングセンター2階	076-444-1165
石川県	金沢	〒920-0804 金沢市鳴和1-17-30	076-253-2222
長野県	長野	〒380-0935 長野市中御所45-1 山王ビル1階	026-226-8580
	上田※	〒386-0025 上田市天神1-8-1 上田駅前ビルパレオ6階	0268-25-4425
岐阜県	岐阜	〒500-8891 岐阜市香蘭2-23 オーキッドパーク西棟3階	058-254-8555
静岡県	静岡	〒422-8067 静岡市駿河区南町18-1 サウスポット静岡2階	054-288-1611
	沼津	〒410-0801 沼津市大手町3-8-23 ニッセイスタービル4階	055-954-1321
	浜松※	〒435-0044 浜松市中央区西塚町200 サーラプラザ浜松5階	053-545-9961
愛知県	名古屋	〒453-0015 名古屋市中村区椿町1-16 井門名古屋ビル2階	052-453-0061
	栄	〒460-0008 名古屋市中区栄4-2-29 JRE名古屋広小路プレイス8階	052-242-2340
三重県	津	〒514-0036 津市丸之内養正町4-1 森永三重ビル1階	059-264-7700
福井県	福井※	〒910-0858 福井市手寄1-4-1 アオッサ(AOSSA)2階	0776-26-6070
滋賀県	草津	〒525-0026 草津市渋川1-1-50 近鉄百貨店草津店5階	077-564-4311
京都府	宇治	〒611-0031 宇治市広野町西裏54-2	0774-43-1511
	京都	〒615-8073 京都市西京区桂野里町17 ミュー阪急桂(EAST)5階	075-382-2606
大阪府	天王寺	〒543-0054 大阪市天王寺区南河堀町10-17 天王寺北NKビル2階	06-6779-0651
	吹田	〒564-0082 吹田市片山町1-3-1 メロード吹田2番館10階	06-6369-4800
	堺東	〒590-0077 堺市堺区中瓦町1-1-21 堺東八幸ビル7階	072-238-7661
	枚方	〒573-0032 枚方市岡東町5-23 アーバンエース枚方ビル2階	072-843-6646
	城東	〒536-0005 大阪市城東区中央1-8-24 東洋プラザ蒲生ビル1階	06-6930-5601
	東大阪	〒577-0809 東大阪市永和1-18-12 NTT西日本東大阪ビル1階	06-6736-6571
	豊中	〒560-0021 豊中市本町1-1-3 豊中高架下店舗南ブロック1階	06-6844-8391
	なかもず	〒591-8025 堺市北区長曽根町130-23 堺商工会議所会館1階	072-258-4701
兵庫県	北須磨	〒654-0154 神戸市須磨区中落合2-2-5 名谷センタービル7階	078-795-3455
	尼崎	〒661-0012 尼崎市南塚口町2-1-2-208 塚口さんさんタウン2番館2階	06-6424-2884
	姫路	〒670-0961 姫路市南畝町2-53 ネオフィス姫路南1階	079-221-5127
	西宮	〒663-8035 西宮市北口町1-2 アクタ西宮東館1階	0798-61-3731
奈良県	奈良	〒630-8115 奈良市大宮町4-281 新大宮センタービル1階	0742-36-6501
和歌山県	和歌山※	〒640-8331 和歌山市美園町3-32-1 損保ジャパン和歌山ビル1階	073-424-5603
岡山県	岡山	〒700-0032 岡山市北区昭和町4-55	086-251-0052
広島県	広島	〒730-0015 広島市中区橋本町10-10 広島インテスビル1階	082-227-1391
	福山	〒720-0065 福山市東桜町1-21 エストパルク6階	084-926-7951
山口県	防府	〒747-0035 防府市栄町1-5-1 ルルサス防府2階	0835-25-7830
香川県	高松※	〒760-0028 高松市鍛冶屋町3 香川三友ビル5階	087-811-6020
徳島県	徳島※	〒770-0841 徳島市八百屋町2-11 ニッセイ徳島ビル8階	088-657-3081
愛媛県	松山※	〒790-0005 松山市花園町1-3 日本生命松山市駅前ビル5階	089-931-6120
福岡県	北九州	〒806-0036 北九州市八幡西区西曲里町2-1 黒崎テクノプラザI-1階	093-645-6200
大分県	中津	〒871-0058 中津市豊田町14-3 中津市役所別棟2階	0979-64-7990
佐賀県	鳥栖	〒841-0052 鳥栖市宿町1118 鳥栖市役所南別館1階	0942-82-0222
長崎県	長崎※	〒852-8135 長崎市千歳町2-6 いわさきビル5階	095-842-5121
熊本県	熊本	〒860-0806 熊本市中央区花畑町4-1 太陽生命熊本第2ビル3階	096-206-2444
宮崎県	宮崎	〒880-0902 宮崎市大淀4-6-28 宮交シティ2階	0985-63-1066
鹿児島県	鹿児島※	〒892-0825 鹿児島市大黒町2-11 南星いづろビル6階	099-295-3348

社会保険の相談窓口

協会けんぽ・厚生年金保険　各種申請書の届出先一覧

全国健康保険協会
協会けんぽ

健康保険の給付（傷病手当金等）や任意継続（退職後の健康保険）に関する届出

郵送による
書類提出にご協力を
お願いいたします

日本年金機構
Japan Pension Service

健康保険・厚生年金保険への加入や在職中の方に関する届出

	従業員の採用	▼ 被保険者資格取得届

◆ 健康保険被保険者証再交付申請書
◆ 健康保険高齢受給者証再交付申請書

変更・訂正

▼ 健康保険被扶養者（異動）届
（国民年金第3号被保険者関係届）

再交付

▼ 被保険者住所変更届
▼ 被保険者氏名変更（訂正）届
▼ 被保険者生年月日訂正届

◆ 傷病手当金支給申請書
◆ 療養費支給申請書
◆ 負傷原因届
◆ 高額療養費支給申請書
◆ 限度額適用認定申請書
◆ 限度額適用・標準負担額減額認定申請書
◆ 特定疾病療養受療証交付申請書
◆ 第三者行為による傷病届

給与・賞与

▼ 基礎年金番号通知書再交付申請書

▼ 被保険者報酬月額算定基礎届
▼ 被保険者報酬月額変更届
▼ 被保険者賞与支払届

病気・けが・入院等

◆ 出産手当金支給申請書
◆ 出産育児一時金支給申請書
　内払金支払依頼書・差額申請書

出産・育児休業

▼ 産前産後休業取得者申出書/変更（終了）届
▼ 育児休業等取得者申出書（新規・延長）/終了届
▼ 厚生年金保険養育期間標準報酬月額特例申出書・終了届
▼ 産前産後休業終了時報酬月額変更届
▼ 育児休業等終了時報酬月額変更届

◆ 特定健康診査受診券申請書

健康診断

◆ 埋葬料（費）支給申請書

退職・死亡

▼ 被保険者資格喪失届
▼ 健康保険被保険者証回収不能届

◆ 任意継続被保険者資格取得申出書
◆ 任意継続被保険者資格喪失申出書
◆ 任意継続被保険者被扶養者（異動）届

退職後の保険（任意継続）

▼ 適用事業所名称/所在地変更（訂正）届
▼ 事業所関係変更（訂正）届

事業所に関するもの

各種申請書のダウンロードはこちらから

ホームページURL
https://www.kyoukaikenpo.or.jp/
協会けんぽ　[検索]

ホームページURL
https://www.nenkin.go.jp/
日本年金機構　[検索]

126

労働保険（労災保険と雇用保険）の保険料

労災保険と雇用保険の保険料は、原則として、労働保険料としてまとめて納付します。

労災保険
＋
雇用保険
＝
労働保険

令和6年度の主な改正点

令和6年度は、労災保険率が改定され、3業種で料率が引き上げられ、17業種で料率が引き下げられます（128頁参照）。また、建設事業の一人親方等の第2種特別加入保険料率や、請負の建設事業で賃金総額を算出する際に用いる労務費率も一部が変更されます。

雇用保険料率は前年度から変更ありません。

労働保険の年度更新に関しては、例年のとおり、4月1日から翌年3月31日までの1年間（保険年度）を単位として、原則として1年間に労働者に支払われる賃金の総額に、事業ごとに定められた保険料率を乗じて、令和5年度の確定保険料額と新年度の概算保険料額を算出します。詳しくは、毎年5月末に送付される年度更新申告書や厚生労働省のホームページなどで周知されますので、ご確認ください。

保険料のしくみ

保険料の申告・納付は労災保険・雇用保険一体で

労働保険とは、労災保険（労働者災害補償保険）と雇用保険を総称したことばです。保険給付は別個に行われますが、保険料の申告・納付は、原則として、両保険分をまとめて一体のものとして行います（一元適用事業）。

例外として、事業実態から労災保険と雇用保険の適用を区別する必要がある二元適用事業は、労働保険料の申告・納付を別個に行う事業で、次の事業が該当します。

都道府県・市町村の行う事業、都道府県・市町村に準ずるものの行う事業、港湾・運送の事業、農林漁業、畜産・養蚕・水産等の事業、建設の事業

保険料の種類

労働保険料の種類は、次の5種類に区分されています。

❶一般保険料…事業主が労働者に支払う賃金を基礎として算定する通常の保険料

❷第1種特別加入保険料…労災保険の中小事業主等の特別加入者についての保険料

❸第2種特別加入保険料…労災保険の一人親方等の特別加入者についての保険料

❹第3種特別加入保険料…労災保険の海外派遣の特別加入者についての保険料

❺印紙保険料…雇用保険の日雇労働被保険者についての雇用保険印紙による保険料

※ 石綿（アスベスト）健康被害救済のための一般拠出金も負担。

保険料額の計算方法

労働保険料の額は、次の計算式で算出されます。

【一般保険料額】

❶労災保険と雇用保険の両方の保険関係が成立している場合

一般保険料額＝賃金総額×〔労災保険料率＋雇用保険料率〕

❷労災保険だけの保険関係が成立している場合

一般保険料額＝賃金総額×労災保険料率

❸雇用保険だけの保険関係が成立している場合

一般保険料額＝賃金総額×雇用保険料率

【特別加入保険料額】

第1種特別保険料額＝保険料算定基礎額の総額×第1種特別加入保険料率

第2種特別保険料額＝保険料算定基礎額の総額×第2種特別加入保険料率

第3種特別保険料額＝保険料算定基礎額の総額×第3種特別加入保険料率

【印紙保険料額】

雇用保険の日雇労働被保険者1人につき1日あたりの賃金日額に応じて定められた印紙　保険料日額（第1級～第3級）

【一般拠出金額】

一般拠出金額＝賃金総額×一般拠出金率（0.02/1000）

◎令和6年度の年度更新申告書は5月末に送付される予定となっていますが、本書では「令和5年度・労働保険年度更新申告書の書き方（都道府県労働局・労働基準監督署）」に基づき記述しています。

◎申告書等は、管轄の都道府県労働局または労働基準監督署に提出します。なお、社会保険・労働保険徴収事務センター（年金事務所内に設置）でも、申告書の受付を行っています。

労働保険の保険料

労災保険率表（令和6年4月1日適用）

事業の種類	労災保険率
林 業	
林業	1000分の52
漁 業	
海面漁業（定置網漁業又は海面魚類養殖業を除く。）	1000分の18
定置網漁業又は海面魚類養殖業	1000分の37
鉱 業	
金属鉱業、非金属鉱業（石灰石鉱業又はドロマイト鉱業を除く。）又は石炭鉱業	1000分の88
石灰石鉱業又はドロマイト鉱業	1000分の13
原油又は天然ガス鉱業	1000分の2.5
採石業	1000分の37
その他の鉱業	1000分の26
建 設 事 業	
水力発電施設、ずい道等新設事業	1000分の34
道路新設事業	1000分の11
舗装工事業	1000分の9
鉄道又は軌道新設事業	1000分の9
建築事業（既設建築物設備工事業を除く。）	1000分の9.5
既設建築物設備工事業	1000分の12
機械装置の組立て又は据付けの事業	1000分の6
その他の建設事業	1000分の15
製 造 業	
食料品製造業	1000分の5.5
繊維工業又は繊維製品製造業	1000分の4
木材又は木製品製造業	1000分の13
パルプ又は紙製造業	1000分の7
印刷又は製本業	1000分の3.5
化学工業	1000分の4.5
ガラス又はセメント製造業	1000分の6
コンクリート製造業	1000分の13
陶磁器製品製造業	1000分の17
その他の窯業又は土石製品製造業	1000分の23
金属精錬業（非鉄金属精錬業を除く。）	1000分の6.5
非鉄金属精錬業	1000分の7
金属材料品製造業（鋳物業を除く。）	1000分の5

事業の種類	労災保険率
製 造 業	
鋳物業	1000分の16
金属製品製造業又は金属加工業（洋食器、刃物、手工具又は一般金物製造業及びめっき業を除く。）	1000分の9
洋食器、刃物、手工具又は一般金物製造業（めっき業を除く。）	1000分の6.5
めっき業	1000分の6.5
機械器具製造業（電気機械器具製造業、輸送用機械器具製造業、船舶製造又は修理業及び計量器、光学機械、時計等製造業を除く。）	1000分の5
電気機械器具製造業	1000分の3
輸送用機械器具製造業（船舶製造又は修理業を除く。）	1000分の4
船舶製造又は修理業	1000分の23
計量器、光学機械、時計等製造業（電気機械器具製造業を除く。）	1000分の2.5
貴金属製品、装身具、皮革製品等製造業	1000分の3.5
その他の製造業	1000分の6
運 輸 業	
交通運輸事業	1000分の4
貨物取扱事業（港湾貨物取扱事業及び港湾荷役業を除く。）	1000分の8.5
港湾貨物取扱事業（港湾荷役業を除く。）	1000分の9
港湾荷役業	1000分の12
電気、ガス、水道又は熱供給の事業	
電気、ガス、水道又は熱供給の事業	1000分の3
その他の事業	
農業又は海面漁業以外の漁業	1000分の13
清掃、火葬又はと畜の事業	1000分の13
ビルメンテナンス業	1000分の6
倉庫業、警備業、消毒又は害虫駆除の事業又はゴルフ場の事業	1000分の6.5
通信業、放送業、新聞業又は出版業	1000分の2.5
卸売業・小売業、飲食店又は宿泊業	1000分の3
金融業、保険業又は不動産業	1000分の2.5
その他の各種事業	1000分の3

※船舶所有者の事業　1000分の42

雇用保険料率表（令和6年度）

事業の種類	保険料率	事業主負担	被保険者負担
一般の事業	1000分の15.5	1000分の 9.5	1000分の6
農林水産・清酒製造の事業	1000分の17.5	1000分の10.5	1000分の7
建設の事業	1000分の18.5	1000分の11.5	1000分の7

保険料の負担と申告・納付

一般保険料のうち、労災保険分（労災保険率に応じる部分の額）は、全額を事業主が負担します。

雇用保険分（雇用保険料率に応じる部分の額）は、事業主と労働者（被保険者）双方で負担します。事業主は、労働者に賃金を支払うつど、その賃金額に応じた被保険者負担額を賃金から控除することができます。

労働保険料（一般拠出金を含む）を納付する義務は事業主が負っており、事業主は、事業主負担分と雇用保険の被保険者負担分を合わせて納付します。

一般保険料は、算定の対象となる期間の初めに概算額を申告・納付し、その期間が終わってから確定額を申告し、過不足を精算するしくみをとっています。

◆一般拠出金の負担

石綿（アスベスト）健康被害救済のための一般拠出金の料率は、全額を事業主（特別加入者や雇用保険のみ適用の事業主を除く）が負担します。

概算保険料の申告・納付（一般保険料）

一般保険料については、保険年度（毎年4月1日から翌年の3月31日まで）ごとに、使用する全労働者に支払う賃金の見込額（見込額が前年度の賃金総額の100分の50以上100分の200以下であるときは、前年度の賃金総額）に一般保険料率を乗じて得た額（概算保険料）を、毎年6月1日から7月10日までに、「概算・確定保険料／石綿健康被害救済法一般拠出金申告書」に添えて、所定の納付書により申告・納付します。

◆概算保険料の分割納付

概算保険料の額が40万円（労災保険か雇用保険のどちらか一方の保険関係のみが成立している場合は20万円）以上の場合または労働保険事務組合に労働保険事務を委託している場合は、原則として下記のとおり、概算保険料の納付を3回に分割することができます。

	第1期	第2期	第3期
期　間	4月1日～7月31日	8月1日～11月30日	12月1日～3月31日
納期限	7月10日	10月31日	翌年1月31日

【計算例】
令和5年度の概算保険料額が1,401,251円の場合
1,401,251円÷3＝467,083.6666……（余りが生じたときは第1期に加算します）
第1期＝467,085円、第2期＝467,083円、第3期＝467,083円

※ 一定の申込期限内に金融機関に所定の申込用紙を提出することで、口座振替による納付が可能です。口座振替納付日は、第2期は11月14日（申込期限は8月14日）、第3期は2月14日（申込期限は10月11日）となります（第1期については、2月25日が申込期限で、口座振替納付日は9月6日となります）。なお、申込期限の該当日が土・日・祝日の場合は、その後の最初の金融機関の営業日となります。

※ 有期事業（建築工事、ダム工事、道路工事など事業の期間が予定される事業）については、事業の全期間が6カ月を超え、かつ概算保険料の額が75万円以上の場合に、上記に準じた方法で分割納付が認められます。

増加概算保険料の申告・納付（一般保険料）

事業規模の拡大などにより、賃金総額の見込額がすでに申告した概算保険料の算定基礎となった賃金総額の見込額より100分の200を超えて増加し、かつ、その賃金総額によった場合の概算保険料の額がすでに申告した概算保険料より13万円以上増加する場合は、増加額を増加概算保険料として申告・納付します。

確定保険料の申告（一般保険料）

確定保険料の申告は、すでに申告・納付してある概算保険料の精算のために行われるものです。

確定保険料の額は、その年度にその事業所で実際に使用した全労働者に支払った賃金総額に一般保険率を乗じて得た額です。

概算保険料の額が確定保険料の額に不足する場合には、その不足額を納付し、概算保険料の額が確定保険料の額を超える場合には、その超過額は事業主に還付されるか、または当年度の概算保険料等に充当されます。

確定保険料の申告（納付）は、翌年の6月1日から7月10日までに、「労働保険概算・増加概算・確定保険料／石綿健康被害救済法一般拠出金申告書」によって行います。

特別加入保険料・印紙保険料・一般拠出金の申告・納付

第1種・第2種・第3種特別加入保険料の申告・納付は、

賃金総額

一般保険料額と一般拠出金額の計算の基礎となる賃金総額とは、事業主がその事業に使用するすべての労働者に支払う賃金の総額をいいます。ただし、その事業所に使用される労働者のうち、雇用保険の被保険者とならない人（学生アルバイト等）に対して支払った賃金がある場合には、労災保険にかかる賃金総額と雇用保険にかかる賃金総額を区別して計算することになります。

賃金総額に算入される賃金とは、賃金、給与、手当、賞与など名称のいかんを問わず労働の対償として事業主が労働者に支払うすべてのものをいい、一般的には労働協約、就業規則、労働契約などにより、その支払いが事業主に義務づけられているものです。

● 現物給与

食事・住宅・衣服・自社製品など現物支給されるものも、賃金とみなされます。このうち、食事、住宅は都道府県ごとに定められた現物給与の価額で、賃金総額に算入します。この場合、各被保険者の実際の勤務地が属する都道府県の現物給与の価額を用います。その他の衣服などは時価により、賃金額に算入します。

● 保険料算定基礎額の総額

特別加入保険料額の基礎となる保険料算定基礎額の総額とは、特別加入者各人の給付基礎日額ごとに定められた保険料算定基礎額を合計した額です。

一般保険料の場合とおおむね同じ方法によって行います。

印紙保険料の納付は、雇用保険印紙を日雇労働被保険者手帳に貼付して、消印することによって行います。

一般拠出金の申告・納付は、労働保険の確定保険料の申告にあわせて行います。なお、一般拠出金には概算納付のしくみはありません。

年度更新の手続

前年度の精算と新年度の概算申告

労働保険料は、新年度分について概算で申告・納付し、同時に前年度分の確定額を申告して過不足を精算するしくみになっています。このための手続を「年度更新」といいます。年度更新の手続は、「労働保険概算・増加概算・確定保険料／石綿健康被害救済法一般拠出金申告書」（以下「年度更新申告書」）を作成し、その申告書に保険料等を添えて提出することによって行います。

◆6月1日～7月10日に手続

年度更新の手続は、毎年6月1日から7月10日までの間に行わなければなりません。なお、年度更新の手続を怠った場合には、政府が保険料等の額を決定することになり、また、延滞金を徴収されます。

年度更新申告書・保険料等の申告・納付先

年度更新申告書には、緑色の封筒に入った黒色・赤色で印刷の申告書（労働保険番号の所掌欄が「1」用）と、水色の封筒に入ったふじ色・赤色で印刷の申告書（労働保険番号の所掌欄が「3」用）があります。

◆労基署、労働局、銀行などで

黒色・赤色で印刷の申告書の場合は、所轄の労働基準監督署、都道府県労働局、日本銀行の本店、支店、代理店、歳入代理店（全国の銀行・信用金庫の本店または支店、郵便局）のいずれかで申告・納付します。ふじ色・赤色で印刷の申告書の場合は、所轄の都道府県労働局または日本銀行の本店、支店、代理店、歳入代理店のいずれかで申告・納付します。

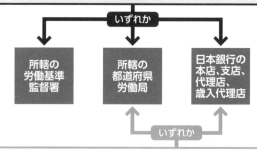

労災保険のメリット制

労災保険率については、事業主の負担の公平性の確保を図るとともに、災害防止努力をうながすためにメリット制が設けられています。

適用の対象となるのは、保険関係成立後3年以上を経過している事業で、連続する3年度中の各年度に次の❶❷❸のいずれかを満たす場合です。

❶常時使用労働者数が100人以上

❷常時使用労働者数が20人以上100人未満で「労働者数×（労災保険率－非業務災害率）≧0.4」

❸一括有期事業（建設の事業等）では確定保険料額が一定額以上（40万円以上または100万円以上）

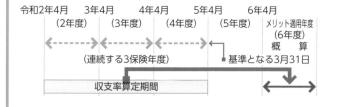

● 災害率により保険料額を調整

メリット制とは、連続する3年度間に支払われた業務災害に関する保険給付額および特別支給金の額（一部の保険給付および特別給付金については、負傷または発病年月日から3年以内の分として支給された額または労働基準法に規定する補償額に換算した額）と、その期間中の確定保険料の額（非業務災害分を除く）に一定の調整率を乗じて得た額との割合（メリット収支率）が、100分の85を超えた場合または100分の75以下である場合に、事業の種類ごとに定められた保険料率（非業務災害率を除く）を40％（立木の伐採の事業については35％）の範囲内でメリット収支率に応じて増減し、これに非業務災害率を加えた率を、連続した3年度の次の次の年度の労災保険率とするものです。

また、中小事業主が厚生労働省令で定める特別の安全衛生措置を講じた事業（建設・立木の伐採の事業を除く）について、一定の条件を満たした場合に、上記の40％を45％とする〈特例メリット制〉が設けられています。

● 新型コロナウイルス感染症に関する特例

新型コロナウイルス感染症（5類感染症移行前）に関する業務災害で支給された保険給付額および特別支給金の額は、メリット収支率の算定に反映させない特例が設けられています。

確定保険料・一般拠出金算定基礎賃金集計表の作成

年度更新申告書の「⑧保険料・一般拠出金算定基礎額」欄には、令和5年4月1日（令和5年度の中途に保険関係が成立した事業については保険関係が成立した日）から令和6年3月31日までに使用したすべての労働者に支払った賃金（支払いが確定した賃金を含みます。）を記入します。

この記入にあたっては、「確定保険料・一般拠出金算定基礎賃金集計表」を作成し、集計表の「申告書に転記する額」欄の数字を転記することになっています。

なお、建設の事業または立木の伐採の事業等で、賃金総額の特例（労務費率等）により賃金総額を算出している事業は、この集計表を作成する必要はありません。

この集計表は提出する必要はありませんが、申告書の事業主控と一緒に保管しておいてください。

● 「確定保険料・一般拠出金算定基礎賃金集計表」の記入例 ※記入例は前年度までの集計表を参考に作成しており、実際の集計表とは異なります。

令和5年度 確定保険料・一般拠出金算定基礎賃金集計表
（算定期間 令和5年4月～令和6年3月）

中間標・確定保険料・一般拠出金申告書（事業主控）と一緒に保管してください

事業の名称 社保ビルテクノサービス株式会社 電話 03-0000-0000
事業の所在地 千代田区内神田×-×-× 郵便番号 111-1111 ビルメンテナンス業

区分	労災保険および一般拠出金（対象者数及び賃金）										雇用保険（対象者数及び賃金）				
月	(1)常用労働者		(2)役員で労働者扱いの人		(3)臨時労働者		(4)合計 (1)+(2)+(3)		被保険者					(7)合計 (5)+(6)	
								(5)常用労働者、パート、アルバイトで雇用保険の資格のある人（日雇労働被保険者に支払った賃金を含む）		(6)役員で雇用保険の資格のある人（実質的な役員報酬分を除きます）					
令和5年4月	25	7,516,003	1	500,000	0		26	8,016,003	25	7,516,003	1	500,000	26	8,016,003
5月	25	7,568,119	1	500,000	0		26	8,068,119	25	7,568,119	1	500,000	26	8,068,119
6月	25	7,609,413	1	500,000	0		26	8,109,413	25	7,609,413	1	500,000	26	8,109,413
7月	25	7,592,211	1	500,000	0		26	8,092,211	25	7,592,211	1	500,000	26	8,092,211
8月	25	7,500,311	1	500,000	2	120,000	28	8,120,311	25	7,500,311	1	500,000	26	8,000,311
9月	25	7,521,901	1	500,000	2	120,000	28	8,141,901	25	7,521,901	1	500,000	26	8,021,901
10月	25	7,531,229	1	500,000	2	120,000	28	8,151,229	25	7,531,229	1	500,000	26	8,031,229
11月	25	7,536,416	1	500,000	2	120,000	28	8,156,416	25	7,536,416	1	500,000	26	8,036,416
12月	25	7,611,210	1	500,000	2	120,000	28	8,231,210	25	7,611,210	1	500,000	26	8,111,210
令和6年1月	25	7,593,311	1	500,000	2	120,000	28	8,213,311	25	7,593,311	1	500,000	26	8,093,311
2月	25	7,571,661	1	500,000	2	120,000	28	8,191,661	25	7,571,661	1	500,000	26	8,071,661
3月	25	7,599,134	1	500,000	2	120,000	28	8,219,134	25	7,599,134	1	500,000	26	8,099,134
賞与5年7月		12,816,621		700,000				13,516,621		12,816,621		700,000		13,516,621
賞与5年12月		15,011,720		1,000,000				16,011,720		15,011,720		1,000,000		16,011,720
								0						0
合計	300	118,579,260	12	7,700,000	16	960,000	328	127,239,660	300	118,579,260	12	7,700,000	312	126,279,260

雇用保険被保険者数

(7)の合計人数		申告書⑤欄へ転記
312	÷12=	26 人

常時使用労働者数（労災保険対象者数）		
(4)の合計人数		申告書④欄に転記
328	÷12=	27 人

	(10)の合計額の千円未満を切り捨てた額	
労災保険対象者分	127,239	千円 申告書⑧欄（ロ）へ転記
雇用保険対象者分	126,279	千円 申告書⑧欄（ホ）へ転記
一般拠出金	127,239	千円 申告書⑧欄（ヘ）へ転記

備考	役員で労働者扱いの者の詳細		
	氏名	役職	雇用保険の資格
	社保 誠	取締役	有・無
			有・無
			有・無
			有・無

〈申告書〉

確定保険料算定内訳	⑦区分	算定期間 令和5年4月1日 から 令和6年3月31日 まで		
		⑧保険料・一般拠出金算定基礎額	⑨保険料・一般拠出金率	⑩確定保険料・一般拠出金額（⑧×⑨）
	労働保険料	(イ) 項11 千円	(イ) 1000分の 21.00	(イ) 2657138 項12 円
	労災保険分	(ロ) 127239 項13 千円	(ロ) 1000分の 5.50	(ロ) 699814 項14 円
	雇用保険分	(ホ) 126279 項18 千円	(ホ) 1000分の 15.50	(ホ) 1957324 項19 円
一般拠出金（注1）		(ヘ) 127239 項35 千円	(ヘ) 1000分の 0.02	(ヘ) 2544 項36 円

131

■「④常時使用労働者数」欄

令和5年4月1日から令和6年3月31日までの、次の1カ月平均使用労働者数を記入します。

1カ月 平均使用＝ 労働者数	令和5年度の各月末（賃金締切日がある場合には月末直前の賃金締切日）における使用労働者数の合計 ───────────── 12 （ただし、令和5年度の中途に保険関係が成立した事業にあっては、保険関係成立以後（成立当月を含む）の月数）

ただし、船きょ、船舶、岸壁、波止場、停車場または倉庫における貨物取扱いの事業や一括有期事業では、令和5年度中の1日平均使用労働者数を記入します。なお、いずれの事業でも、常時使用労働者数を計算した結果、小数点以下の端数が生じた場合は、それを切り捨てた数を記入します。

■「⑤雇用保険被保険者数」欄

令和5年度中の1カ月平均の被保険者数を記入してください。なお、算定方法および端数処理の方法については、上記④に準じます。

■「⑧保険料・一般拠出金算定基礎額」欄

令和5年4月1日（令和5年度の中途に保険関係が成立した事業については保険関係の成立した日）から令和6年3月31日までに使用したすべての労働者に支払った賃金（支払いが確定した賃金を含みます。）について「確定保険料・一般拠出金算定基礎賃金集計表」（131頁参照）を作成し、集計表の「申告書へ転記する額」欄の数字を、次の区分により記入します。

(1) 労災保険と雇用保険の両方の保険関係が成立している事業のうち、使用したすべての労働者が雇用保険の被保険者である場合は、労災保険の賃金総額と雇用保険の賃金総額が同額となりますので、この場合は、（イ）および（ヘ）のみに記入します。

(2) 労災保険と雇用保険の両方の保険関係が成立している事業のうち、学生アルバイト等雇用保険の適用を受けない人を使用した場合は、労災保険の賃金総額と雇用保険の賃金総額が異なりますので、この場合は、労災保険分（すべての労働者に支払った賃金総額）を（ロ）および（ヘ）に記入し、雇用保険分を（ホ）に記入します。

(3) 労災保険の保険関係のみ成立している事業については、（ロ）および（ヘ）に記入します。

(4) 雇用保険の保険関係のみ成立している事業については、（ホ）に記入します。

(5) （ヘ）の額は、原則として（ロ）の額と同額になりますが、一括有期事業および特別加入者がいる場合は（ロ）の額と異なることがあります。

■「⑨保険料・一般拠出金率」欄

あらかじめ印字されています（一括有期事業、一人親方等の特別加入団体、労働保険事務組合を除く）。

■「⑩確定保険料・一般拠出金額（⑧×⑨）」欄

「⑧保険料・一般拠出金算定基礎額」に「⑨保険料・一般拠出金率」を乗じて得た額を記入します（その額に1円未満の端数があるときは、これを切り捨てた額）。

なお、保険料額について（ロ）および（ホ）に記入した場合はその合計額を、（ロ）または（ホ）のどちらか一方に記入した場合はその額を（イ）に記入します。

※（ヘ）の額は（イ）に合計しないでください。

■「⑫保険料算定基礎額の見込額」欄

令和6年4月1日から令和7年3月31日までの間に使用する労働者の賃金総額の見込額を記入します。ただし、令和6年度賃金総額の見込額が令和5年度賃金総額の50/100以上200/100以下である場合は、令和5年度の確定賃金総額がそのまま令和6年度賃金総額の見込額となりますので、⑧欄（イ）～（ホ）の額を⑫欄のそれぞれ対応する欄に記入します。

■「⑬保険料率」欄

あらかじめ印字されています（一括有期事業、一人親方等の特別加入団体、労働保険事務組合および労災保険のメリット制適用事業を除く）。

■「⑭概算・増加概算保険料額（⑫×⑬）」欄

「⑫保険料算定基礎額の見込額」に「⑬保険料率」を乗じた額を記入します（1円未満の端数は切り捨てた額）。なお、（ロ）および（ホ）に記入した場合はその合計額を、（ロ）または（ホ）のどちらか一方に記入した場合はその額を、（イ）に記入します。

> **e-Gov電子申請が利用できます！**
>
> 年度更新手続に電子申請を利用することで、労働局に出向くことなく手続を行うことができます。また、労働保険番号とアクセスコード（申告書のあて先労働局名の右隣に印字されている8桁の英数字）を入力することで、前年度申告内容の入力が不要になるなど、事務負担軽減のしくみが設けられています。
>
> 大規模法人などの特定法人は、年度更新手続を電子申請で行うことが義務付けられます。社会保険労務士や社会保険労務士法人が代行する場合も同様です。

年度更新申告書の記入例 ① 般の継続事業（上）

■ 労災保険・雇用保険の保険関係が成立している一元適用事業所で、両保険の保険料算定基礎となる賃金総額が同一の場合

様式第6号（第24条、第25条、第33条関係）（甲）（1）

労働保険 概算・増加概算・確定保険料 申告書
石綿健康被害救済法 一般拠出金
31759

継続事業（一括有期事業を含む。）

標準字体 **0123456789**
第3号「記入に当たっての注意事項」をよく読んでから記入して下さい。
OCR枠への記入は上記の「標準字体」でお願いします。

下記のとおり申告します。

提出用

種別 **32701** ※修正項目番号 　 ※入力徴定コード 項1

※ 各種区分

令和6年 6月 20日

① 労働保険番号
都道府県 所轄 管轄 基幹番号 枝番号
00000 00 000000 - 000 項2

管轄(2) 保険関係等 業種 産業分類
00 000 0000 00

あて先 〒 ×××−××××

○○市○○区○○×−×−×
○○合同庁舎

○○労働局　uaj39uuy

2増加年月日（元号:令和は9）
3事業廃止等年月日（元号:令和は9）
※事業廃止等理由

4常時使用労働者数 **21** 5雇用保険被保険者数 **21**
※保険関係 ※片側理由コード

労働保険特別会計歳入徴収官殿

確定保険料算定内訳

⑦ 算定期間　令和5年4月1日　から　令和6年3月31日　まで

⑧区分	⑧保険料・一般拠出金算定基礎額	⑨保険料・一般拠出金率	⑩確定保険料・一般拠出金額（⑧×⑨）
労働保険料	(イ) **88235** 千円 項11	1000分の **22.00**	(イ) **1941170** 項12
労災保険分	(ロ) 千円 項13	1000分の **6.50**	(ロ) 項14
雇用保険分	(ホ) 千円 項18	1000分の **15.50**	(ホ) 項19
一般拠出金(注1)	(ヘ) **88235** 千円 項35	1000分の **0.02**	(ヘ) **1764** 項36

概算・増加概算保険料算定内訳

⑪ 算定期間　令和6年4月1日　から　令和7年3月31日　まで

⑪区分	⑫保険料算定基礎額の見込額	⑬保険料率	⑭概算・増加概算保険料額（⑫×⑬）
労働保険料	**88235** 千円 項20	1000分の **22.50**	(イ) **1985257** 項21
労災保険分	(ロ) 千円 項22	1000分の **7.00**	(ロ) 項23
雇用保険分	(ホ) 千円 項26	1000分の **15.50**	(ホ) 項27

16事業主の郵便番号（変更のある場合記入） 17事業主の電話番号（変更のある場合記入）
J7 延納の申請 納付回数 **3** 項30

※検算有無区分 ※算調対象区分 ※データ指示コード ※再入力区分 ※修正項目

(8・10・12・14・20の(ロ)欄の金額の前に「¥」記号を付さないで下さい。)

⑱申告済概算保険料額	⑲申告済概算保険料額
1,882,921	

⑳差引額	(イ)充当額 (⑱−項の(イ))	(ハ)不足額 **58,249** 円	(項の(イ)−⑱)	㉑増加概算保険料額 (⑭の(イ)−⑲)
	(ロ)還付額 (⑱−項の(イ))			

㉛法人番号 **6000012070001** 項39

㉒期別納付額	全期又は第1期 概算保険料額（⑭の(イ)÷⑰＋次期以降の円未満端数）**661,753** 円	(ロ)労働保険充当額（⑳の(イ)（労働保険分のみ）)	(ハ)不足額（⑳の(ハ)）**58,249** 円	(ニ)今期労働保険料（(イ)−(ロ)又は(イ)＋(ハ)）**720,002** 円	(ホ)一般拠出金充当額（⑳の(イ)（一般拠出金分のみ）)	(ヘ)一般拠出金額（⑩の(ヘ)−㉒の(ホ)（注2）)**1,761**	(ト)今期納付額（(ニ)＋(ヘ)）**721,766** 円
	第2期 (チ)概算保険料額（⑭の(イ)÷⑰）**661,752** 円	(リ)労働保険料充当額（⑳の(イ)−㉒の(ロ))	(ヌ)第2期納付額（(チ)−(リ)）**661,752** 円				
	第3期 (ル)概算保険料額（⑭の(イ)÷⑰）**661,752** 円	(ヲ)労働保険料充当額（⑳の(イ)−㉒の(ロ))	(ワ)第3期納付額（(ル)−(ヲ)）**661,752** 円				

㉓保険関係成立年月日

㉕ 事業又は作業の種類　**パルプ又は紙製造業**

24事業廃止等理由
(1)廃止　(2)委託　(3)個別　(4)労働者なし　(5)その他

㉖加入している労働保険	(イ)労災保険 (ロ)雇用保険	㉗特掲事業	(イ)該当する (ロ)該当しない	㉙事業	郵便番号 ×××−×××× 電話番号（ ××× ）○○○ − △△△△

㉘事業	(イ)所在地	○○市○○町×−×	㉙事業主	(イ)住所（法人のときは主たる事務所の所在地）	○○市○○町×−×
	(ロ)名称	新聞製紙株式会社		(ロ)名称	新聞製紙株式会社
				(ハ)氏名（法人のときは代表者の氏名）	代表取締役 浅沼 栄一

社会保険労務士記載欄	作成年月日・提出代行者・事務代理者の表示	氏 名	電話番号

切りはなさないで下さい。

領収済通知書

（労働保険）（国庫金）

(記入例) **¥0123456789**

30841	※取扱庁名 ○○労働局	※取扱番号 00000000	徴収勘定 保険料収入及び一般拠出金収入	労働保険特別会計 **0847** 厚生労働省所管 府省 **6118** ※令和 **06** 年度

労働保険の保険料

年度更新申告書の記入要領②

■「⑰延納の申請」欄

納付すべき概算保険料の額（⑭の（イ）の額）が40万円（労災保険または雇用保険にかかるどちらか1つの保険関係のみ成立している事業にあっては20万円）以上で、延納（分割納付）を申請する場合は「3」を、延納を申請しない場合は「1」を、標準字体にならって必ず記入してください。

記入がない場合には、延納を申請しないとみなされて、1回納付となります。

なお、一般拠出金は延納できませんので、第1期に納付してください。

■「⑱申告済概算保険料額」欄

印字されている金額に疑問がある場合は、訂正しないで、所轄都道府県労働局に照会してください。

■「⑳差引額」欄

⑩欄の（イ）の額が⑱欄の額より多い場合は、その差額を（ハ）に記入してください。⑩欄の（イ）の額が⑱欄の額より少ない場合は、概算保険料に充当または還付ということになりますが、この場合の（イ）、（ロ）の記入方法は、下記の㉒欄を参照してください。

■「㉒期別納付額」欄

次の点に留意して記入してください。

(1) 延納を申請する場合は、⑭欄の（イ）の概算保険料額を3で除した額を（イ）、（チ）および（ル）に記入してください。ただし、除した額に1円または2円の余りが生じた場合は、その余りを加算した額を（イ）に記入してください。

延納の申請をしない場合は、⑭欄の（イ）の概算保険料額をそのまま（イ）に記入してください。

(2) （ロ）には⑩欄の（イ）の額が⑱欄の額より少ない場合に、その差額を記入します。ただし、その額が（イ）の額より多い場合は、（イ）の額と同額を記入して差額を（リ）に記入しますが、なおも（リ）に記入する額が（チ）の額より多い場合は、（チ）の額と同額を（リ）に記入して差額を（ヲ）に記入してください。それでもなお（ヲ）に記入する額が（ル）の額よりも多い場合は、（ル）の額と同額を（ヲ）に記入して、差額は⑳欄の（ロ）に記入してください。

また（ロ）、（リ）および（ヲ）の合計を⑳欄の（イ）に記入してください。

なお、還付を受けるためには、その額を⑳欄の（ロ）に記入して、申告書を提出するとともに、別途「労働保険料／一般拠出金還付請求書」を提出する必要があ

ります。

(3) （ヘ）には⑩欄の（ヘ）の額（（ホ）の額がある場合は、それを差し引いた額）を転記してください。なお、一般拠出金は延納できません。

■「㉔事業廃止等理由」欄

事業の廃止、労働保険事務組合への事務処理委託、他都道府県への事業の移転等の事実があったときは、該当事項を○で囲み、「③事業廃止等年月日」欄にその年月日を記入します。

■「㉕事業又は作業の種類」欄

「労働保険率表」の事業の種類または「第2種特別加入保険料率表」の事業もしくは作業の種類を記入することになっていますが、できる限り事業の内容（製品名、製造工程等）を具体的に記入してください。

■「㉖加入している労働保険」欄

令和6年4月1日現在において保険関係が成立している労働保険の種類を、次により○で囲みます。労災保険と雇用保険の両保険が成立している場合は（イ）と（ロ）を、労災保険のみが成立している場合は（イ）を、雇用保険のみが成立している場合は（ロ）を、それぞれ○で囲みます。

■「㉗特掲事業」欄

特掲事業に該当する場合は（イ）を、該当しない場合は（ロ）を○で囲みます。

■「㉘事業」欄

保険関係の成立している事業の所在地および名称を記入します。

■「㉙事業主」欄

事業主の住所（法人のときは主たる事務所の所在地）、名称、氏名（法人のときは代表者の職名・氏名）、郵便番号、電話番号を記入してください。なお、（ハ）には、当該人の氏名を記入するか、当該人が自筆で署名してください。

■「㉛法人番号」欄

国税庁から通知された13桁の法人番号を記入します。

なお、個人事業主の場合は、13桁すべてに「0」を記入してください。

■「納付額」欄

納付書の納付額は、㉒欄の（ニ）〜（ト）の額を標準字体にならって転記してください。

なお、納付書の金額は訂正できません。記入誤りをした場合は、所轄都道府県労働局または労働基準監督署で納付書の再交付を受け、書き直して納付してください。

■133頁・記入例の下の部分（労災保険・雇用保険の保険関係が成立している一元適用事業所で、両保険の保険料算定基礎となる賃金総額が同一の場合）

内訳	雇用保険分		項18千円	15.50		項19円	—
場合には折り曲げマーク（▶）の所で折り曲げて下さい。	一般拠出金	88235 項35千円		1000分の 0.02	1764 項36円		—

概算・増加概算保険料算定内訳	⑪区分	算定期間 令和6年4月1日 から 令和7年3月31日 まで			
		⑫保険料算定基礎額の見込額	⑬保険料率	⑭概算・増加概算保険料額（⑫×⑬）	
	労働保険料	88235 項20千円	1000分の 22.50	1985257 項21円	—
	労災保険分	項22千円	1000分の 7.00	項23円	—
	雇用保険分	項26千円	1000分の 15.50	項27円	—

⑮事業主の郵便番号（変更のある場合記入）	⑯事業主の電話番号（変更のある場合記入）	⑰延納の申請 納付回数	3 項30
— 項28	— — 項29		
※縮算有無区分 項31	※算定対象区分 項32	※データ指示コード 項33	※再入力区分 項34	※修正項目

(8)(10)(12)(14)(20)の(ロ)欄の金額の前に「¥」記号を付さないで下さい。

⑱申告済概算保険料額	1,882,921	⑲申告済概算保険料額	

⑳差引額	(イ)充当額 (18−30のイ)	円	(ハ)(30のイ)−18) 不足額 58,249 円	30充当意思 項37 1.労災保険分 2.一般拠出金 3.労災保険及び一般拠出金分 4.労働保険料分 5.労働保険料及び一般拠出金分	㉑増加概算保険料額 (14のイ)−⑲)	
	(ロ)還付額 (18−30のイ) 項38			31記入省略	6000012070001 項39	

㉒期別納付額	第1期又は初回	(イ)概算保険料額 (14のイ)÷37＋次期以降の円未満端数 661,753 円	(ロ)労働保険充当額 (20のイ)(労働保険料分のみ) 58,249 円	(ハ)不足額 (20のハ) 720,002 円	(ニ)今期労働保険料 (イ)−(ロ)又は(イ)＋(ハ) 円	(ホ)一般拠出金充当額 (20のイ)(一般拠出金分のみ) 円	(ヘ)一般拠出金額 (30のヘ)−22の(ホ)(イ)±1 1,764 円	(ト)今期納付額 (ニ)＋(ヘ) 721,766 円
	第2期	(チ)概算保険料額 (14のイ)÷37 661,752 円	(リ)労働保険充当額 (20のイ)−22の(ロ) 661,752 円	(ヌ)第2期納付額 (チ)−(リ) 円				㉓保険関係成立年月日
	第3期	(ル)概算保険料額 (14のイ)÷37 661,752 円	(ヲ)労働保険充当額 (20のイ)−22の(ロ)−22の(リ) 661,752 円	(ワ)第3期納付額 (ル)−(ヲ) 円				㉔事業廃止等理由 (1)廃止 (2)委託 (3)個別 (4)労働者なし (5)その他

㉕事業又は作業の種類	パルプ又は紙製造業

㉖加入している労働保険	(イ)労災保険 (ロ)雇用保険	㉗特掲事業	(イ)該当する (ロ)該当しない	㉙事業主	郵便番号 ×××−××××	電話番号 (×××) ○○○ − △△△△
㉘事業	(イ)所在地 ○○市○○町×−×				(イ)住所（法人のときは主たる事務所の所在地） ○○市○○町×−×	
	(ロ)名称 新開製紙株式会社				(ロ)名称 新開製紙株式会社	
					(ハ)氏名（法人のときは代表者の氏名） 代表取締役 浅沼 栄一	

社会保険労務士記載欄	作成年月日・提出代行者・事務代理者の表示	氏 名	電話番号

切りはなさないで下さい。

（記入例）¥0123456789

※取扱庁名	※取扱庁番号			
30841	○○労働局	00000000	徴収勘定 保険料収入及び一般拠出金収入	労働保険特別会計 0847 厚生労働省所管 6118 ※令和 06 年度

労働保険番号	都道府県 所掌 管轄 基幹番号 枝番号	※CD	※証券受領
	00000000000−000 項10 0	全部 項12	翌年度5月1日以降 現年度歳入組入

※会計年度（元号：令和は9）	※徴収年度（元号：令和は9）	※取納年月日（元号：令和は9）	内訳	労働保険料	¥720002 項10
9−06	9−06	円 項4		一般拠出金	¥1764 項11

納付の目的 1.令和	06 年度 1 期	※収納区分 ※収納機関 ※認済区分 ※徴定 62 項 項 項 ※データ指示コード 項13 ※内証券受領 円	納付額（合計額）	¥721766 項12
2.令和 05 年度		(住所)〒×××−×××× ○○市○○町×−×		
		(氏名) 新開製紙株式会社 殿	あて先 〒×××−×××× ○○市○○区 ×−×−× ○○合同庁舎 ○○労働局	上記の合計額を領収しました 領収日付等

納付の場所 日本銀行（本店・支店・代理店又は歳入代理店）、所轄都道府県労働局、所轄労働基準監督署

労働保険特別会計歳入徴収官 （官庁送付分）

ここから切りはなして下さい。

労働保険の保険料

様式第6号（第24条、第25条、第33条関係）（甲）（1）

労働保険 概算・増加概算・確定保険料 申告書
石綿健康被害救済法 一般拠出金

31759

継続事業（一括有期事業を含む。）

標準字体 0 1 2 3 4 5 6 7 8 9

第3片「記入に当たっての注意事項」をよく読んでから記入して下さい。
OCR枠への記入は上記の「標準字体」でお願いします。

提出用

下記のとおり申告します。

種別 **32701**

※修正項目番号 ※入力済定コード

令和6年 6月20日

あて先 〒 ×××－××××

○○市○○区○○×－×－×
○○合同庁舎

○○労働局　uaj39uuy

労働保険特別会計歳入徴収官殿

労働保険番号 0 0 0 0 0 0 0 0 0 0 0 0 0 － 0 0 0

※各種区分 管轄(2) 00 保険関係 000 業種 0000 産業分類 00

（なるべく折り曲げないようにし、やむをえない場合には折り曲げマーク▶の所で折り曲げて下さい。）

確定保険料算定内訳

⑦区分	算定期間 令和5年4月1日から令和6年3月31日まで	⑧保険料・一般拠出金算定基礎額	⑨保険料・一般拠出金率	⑩確定保険料・一般拠出金額（⑧×⑨）
労働保険料		（イ） 千円	28.50	（イ） 2 4 4 5 3 1 0 円
労災保険分		（ロ） 9 2 4 3 6 千円	1000分の 13.00	（ロ） 1 2 0 1 6 6 8 円
雇用保険分		（ハ） 8 0 2 3 5 千円	1000分の 15.50	（ハ） 1 2 4 3 6 4 2 円
一般拠出金		（ニ） 9 2 4 3 6 千円	1000分の 0.02	（ホ） 1 8 4 8 円

概算・増加概算保険料算定内訳

⑪区分	算定期間 令和6年4月1日から令和7年3月31日まで	⑫保険料算定基礎額の見込額	⑬保険料率	⑭概算・増加概算保険料額（⑫×⑬）
労働保険料		（イ） 千円	28.50	（イ） 2 4 4 5 3 1 0 円
労災保険分		（ロ） 9 2 4 3 6 千円	1000分の 13.00	（ロ） 1 2 0 1 6 6 8 円
雇用保険分		（ハ） 8 0 2 3 5 千円	1000分の 15.50	（ハ） 1 2 4 3 6 4 2 円

⑰延納の申請 納付回数 **3**

（⑧・⑩・⑫・⑭・⑳の（ロ）欄の金額の前に「¥」記号を付さないで下さい。）

⑱申告済概算保険料額 **2,423,783**

⑳差引額
（イ）充当額
（ロ）還付額
不足額 **21,527**

振込み ✓ あり **6 0 0 0 0 1 3 0 6 0 0 0 1**

㉒期別納付額
第1期 **815,104** 円 ／ 不足額 **21,527** 円 ／ **836,631** 円 ／ 一般拠出金 **1,848** 円 ／ 今期納付額 **838,479** 円
第2期 **815,103** 円 ／ **815,103** 円
第3期 **815,103** 円 ／ **815,103** 円

㉕事業又は作業の種類 **清掃業**

㉖加入している労働保険 （イ）労災保険 （ロ）雇用保険
㉗特掲事業 （ロ）該当しない

㉘事業 （イ）所在地 ○○市○○町×－× （ロ）名称 拓産クリーンサービス株式会社

㉙事業主 （イ）住所 ○○市○○町×－× （ロ）名称 拓産クリーンサービス株式会社 （ハ）氏名 代表取締役 奥山 弘樹

社会保険労務士記載欄

切りはなさないで下さい。

領収済通知書 （労働保険） 国庫金

記入例 ¥0 1 2 3 4 5 6 7 8 9

30841　○○労働局　00000000

労働保険特別会計 0847 学生分 6118 令和 06 年度

労働保険番号 0 0 0 0 0 0 0 0 0 0 0 0 0 － 0 0 0 0

9－06 9－06

納付の目的
1.令和 06 年度 1
2.令和 05 年度 確定

（住所）〒×××－××××
○○市○○町×－×

（氏名）拓産クリーンサービス株式会社

納付の場所 日本銀行（本店・支店・代理店又は歳入代理店）、所轄都道府県労働局、所轄労働基準監督署

内訳
労働保険料 ¥836631
一般拠出金 ¥1848
納付額（合計） ¥838479

あて先 〒×××－××××
○○市○○区
×－×－×
○○合同庁舎
○○労働局 殿

労働保険特別会計歳入徴収官

ここから切りはなして下さい。

労災保険・雇用保険の保険関係が成立している二元適用事業所で、アルバイト学生などの雇用保険の被保険者にならない人がいる場合